全国导游资格考试统编教材
QUANGUO DAOYOU ZIGE KAOSHI TONGBIAN JIAOCAI

导游服务能力
——江西省导游现场考试实务

朱 虹 主编

江西省全国导游资格考试统编教材专家编写组 编

中国旅游出版社

《导游服务能力——江西省导游现场考试实务》
教材编写委员会

编委会主任：朱　虹

副　主　任：裴鸿卫　左和平　李旺根　刘国云

成　　　员：邓燕平　刘　颖　苏永明　李志强　李　星

　　　　　　张志军　张春琴　陈雪娥　周建梅　洪　艳

　　　　　　樊玲玲

（以姓氏笔画为序）

主　　　编：朱　虹

副　主　编：李志强　李旺根

序 言

全国导游资格考试是依据《中华人民共和国旅游法》，为国家和社会选拔合格导游人才的全国统一的准入类职业资格考试。全国导游资格考试科目中的"导游服务能力"，也就是通常所说的导游现场考试，由省级考试单位根据考试大纲和《全国导游资格考试现场考试工作标准（试行）》组织。

本书按照文化和旅游部相关文件精神和全国导游资格考试大纲要求编写，涵盖了考纲的全部要点。本书主要分为三大部分：第一部分为考务解析，包括现场导游考试规则和现场导游考试应试技巧；第二部分为景点讲解范例，包括景区讲解和专题讲解；第三部分为考场问答，提供导游职业能力问答示范。本书在编写过程中力图做好五个定位和五个突出：一是定位于考试教材，突出实务性；二是定位于入门教材，突出认同性；三是定位于规范教材，突出统一性；四是定位于科学教材，突出严谨性；五是定位于新型教材，突出创新性。

本书由朱虹提出编写大纲并负责审定，由李旺根负责项目统筹，由李志强、邓燕平、陈雪娥负责统稿，第一章由李志强编写，第二章由周建梅编写，第三章中的"江西省概况"部分由苏永明编写，庐山、井冈山、武功山景区导游词由周建梅编写，三清山、龙虎山、景德镇古窑、共和国摇篮、明月山景区导游词由洪艳编写，婺源江湾、大觉山、龟峰、三百山景区导游词由张春琴编写，庐山西海、滕王阁景区导游词由刘颖编写。第四章中的江西红色文化、江西书院文化、江西陶瓷文化、江西茶文化专题由张志军编写，江西名人文化、江西风物特产专题由苏永明编写，第五章由樊玲玲、陈雪娥共同编写。

  本书是江西省考生参加全国导游资格考试（现场考试）的规范读本，是旅游者和社会各界了解江西省文化和旅游发展的指南，也是广大旅游院校师生重要的基础辅导教材。在编写过程中，我们得到了全省文化和旅游部门，以及14家国家5A级旅游景区的大力支持和帮助，还吸收了文化和旅游界各位同人的研究成果，参考了有关文献资料，在此，谨向他们表示谢意。由于编写时间仓促以及编写水平有限，本书难免存在不足和疏漏之处，敬请各位专家、学者以及广大读者批评指正。

教材编写委员会

2024年6月

目 录

第一部分 考务解析

第一章 江西现场导游考试规则 ·················· 1
    一、考试目的 ································· 1
    二、考试内容 ································· 1
    三、考试程序 ································· 4
    四、考试时间 ································· 5
    五、评分标准 ································· 5

第二章 江西现场导游考试应试技巧 ·············· 6
    一、导游词创作 ······························· 6
    二、礼仪训练 ································ 13
    三、语言练习 ································ 14
    四、讲解训练 ································ 15

第二部分　景点讲解范例

第三章　景区讲解 ………………………………………………… 25

  一、江西省概况 ……………………………………………… 25

  二、庐山风景名胜区导游词 ………………………………… 39

  三、井冈山风景名胜区导游词 ……………………………… 52

  四、三清山风景名胜区导游词 ……………………………… 64

  五、龙虎山风景名胜区导游词 ……………………………… 75

  六、景德镇古窑民俗博览区导游词 ………………………… 87

  七、共和国摇篮旅游区导游词 ……………………………… 99

  八、婺源江湾景区导游词 …………………………………… 111

  九、大觉山景区导游词 ……………………………………… 124

  十、龟峰景区导游词 ………………………………………… 139

  十一、三百山景区导游词 …………………………………… 151

  十二、明月山旅游区导游词 ………………………………… 165

  十三、庐山西海风景名胜区 ………………………………… 176

  十四、滕王阁旅游区导游词 ………………………………… 189

  十五、武功山风景名胜区导游词 …………………………… 202

第四章　专题讲解 ………………………………………………… 215

  一、江西红色文化 …………………………………………… 215

  二、江西书院文化 …………………………………………… 220

  三、江西陶瓷文化 …………………………………………… 226

  四、江西茶文化 ……………………………………………… 232

  五、江西名人文化 …………………………………………… 238

六、江西风物特产 ································· 249

第三部分　考场问答

第五章　导游职业能力问答示范 ················· 263
　一、导游服务规范 ································· 263
　二、导游应变能力 ································· 272
　三、导游综合知识 ································· 279
　四、文明旅游引导 ································· 284

主要参考文献 ····································· 288

第一部分　考务解析

第一章
江西现场导游考试规则

一、考试目的

导游服务能力考试衡量的是考生的导游服务专业技能，是导游资格考试的重要组成部分。现场导游考试过程中，考官通过考核考生讲解、回答问题等环节；观察考生站、立、行的姿态、仪容仪表，以及言谈举止和形象气质；检验考生对导游规范操作技能、语言技能、讲解技能、应变能力的掌握和灵活运用程度，以选拔出符合国家要求的导游。

二、考试内容

现场导游考试内容包括讲解和知识问答两部分。外语类考生还需要进行口译测试。

（一）讲解内容

包括江西概况讲解和景点讲解。考生必须先讲解江西概况，然后由现场考试系统从江西省14家国家5A级旅游景区中随机抽取其中一个进行讲解。

（1）江西概况讲解：包括江西历史文化、地理环境、交通状况、旅游资源、旅游土特产品、旅游产业发展等内容。

（2）景点讲解范围及要点：庐山风景名胜区、井冈山风景名胜区、三清山风景名胜区、龙虎山风景名胜区、景德镇古窑民俗博览区、共和国摇篮旅游区、婺源江湾景区、大觉山景区、龟峰景区、三百山景区、明月山旅游区、庐山西海风景名胜区、滕王阁旅游区、武功山风景名胜区。景点讲解的要点主要包括概况、主要特色、历史沿革、代表性景观或重点人物、关键事件、历史典故、有关传说，以及所蕴含的历史、文化、科学、艺术价值等；同时鼓励考生从中选择部分要素，自创富有新意、个性化的导游词。

（二）知识问答内容

1. 导游服务规范

主要考查考生对导游服务规范及工作程序的掌握和应用能力。

（1）导游服务程序与标准。

团队服务程序与标准。主要包括：地陪导游服务准备、迎接服务、住店服务、核对并商定日程安排、参观游览服务、送站服务、处理遗留问题、其他服务及工作总结；全陪导游服务准备、首站（入境站）接团服务、住店服务、核对并商定日程安排、各站服务、途中服务、离境服务、处理遗留问题及工作总结。

散客导游服务程序与标准。主要包括：散客接站服务、途中导游服务、送站服务。

景点导游服务程序与标准。主要包括：景点导游服务准备、景点导游服务、送别服务。

（2）导游带团技巧与讲解方法。

导游带团技巧。主要包括：导游带团风格的塑造、协调各相关旅游接待人员之间及各环节的关系、旅游者心理与个性化服务、导游的旅途才艺、乘坐各种交通工具的服务技巧。

导游讲解方法。主要包括：导游语言、导游讲解的要求、导游讲解的技巧、旅游审美行为的引导。

2. 导游应变能力

主要考查考生处理突发事件和特殊问题的能力。

（1）旅游者个人问题的预防及处理。

主要包括：旅游者走失、患病、伤亡、犯错、犯罪、不当言行以及常见个别要求等问题的预防及处理。

（2）旅游者携带财物问题的预防及处理。

主要包括：旅游者重要财物、证件丢失、要求转递物品和信件等问题的预防及处理。

（3）旅游接待问题的预防及处理。

主要包括：旅游线路或日程的变更，延长或缩短在一地的游览时间，取消一地的活动，由某一活动取代计划中的活动，漏接、误机（车，船）等问题的预防及处理。

（4）旅游安全事故的预防及处理。

主要包括：交通事故、火灾事故、治安事故、其他重大旅游安全事故；地震、泥石流、海啸、雷电、洪水、台风、公共卫生等突发事件等的预防及处理。

（5）特殊旅游者接待问题的处理。

主要包括：活泼型、忧郁型、稳重型、急躁型等不同性格的旅游者；小朋友、老年人、妇女等不同年龄、性别的旅游者接待问题的处理。

（6）导游自身问题的处理。

主要包括：导游出错、导游与他人有矛盾、导游自卑等问题的处理。

（7）特种旅游形式要注意的问题。

主要包括：漂流、攀岩、自驾车、野营、野外旅游方位的辨别等要注意的问题。

3. 导游综合知识

主要考查考生对全国特别是江西省有关知识的掌握程度以及对时政、经济、文化、社会、生态及旅游法规等方面的综合知识是否全面了解。

（1）当前国内和国际重大时政事件，熟悉国内、国际宏观经济形势和我国经济建设的重要成就。

（2）国内、国际文化、社会、生态发展现状，熟悉我国文化事业的发展和社会发展的重大成就。

（3）我国关于旅游业发展的重大战略、方针、政策。

（4）我国有关旅游者和旅游业的法律法规。

4. 文明旅游引导

考查考生是否了解文明旅游的意义，熟悉相关的文明旅游公约，掌握应对个别旅游者的不文明言行的基本原则和处理方法。

（1）开展文明旅游活动对维护我国的国家形象、维护旅游者及相关利益方合法权益的意义。

（2）导游在促进文明旅游活动中应发挥的作用和承担的义务。

（3）《中国公民出境旅游文明行为指南》《中国公民国内旅游文明行为公约》和《游客不文明行为记录管理暂行办法》的主要内容。

（4）应对个别旅游者不文明言行的基本原则和处理方法。

（5）导游自身的文明服务水平和对旅游者文明旅游的引导能力。

在讲解和回答问题过程中，考生还需要特别注意语言表达及礼仪规范。

在语言表达方面：主要考查考生的语言能力，包括语言表达的准确性、流畅性、逻辑性、生动性、感染力、说服力及身体语言的运用等。具体包括以下几点。①中文类考生：普通话标准、语音适度、语速适中、语调富有变化、语言表达流畅、生动；讲解思路清晰、逻辑性强，修辞手法和导游讲解技巧等运用得当。②外语类考生：考生吐词清晰、语音适度、语速适中、语调富有变化、语法正确、语句流畅，修辞手法和导游讲解技巧等运用得当，讲解效果好。

在礼仪规范方面：主要考查考生的仪容、仪表和对礼节、礼仪的运用等。具体包括：穿着得体、用语礼貌、举止（目光、手势、表情）规范、形象（含个人卫生）较好。

三、考试程序

现场导游考试以室内模拟、人机对话方式进行，主要考试程序如下。

（1）考生按"现场考试准考证"规定时间进入"候考区"，确定现场考试序号对应分组并排序候考。迟到或早退，视为弃考。

（2）进入指定"备考区"准备。

（3）根据工作人员安排，进入考区。

（4）进入考场，将现场考试准考证、身份证交监考人员查验，并在《考试承诺书》上签字。

（5）登录考试界面并进行调试后开始机考考试。

（6）考题随机派送，不支持换题。

（7）考试分为景点讲解和知识问答两部分，景点讲解结束后要用所报考语种的语言说明"讲解完毕"，知识问答结束后要用所报考语种的语言说明

"回答完毕"。

（8）考试结束，考生取回现场考试准考证、身份证，退出考场。

四、考试时间

根据国家导游资格考试的有关规定，中文类考生与外语类考生考试时间稍有差别，具体如下。

（一）中文类考生

每人考试时间不少于15分钟，时间分配大致为：讲解约10分钟（江西概况讲解2~3分钟、景区讲解7~8分钟），知识问答约5分钟。

（二）外语类考生

每人考试时间不少于25分钟，时间分配大致为：讲解约15分钟（江西概况讲解2~3分钟，景区讲解10~12分钟），知识回答约5分钟，口译测试约5分钟。

五、评分标准

（一）中文类现场考试

现场考试满分100分，分为六大评分内容，具体评分要求如下：语言和仪表、礼仪占10%，景点讲解占50%，导游服务规范问答占10%，应变能力问答占10%，综合知识问答占10%，文明旅游引导问答占10%。

（二）外语类现场考试

现场考试满分100分，分为七大评分内容，具体评分要求如下：语言和仪表、礼仪占10%，景点讲解占50%，导游服务规范问答占5%，应变能力问答占5%，综合知识问答占5%，文明旅游引导问答占5%，口译占20%。

第二章
江西现场导游考试应试技巧

一、导游词创作

（一）现场考试导游词简介

1. 导游词的内容

导游词是导游引导旅游者观光游览时的讲解词，是导游同旅游者交流思想、向旅游者传播文化知识的工具，也是应用写作研究的文体之一，同时也是吸引和招徕旅游者的重要方法。导游词从形式上可分为书面导游词和现场口语导游词两种，通常意义上人们所说的导游词创作主要是指书面导游词的创作。书面导游词，一般是根据实际的游览景观、遵照一定的游览线路、模拟游览活动而创作的。它是口语导游词的基础与脚本。掌握了书面导游词的基本内容，根据旅游者的实际情况，再临场加以发挥，即成为口语导游词。

导游与导游词（书面）的关系就如同演员与剧本的关系。剧本提供给演员一个基本的框架、一个表演的脚本。导游词提供给导游一些基本的数据、知识及方法，但旅游者是千变万化的，不能以不变应万变，对所有的旅游者都背诵同一篇导游词。正如同演员要体验角色的情感经历一样，导游也应根据旅游者的年龄、身份、职业、修养、地区等的不同而变换讲解的重点与方法，提供旅游者需要的知识与信息，这样才能做到有的放矢，满足旅游者了解旅游目的地的需求。

一篇完整的导游词，其基本结构一般由引言及习惯用语、概括介绍、重点讲解三个部分组成。

（1）引言及习惯用语。

每一篇导游词，或每一次导游讲解的开始或结束，都应该有框架式的引言、结束语及习惯用语，如游览前的"欢迎词"、游览结束时的"欢送词"等。引言中常见的内容有问候语、介绍语、游览注意事项以及对旅游者的期望等，比如：

来自××（地名）的朋友们：

大家好！大家辛苦了！首先请允许我代表我们××旅行社欢迎各位朋友来我市观光旅游。我姓张，是××旅行社的一名导游，大家叫我"张导"或"小张"就好了。这位是我们的司机×师傅。在我市旅游期间就由×师傅和我为大家提供服务，我们十分荣幸！大家在此旅游，可以把两颗心交给我们：一颗是"放心"，交给×师傅，因为他的车技娴熟，从未出过任何事故；另一颗是"开心"，就交给张导我好了。

旅游期间，请大家认清导游旗的标志，以免跟错队伍。请大家记清集合与游览时间，以免因一人迟到而影响大家的活动。大家有什么问题和要求请尽量提出来，我将尽力解决。最后祝大家这次旅游玩得开心、吃得满意、住得舒适。谢谢！

结束语包括感谢语、惜别语、征求意见语、致歉语和祝愿语五个方面，放在导游词的最后面，比如：

各位朋友：

眼看机场就要到了，小张我也要和大家说再见了。常言道："相见时难别亦难，送君千里终有别。"在此，小张我非常感谢各位朋友对我工作的支持。短短几天时间，大家给我留下了非常深刻的印象，谢谢大家的配合！在几天的游览过程中，若有不尽如人意之处，还请各位批评指正，您的意见将是我们努力的方向，您的建议将是我们改进的目标。

在服务中，如果有什么不足之处，还请多谅解。希望大家有机会能再来我市，欣赏我们的都市风光。到时小张我再来给各位当导游。最后祝愿大家一路平安、阖家欢乐、身体健康！

（2）概括介绍。

概括介绍也叫整体介绍，即导游用概述法介绍旅游景点的位置、范围、地位、意义、历史、现状和发展前景等，目的是帮助旅游者对景点先有个总体了解，引起游览兴趣。首先在概括介绍时要用精练的词句，让旅游者对景物有初步了解，知道如何游览；其次要对行进线路做介绍，不能漏掉精品景点和景物，避免在游览中发生旅游者走失等事故；最后要对游览时间做出安排，有助于旅游者合理调配体力，保持游兴。

（3）重点讲解。

重点讲解是对旅游线路上的重点景观从景点成因、历史传说、文化背景、审美功能等方面进行详细讲解，使旅游者对旅游目的地有一个全面、正确的了解。这是导游词最重要的组成部分。

每一个旅游目的地的景观要素组合都较为复杂，但都存在主次之分。导游在带领旅游者游览的过程中，由于时间等客观原因，在游览和讲解中不可能面面俱到。因此在导游词中，对景观、景物的介绍要舍得"放弃"一些非主流景观，集中精力，利用有限的时间重点讲解景区中最具有代表性的景点和景物，即对主要游览内容进行详细讲述，这也是导游词最重要和最精彩的组成部分。当一个景区同时具有多个重点时，导游的"重点"讲解内容应与旅游者的兴趣需要相一致，必须充分考虑旅游者的旅游动机和文化层次。简言之，就是在对景区重点景观和景物进行取舍时，一方面要遵循常规的重点，另一方面必须考虑旅游者的需要，不能仅凭导游的主观意志进行选择。导游认为的重点，并不一定就是旅游者心目中的重点。

2. 导游词的特点

这里所说的导游词，主要是指书面导游词，即用文字形式书写出来的导游词，其特点主要有以下五个方面。

一是临场性。虽然书面导游词没有直接面对旅游者及景观，但它模拟现场导游的场景，创作者把自己比作导游，设想带领旅游者游览。因此，导游词是循着游览线路层层展开的，而且为增加现场感，多以第一人称的方式写作。在修辞方面，多用设问、反问等手法，仿佛旅游者就在眼前，造成很强烈的临场效果。

二是口语化。导游语言是一种具有丰富表达力和生动形象的口头语言。

导游词是导游讲解脚本，其表达方式应着眼于口头表达，其风格应区别于书面语言，强调简练、流畅、通俗。少用长句、倒装句、插入语、分词短语和被动语态，尽量使表达简明易懂。

三是实用性。导游词的写作目的有两方面：一是作为导游实际讲解的参考；二是作为旅游者了解某一景点或某一旅游目的地的资料。出于上述两个目的，导游词应对每一个景点都提供翔实的资料，从各个方面加以讲述，导游读了以后，经过加工就能成为自己导游口头讲解的内容；而旅游者读了，就能对此景点或旅游目的地有详尽的了解。因此，导游词有很强的实用性。

四是综合性。导游词既有说明性的特点，也有欣赏性的特点，因此，导游词是综合性的。在一篇导游词中，会用到自然科学知识，例如，地质成因、动植物学知识、力学原理等；还会用到社会科学知识，例如，宗教常识、哲学美学知识、诗词歌赋、中外文学等；另外，建筑、园林、书法、绘画等知识也都会有所涉猎。一篇优秀的导游词往往综合了各个学科门类，多角度、多层面地对景点加以叙述，给阅读者全方位的信息。

五是规范性。虽然导游在实际工作中运用的是口语，但导游词却是书面语言。因此导游词的用语应该规范，应该避免口语化的表达方法、避免方言等，即便为了增加幽默感而需要运用方言，也应该加以解释，让全国各地的读者都能读懂。规范的用语反映了作者良好的中文修养。

由于导游词具有极强的实用性，涉及的知识十分广泛，而导游讲解的主要目的是传播知识与文化，因此导游词还具有知识性、文学性、礼节性等特点。为了增强导游词的感染力，设计导游词时应在尊重客观景物的基础上，恰当地借用抒情、描写和议论的手法，使其内容引人入胜，为口语导游词"创作"打下坚实的基础。

（二）现场考试导游词的写作要求

1. 重科学、显特色

一篇优秀的导游词必须有丰富的内容，应融入各类知识并做到旁征博引、融会贯通、引人入胜。导游词的内容必须准确无误、令人信服，特别是进行科普导游时必须严格按科学规律写作，切忌胡编乱造，更不能人造"假科学"。一言以蔽之，就是注重知识性和科学性。

导游词的内容不能只满足于一般性介绍，还要注重深层次的内容，如同类事物的鉴赏、有关诗词的点缀、名家的评论等。这样，会提高导游词的档次。导游要善于根据旅游者的现实需要，结合景区、景物的分析来创作导游词。

导游词的创作要不断创新，符合时代气息。导游词内容深刻，给旅游者一种新颖的感受，有助于提高导游质量，但新颖并不等于深刻。因此，创作导游词时，要深入研究景区内容的实质，把丰富的内涵挖掘出来，讲深讲透。

2. 讲究口语化

书面导游词是为现场口语导游而准备的，而导游语言是一种具有丰富表达力、生动形象的口头语言。这就是说，在导游词创作中要注意多用口语词汇和浅显易懂的书面语词汇。要避免难懂的、冗长的书面语词汇和音节拗口的词汇，减少刻意的主观煽情；要多用短句，减少华丽的书面文学辞藻的堆砌，以便讲起来顺口、听起来轻松。强调导游词口语化，并不意味着忽视语言的规范化，但编写导游词必须注意语言的品位。

3. 突出主题性

每个景区都有其代表性的景观，每个景观又都从不同角度反映出它的特色内容。导游词必须在照顾全面的情况下突出重点。面面俱到，没有重点的导游词是不成功的。在创作导游词时，应该突出明确的主题，并用一条主线贯穿整个讲解，这样才能给游客留下鲜明的印象，并牢牢抓住旅游者的心，使他们从游览活动中获得知识和留下美好深刻的记忆。

4. 要有针对性

导游词不是以一代百、千篇一律的。它必须是从实际出发，因人、因时而异，要有的放矢，即根据不同的旅游者以及当时的情绪和周围的环境进行导游讲解。切忌"不顾旅游者千差万别，导游词仅一篇"的现象。编写导游词一般应有假设对象，这样才能有针对性。

5. 注重品位感

首先，要强调思想品位。因为弘扬爱国主义精神是导游义不容辞的职责，所以，导游词必须以国家、民族利益为重，突出主旋律，确保正确的价值取向。其次，要讲究文学品位。导游词的语言应该是规范的，文字是准确的，结构是严谨的，内容层次是符合逻辑的，这是对导游词文化创作的基本要求。在导游词中，适当地引经据典，引用一些著名的诗词、名句和名人警句等，就能相应地提高导游词的文学品位。最后，要体现"玩"的品位。旅游活动本身是有层次的，游览一个景点也是循序渐进的。现代人出门以"玩"为主，讲求"玩"的时序、享受"玩"的乐趣、追求"玩"的层次与品位。因此，导游在创作导游词时注意所选素材要紧扣中心思想，写作的内容需要"渐入佳境"，层层深入，扣人心弦。在知识的选取和"传授"上，要注意寓教于乐，在"玩"中传播知识与文化。

6. 突出趣味性

趣味性是增强导游词吸引力的重要因素。要突出导游词的趣味性，必须注意五个方面的问题：一是合理编织故事情节；二是语言生动形象，用词丰富多变；三是恰当地运用修辞方法；四是强化幽默风趣的韵味；五是随机应变，临场发挥。

（三）现场考试导游词的创作流程

导游词创作从根本上说与写文章类似，一般可以按照选题→确立主题→借题发挥的程序进行创作，重要的是把握各个环节的要领。

1. 选题

在导游词的创作中，首先碰到的就是"写什么"和"怎么写"的问题。选择什么景观作为自己写作的对象决定着整个创作活动的方向，也在很大程度上决定了一个旅游地旅游资源的质量。导游词的选题应当遵循以下原则。

一是个性化原则。导游词一定要突出所描写景观的个性，即充分揭示其本身独有的、不同于其他任何景观的特色。个性即特色、特点，是独一无二的东西。应该强调唯一而不是强调第一，如泰山的雄、华山的险、黄山的奇、庐山的秀等。

二是创新性原则。即选题要有新内容、新见解、新素材、新角度。无论自然景观还是人文景观，都有悠久的历史，通常都有着大量口传的故事或丰富的文学素材。因此，首先要广泛地收集素材，经过认真阅读、分析、比较，筛选出优秀的、科学的、符合时代精神的、富有艺术性的精华，而去掉荒诞的、迷信的、毫无意义的糟粕。尤其是，要努力从新的角度去思考和观察客观对象，挖掘前人虽已涉猎但尚未充分表现的东西，从而获得新意，也就是常说的"推陈出新"。

三是整体性原则。优秀的旅游景观大多有其广阔的社会政治背景、深厚的历史文化内涵，它往往是众多景点中最具有特色的珍品。因此，在编写导游词时，不能"就景写景"，孤零零地描述单个的景点，这不但显得单调肤浅，而且不能由此及彼、以重点带一面，而应该着眼全局，协调要素进行整合。

四是市场导向原则。每一个旅游目的地和景观都有其不同的顾客群，导游词创作要选准自己的对象，有的放矢，才能扣人心弦。另外，导游词应具有鲜明的时代特征，应站在时代的高度去挖掘景物的更深层意义。因为随着社会经济的发展，旅游需求和动机也在不断地变化，导游词创作不但要顺应市场需要的变化、把握社会时尚，还应该在一定程度上引领社会、彰显主旋律。

2. 确立主题

主题，是作者在文章中表达的中心思想。它体现了作者创作的主要意图，表现了作者对文章中所反映的客观事物的基本认识、理解和评价。主题具有客观性和主观性的双重属性。任何文章都是客观事物和社会生活的反映，主题应该是客观事物和社会生活内容固有的思想含义，而不能牵强附会、任意拔高。但主题不是客观事物本身，而是作者对它的主观认识、主观反馈，作者的主观因素在形成和表现主题的过程中起着决定性的作用。

导游词的写作必须重视主题的确立和提炼。通过一篇导游词的讲解，要向旅游者表达一种什么思想、意图，要激发旅游者什么样的情感、认识和评价，从而达到启发教育的目的。主题是导游词的核心、灵魂和统帅。因为主题决定导游词的价值和素材的取舍与提炼，主题支配着导游词的谋篇布局，主题制约导游词的表达手法和语言运用。

导游词主题的确立，必须满足正确性、集中性和深刻性这三方面要求。正确性是对主题的思想性、科学性或审美价值的要求，正确性既体现在符合景物的真实情况，充分揭示景物文化内涵，帮助旅游者去认识和欣赏景物的深层价值方面，也体现在有利于激发旅游者积极健康的情感，培养其高尚的情操方面。集中性主要指主题的简明和单一，即一篇导游词只能有一个主题。深刻性即主题要有深度。

3. 借题发挥

导游词通常都是依照游览线路，紧扣景物进行阐述的，但在介绍某一实物时，往往需要从内容上加以扩充和增补，帮助旅游者更加深入地理解画面和实物本身难以直接表达的含义。因此，导游词的创作在许多地方需要借题发挥。借题发挥的方法很多。一是知识上旁征博引，例如，介绍北京故宫保和殿时，就可以将封建时代的科举制度叙说一番，从隋代开创说到1905年废止，以增强其知识性、趣味性。二是情理上借题发挥，例如，介绍泰山挑夫登十八盘时，可以说："十八盘是考验意志和耐力的路，十八盘是砥砺恒心和韧性的路。在人生的道路中总是会遇到这样那样的困难，往往困难越大，离胜利也就越近了。登过泰山十八盘的人，可以形象地体会到这个道理。"三是史料上借古论今。借题发挥时不能随意发挥，而要注意以下几个方面：一是要紧扣景物和实物，以真实的场景为基础，不能信口开河；二是引用的史料知识，必须是真实的、科学的，而不是杜撰的、瞎编的；三是抒发的感情应该是积极的、健康的、催人奋进的，而不是消极的、颓废的、厌世的；四是发挥的内容要简洁，文字要精练，做到有的放矢、收放自如，而不要漫无边际、离题万里。

导游词的创作要有文学家的功底、诗人的激情、史学家的冷静和理论家的逻辑。导游词创作必须持严肃、认真的态度，这对发展一个地区的旅游业以及提高旅游业的整体水平有着重要的意义。

二、礼仪训练

准确温馨的敬语，彬彬有礼的态度，自然潇洒的风度，是导游资格考试现场考试成功的重要保证。因此，在参加现场考试时，考生的仪容仪表、行为举止、精神状态必须符合职业岗位的要求。

（一）仪容仪表得体

仪容仪表可以表现人的精神状态和文明程度，也体现着对他人的尊重。衣着得体、修饰恰当、风度优雅可以给人以朝气蓬勃、值得信赖、热情好客的感觉，在现场考试考查要素中占重要地位。在现场考试中，考生在仪容仪表方面应注意以下几点要求。

（1）面部干净，发型整洁。男士不留胡须和长发，女士不留怪异发型。

头发不遮挡眼睛和面部。整体发型得体，美观大方。

（2）着装要符合自身年龄、体型、肤色、气质等特点。特别是女士不穿过紧的服装，不穿面料过于透明的、领口过低的服装。正装或相对正式的休闲装均可，鞋袜符合岗位要求。整体体现阳光、自信的良好形象。

（3）女士应化淡妆，妆容得体，给人以美的享受。不能浓妆艳抹。

（4）如佩戴饰物，应选择大方得体、少而简洁又恰到好处的饰物；不宜过于华贵、复杂。香水、护肤品味道不宜过于浓烈。

（二）行为举止规范

在面试过程中，考生表情要富有亲和力，眼神要自然，应试者应当与主考官保持目光接触，以表示对主考官的尊重。切忌目光犹疑、躲避闪烁，这是缺乏自信的表现。仪态从容自信，面带微笑（讲解特殊内容时例外），给人以坦诚、自信、友好之感，面无表情或紧锁双眉容易影响考试效果。考生态度要庄重、真诚，神情要自信、大方，注意使用礼貌用语，不能忸怩腼腆、惊慌失措或者心不在焉，避免说口头语、打哈欠、伸懒腰及其他不雅观的小动作，否则会给考官留下不诚实、不成熟的印象。另外，在讲解过程中不要过分表现唱歌、跳舞等特殊才艺。

（三）精神状态饱满

考生应适当参加体育锻炼，注意合理饮食，至少提前一天保持良好心态及充足睡眠。考生应准备充分、自信发挥，以饱满的精神、优雅的举止和轻松愉快的良好状态面对现场考试，争取顺利通过。

三、语言练习

导游语言是导游与游客交流思想感情、指导浏览、进行讲解、传播文化时使用的一种具有丰富表达力、生动形象的口头语言。良好的语言能力是导游最重要的基本功之一。因此，考生的语言表达能力自然就成了现场导游考试的重要内容之一。在面试讲解时，导游语言表达应注意以下几点。

（一）语言正确清楚

一是发音准确，导游词中难免有不认识的字，一定要查字典，特别要注意多音字，如星宿（xiù）、南（nā）无（mo）阿（e）弥陀佛等，发音尽量避免家乡音；二是用词准确，如讲解黄鹤楼时，很多考生介绍"九是阳数之首",一般来说阳数是起于一,在此只能说"九是阳数之极",或"九是阳数的最大的数";三是内容正确,在讲解时,内容都要确保真实性,不要胡编乱造;四是语言清楚,面试时语言要口齿清晰、简洁明了、确切达意;要措辞恰当、层次分明、符合逻辑;要通俗易懂,忌用空话,慎用俚语。

(二) 语音语调优美

任何语言都要讲究利用抑扬顿挫、起伏多变的语音和语调来表现和传达情感。在讲解与回答问题时,考生要注意正确使用语音、语调,使其与自己的思想感情、态度相吻合,还要与听者的人数、讲话的场合相协调。在讲解中,声音要适度,不高不低,以使在场的人听清为宜。声音太大使人感到厌烦,声音太小则给人以不自信、说话没有把握的印象。语调的变化往往能够使语言具有音乐般的节奏感,悦耳动听、亲切自然,并且具有一定的感染力,能打动听众。

(三) 语言节奏得当

语言节奏即说话时语速的快慢、语句的停顿以及声调高低的整合。节奏运用得当,不仅使人听得清楚明了,而且可以使他们心领神会,从而获得良好的信息传递效果。如果讲话太快,就不易听懂,或者跟不上;讲话太慢,听了上句等下句,既浪费时间又令听众不快甚至烦躁。因此,考生应根据现场反应以及讲解内容的深度等情况决定讲话节奏的快慢,该快则快,该慢则慢,快慢相宜。

四、讲解训练

导游讲解方法很多,限于篇幅,本书仅选择八种方法进行分析。

(一) 突出重点法

突出重点法就是对景点的讲解内容进行主次划分,在导游讲解时重点讲解景点的某些方面,对一些次要的方面进行简略讲解,不追求面面俱到,讲解时突出某一个方面的方法。

(1) 突出具有代表性的景观:这些景观既要有自己的特征又要能概括全貌。

(2) 突出景点与众不同之处,侧重于横向比较讲解。例如:中国的寺庙大同小异,但可能在建筑造型、历史价值、规模、知名度等方面有所差异。

河南三大名寺少林寺、白马寺、相国寺在建筑、年代等方面也有所差异。

（3）突出游客感兴趣的内容，因人而异选择景点的某一侧重面进行介绍。

同一个景点，导游可以根据不同类型的游客进行不同的讲解，以满足他们的兴趣和需求。以下是以江西的庐山为例，针对不同游客群体的讲解方式。

[对于自然爱好者]

讲解重点：庐山的自然景观和生态环境

讲解示例："各位自然爱好者，庐山以其壮丽的自然风光而闻名，这里的三叠泉瀑布、五老峰、含鄱口等自然景观，都是大自然的杰作。庐山的森林覆盖率高达76.6%，是一个生物多样性的宝库，拥有近3000种高等植物，以及丰富的鸟类和兽类资源。在这里，您可以感受到大自然的原始魅力和生命力。"

[对于历史和文化爱好者]

讲解重点：庐山的历史背景和文化遗迹

讲解示例："尊敬的历史和文化爱好者，庐山不仅自然景观迷人，还蕴含着深厚的历史文化底蕴。这里是中国古代文人墨客的灵感之源，李白、白居易等都曾在此留下足迹和诗篇。庐山的白鹿洞书院是中国四大书院之一，见证了中国古代教育的辉煌。此外，庐山的别墅群和各国风格的建筑，也是近现代历史的见证。"

[对于艺术和摄影爱好者]

讲解重点：庐山的艺术价值和摄影机会

讲解示例："亲爱的艺术和摄影爱好者，庐山的四季变换为艺术创作提供了无尽的灵感。春天的樱花、夏天的云雾、秋天的红叶、冬天的雪景，都是摄影的绝佳题材。此外，庐山的古建筑、雕塑和书法作品，也是艺术探索的宝贵资源。在这里，您可以尽情捕捉和创作，记录下庐山的美。"

通过以上不同的讲解方式，导游能够根据不同游客的兴趣和需求，提供个性化的旅游体验，使每一位游客都能在庐山找到属于自己的乐趣和收获。

（4）突出"____之最"：以便吸引游客的注意力并提升游览体验。例如：

在讲解庐山东林大佛时可以强调它是佛教净土宗的发源地，是我国及全球最高的阿弥陀佛像。在讲龟峰天然卧佛时，我们可以强调它是世界最大的山体卧佛，身长416米，肩宽68米，是迄今为止所发现的世界最大的天然山体卧佛。讲三清山栈道时，我们也可以强调它是世界最长、最宽、最开阔的悬空栈道。讲井冈山森林的时候我们强调它是世界上同纬度保存最完好的中亚热带常绿阔叶林，是国家级自然保护区，是世界生物圈保护区。这样的"之最"标签可以增加游客的兴趣。

这些实例展示了导游在讲解时如何根据景点的特点和游客的兴趣来选择和突出讲解的重点，既提高了讲解的效率，也增强了游客的体验。

（二）分段讲解法

为使游客对某一较大景区形成清晰而全面的印象，导游讲解可以将一处大景区、景点分为前后衔接的若干部分，结合不同景点内容进行段落式讲解。下面以井冈山为例，说明分段讲解法的具体操作方式。

井冈山是中国著名的革命圣地，采用分段讲解法可以帮助游客更好地理解和体验井冈山的历史、文化和自然景观。要全面了解井冈山，我们可以把井冈山分为五段来进行讲解。

第一段：井冈山概览

各位游客，欢迎您来到井冈山，这里是中国革命的摇篮，也是中国共产党创建的第一个农村革命根据地。井冈山位于江西省西南部，地处湘赣边界，以其壮丽的自然风光和丰富的革命历史而闻名。在这里，我们将一起回顾那段波澜壮阔的革命岁月。

第二段：自然景观

各位游客，井冈山的自然景观同样令人赞叹。这里的主峰——五指峰，形似五指并拢，直插云霄。黄洋界景区，以其险峻的山势和云海闻名。井冈山的森林覆盖率高达86%，是天然的氧吧，也是众多珍稀动植物的家园。

第三段：革命历史

各位游客，我们将深入了解井冈山的革命历史。1927年，毛泽东、朱德等老一辈革命家在这里点燃了革命的火种，开展了艰苦卓绝的斗争。我们将参观井冈山革命博物馆，了解井冈山斗争的详细历程，感受革命先烈的英勇精神。

第四段：红色教育

各位游客，井冈山不仅是革命的圣地，也是红色教育的重要基地。我们将参观毛泽东旧居、红军医院旧址等革命遗址，这些地方见证了革命先辈的奋斗和牺牲。通过参观学习，我们可以更好地理解革命精神，传承红色基因。

第五段：文化体验

各位游客，井冈山地区还有丰富的文化和民俗。在这里，您可以体验当地的客家文化，品尝客家美食，参与客家民俗活动。井冈山的茶文化也非常有特色，我们可以一起品尝当地的云雾茶，感受茶文化的韵味。

通过这种分段讲解法，导游可以系统地向游客介绍景区的各个方面，同时增加讲解的趣味性和教育性，提高游客的游览体验。

（三）虚实结合法

虚实结合法是一种将历史事实与虚构故事相结合的讲解技巧，导游讲解应将现实的景物和景物所拥有的文化内涵有机地结合起来，适当穿插典故、传说、神话和民间故事，拓展讲解的空间和深度，旨在提高游客的参与感和兴趣，使讲解内容更加生动有趣。

"实"指的是景观的实体、实物、史实、艺术价值等；"虚"指的是与景观有关的民间传说、神话故事、趣闻逸事等；选择"虚"的内容时要"精"、要"活"——"精"指所选的传说是精华部分，"活"指运用传说要灵活，见景而用。讲解时，要以实为主，以虚为辅。例如：

在介绍一个著名的文化景点时，导游可以结合当地的历史背景，讲述一些与景点相关的虚构故事或民间传说，如神话故事，使游客对景点有更深的了解。在解说一个自然景观时，导游可以介绍该景观的地质成因等科学知识，同时结合一些关于该景观的传说或神话，如山神的故事，增加趣味性。在参观一位历史名人的故居时，导游可以讲述名人的真实事迹，同时穿插一些关于名人的趣闻逸事或虚构故事，使游客对名人有更全面的认识。在展示一个地区的民俗文化时，导游可以介绍当地的风俗习惯和传统节日，同时结合一些与这些习俗相关的虚构故事，如节日的由来，营造文化氛围。在讲解一个城市的历史时，导游可以介绍城市的发展变迁，同时结合一些关于城市的虚构故事或传说，如城市的创始人的故事，使讲解更加引人入胜。在参观一个宗教场所时，导游可以介绍宗教的教义和历史，同时结合一些与宗教相关的虚构故事，如圣人的传说，营造宗教氛围。在博物馆讲解展品时，导游可以介绍展品的历史背景和艺术价值，同时结合一些与展品相关的虚构故事，如展品的传说，增添展品的吸引力。

导游虚实结合讲解法的关键在于虚实结合的度要适中，既要有真实的历史事实作为基础，又要有虚构的故事作为点缀，两者相辅相成，使讲解内容既真实又有趣。同时，虚构的故事要与讲解主题相关，不能脱离主题，否则可能会引起游客的困惑或反感。

（四）问答法

问答法就是在导游讲解时，导游向游客提问题或启发他们提问题的导游方法。使用问答法的目的是活跃游览气氛，激发游客的想象思维，促使游客和导游之间产生思想交流，使游客获得参与感或自我成就感的愉悦。同时，还可避免导游唱独角戏的灌输式讲解，加深游客对所游览景点的印象。

1. 自问自答法

自问自答法是导游通过提出问题并给出答案，引导游客思考并加深对景点或主题的理解。这种方法可以激发游客的好奇心，增强讲解的互动性和趣味性。以江西三清山为例：

开场引入我们可以向游客提问：你知道我们即将游览的三清山因何得名吗？然后我们可以告诉游客三清山的名字源于道教中的三位至高神祇——玉清、上清、太清，这里的三座山峰玉京峰、玉虚峰、玉华峰高耸入云，宛如这三清尊神，因此得名三清山。

讲三清山自然景观时，我们可以提问三清山有哪些令人赞叹的自然景观呢？然后告诉游客三清山以其独特的花岗岩峰林地貌而闻名，拥有"东险西奇，北秀南绝"的特点。其中，"巨蟒出山""司春女神"等自然形成的奇石景观，形态各异，栩栩如生。

讲三清山道教文化时可以提问游客，作为道教名山，三清山有哪些与道教文化相关的地方？然后告诉游客三清山不仅是自然景观的宝库，也是道教文化的圣地。山上有多处道教建筑，例如，三清宫等，它们承载着丰富的道教历史和文化，是研究道教不可多得的实物资料。

通过这种自问自答的方式，导游可以有效地吸引游客的注意力，激发他们的好奇心，使整个游览过程更加生动和富有教育意义。

2. 我问客答法

导游要善于提问题，但要从实际出发，适当运用。希望游客回答的问题要提得恰当，估计他们不会毫无所知，也要估计到会有不同答案。导游要引导游客回答，但不要强迫他们回答，以免使游客感到尴尬。游客的回答无论对错，导游都不应打断，更不能笑话，而要给予鼓励。最后由导游讲解，并引出更多、更广的话题。

3. 客问我答法

导游要善于调动游客的积极性和他们的想象思维，欢迎他们提问题。游客提出问题，证明他们对某一景物产生了兴趣，进入了审美角色。对他们提出的问题，即使是幼稚可笑的，导游也绝不能置若罔闻，千万不要笑话他们，更不能显示出不耐烦，而是要善于有选择地将回答和讲解有机地结合起来。不过，对游客的提问，导游不要他们问什么就回答什么，一般只回答一些与景点有关的问题，注意不要让游客的提问冲击你的讲解，打乱你的安排。

4. 客问客答法

这是指导游对游客提出的问题并不直截了当地回答，而是有意识地请其他游客来回答，亦称"借花献佛法"。导游在为"专业团"讲解专业性较强的内容时可运用此法，但前提是必须对游客的专业情况和声望有较深入的了解，并事先打好招呼，切忌安排不当，引起其他游客的不满。

在导游面试考试中一般采用自问自答法。

（五）类比法

类比法就是在导游讲解中用风物对比，以熟喻生，以达到类比旁通的一种导游方法。导游用游客熟悉的事物与眼前景物进行比较，既便于游客理解，又使他们感到亲切，从而达到事半功倍的导游效果。

类比法可分为同类相似类比和同类相异类比两种。同类相似类比是将相似的两物进行比较，便于游客理解并使其产生亲切感。譬如，将北京的王府井比作日本东京的银座、美国纽约的第五大道、法国巴黎的香榭丽舍大道；参观苏州时，将其称作"东方威尼斯"（马可·波罗称苏州为"东方威尼斯"）；讲到梁山伯和祝英台或许仙和白娘子的故事时，将其称为中国的罗密欧和朱丽叶等；同类相异类比则是将两种同类但有明显差异的风物进行比较，比出规模、质量、风格、水平、价值等方面的不同，以加深游客的印象。

（六）妙用数字法

妙用数字法就是在导游讲解中巧妙地运用数字来说明景观内容，以促使游客更好地理解的一种导游方法。导游讲解中离不开数字，因为数字是帮助导游精确地说明景物的历史、年代、形状、大小、角度、功能、特性等方面内容的重要方式之一，但是使用数字必须恰当、得法，如果运用得当，就会使平淡的数字发出光彩，产生奇妙的作用；否则，就会产生令人产生索然无味的感觉。运用数字忌讳平铺直叙，因为导游讲解不同于教师上课，一味地讲解多大、多小、多宽等，大量的枯燥数字会使游客厌烦，所以使用数字要讲究"妙用"。

在讲解庐山是著名的避暑胜地时，为了突出庐山的凉爽，我们就可以使用数字法来展示。庐山夏季的平均气温为22.6℃，这比许多城市要低得多，是理想的避暑温度。庐山的主峰汉阳峰海拔1474米，海拔每升高100米，气温就会下降0.6℃，因此庐山的气温比周边平原地区低很多。庐山的年均降水量达到了1917毫米，这为庐山带来了充足的水源和湿润的气候。庐山的年平均雾日达到了191天，这些雾气不仅为庐山增添了神秘和美丽的景色，也有助于降低气温，使气候更加凉爽。庐山的年平均相对湿度为78%，这种湿度水平对人体非常舒适，也有助于保持空气的清新。庐山的温和气候和高湿度为生物多样性提供了良好的条件，这里森林覆盖率高达76.6%，拥有丰富的动植物种类。

通过这些具体的数字，游客可以清晰地了解到庐山的气候特征，包括凉爽的夏季气温、充足的降水、频繁的雾日以及高森林覆盖率等，这些特点共同构成了庐山作为避暑胜地的独特气候条件。

（七）画龙点睛法

画龙点睛法是一种强调重点、突出精华的讲解技巧，通过聚焦某个景点或故事中最吸引人的部分，来增强整个讲解的吸引力和影响力。以龙虎山为例。

在讲龙虎山是道教名山，也是世界自然遗产，且以丹霞地貌和道家文化闻名于世时，我们可以用"点睛之语"继续讲道："龙虎山，是一幅天地间的泼墨山水，每一笔每一画都透露出道法自然的玄妙和大自然的鬼斧神工。"

在讲龙虎山是道教正一派的发源地，有着深厚的道教文化底蕴时，我们也可以加一句"点睛之语"：在这里，每一砖一瓦都蕴含着道教的智慧，每一次呼吸都能感受到道家思想的深邃。

在讲龙虎山以其独特的丹霞地貌、秀美的泸溪河和丰富的生物多样性著称时，同样可以加一句"点睛之语"：龙虎山的丹霞地貌，色彩斑斓、形态各异，宛如天工开物，展现了大自然的壮丽与神奇。

在讲龙虎山的悬棺之谜时，我们可以说："悬棺之谜，是龙虎山的一道千古难题，每一座悬棺都像是古人留给我们的时空信箱，等待我们去探索和解读。"

最后结束的时候我们可以这样讲："龙虎山之旅，是一次心灵的朝圣，是一次对自然和历史的深刻感悟，愿这次旅行成为每个人心中永恒的记忆。"

通过画龙点睛的讲解，可以突出龙虎山的独特魅力，使游客对龙虎山有更深的理解和感悟，提升游览的体验。

（八）触景生情法

触景生情法就是通过将游客的感官体验与景点的历史、文化背景相结合，激发游客的情感共鸣，从而增强讲解的吸引力和感染力。以南昌滕王阁为例。

【引入情感】各位游客，当我们站在滕王阁下，仰望这座历经沧桑的古建筑，是否能感受到历史的厚重与文化的沉淀？

讲滕王阁的历史沉淀时告诉游客滕王阁始建于唐朝永徽四年，也就是公元 653 年，由唐高祖李渊之子李元婴所建。

【触景生情】想象一下,在那个盛世唐朝,滕王阁作为歌舞之地,见证了多少文人墨客的风雅集会,承载了多少欢声笑语。

在讲滕王阁的文化价值时告诉游客滕王阁因王勃的《滕王阁序》而声名大噪,成为流传千古的名篇。

【触景生情】站在阁楼之上,吟诵着"落霞与孤鹜齐飞,秋水共长天一色",是否能感受到王勃笔下那壮丽的景色和丰富的情感?

在讲滕王阁的建筑风格时告诉游客滕王阁是仿宋式建筑,主体下部为12米高台座,上部取"明三暗七"格式,共九层,净高为57.5米。

【触景生情】每一层每一瓦都透露出古代工匠的智慧和精湛技艺,让我们不禁对那些无名英雄肃然起敬。

在讲滕王阁的历史变迁时,告诉游客滕王阁自创建以来,屡废屡兴共28次,现在的滕王阁是第29次兴建的。

【触景生情】每一次的重建,都是对历史的一次回顾,对未来的一次展望,滕王阁见证了中国历史的变迁,也见证了中华民族的坚韧与不屈。

结束时用触景生情法讲道:"愿这次滕王阁之旅,能让大家在欣赏美景的同时,更深刻地感受到中华文化的博大精深和历史的源远流长。"

通过触景生情法的讲解,游客不仅能够了解到滕王阁的历史和文化,还能感受到与之相关的情感和故事,从而增强游览的体验和印象。

触景生情法通过将游客的感官体验与景点的历史、文化背景相结合,激发游客的情感共鸣,增强讲解的吸引力和感染力,让游客获得更加丰富、难忘的旅游体验。

第二部分 景点讲解范例

第三章 景区讲解

一、江西省概况

江西,自古就有"吴头楚尾,粤户闽庭"的名号,被认为是"形胜之区"。公元733年唐玄宗设江南西道而得此名,因"左东右西"而得"江右"之名,又因为省境内最大河流赣江而简称为"赣"。境内山清水秀、物产富饶,素来为江南的"鱼米之乡";区域文化底蕴深厚,人文昌盛,有陶渊明、王安石、文天祥、欧阳修、朱熹、汤显祖等众多名人,素有"物华天宝,人杰地灵"之誉。诸多的区位因素,使江西文化兼具吴越文化、荆楚文化和闽粤文化的特点。在长期的历史进程中,江西地区逐步开发,建置不断完善,渐次形成具有地域特色的社会文化。

(一)历史沿革

1. 原始社会时期

江西地域在比较早的时代就已经有人类的活动。从仙人洞、吊桶环遗址的出土文物来看,最远甚至可以上溯到一万年以前的旧石器时代。万年县仙人洞遗址位于万年县东部的大源镇小荷山的脚下;吊桶环遗址位于大源盆地西南面的条形山坡上,海拔约90米,是一个溶蚀性通透式岩棚,因岩棚形似一个木桶的吊环而得名。2016年科技论坛——中国稻作起源地学术研讨会上,专家们对江西万年仙人洞与吊桶环遗址进行了深入探讨和研究。在这些遗址中发现了距今1.2万年的稻作遗存,这是迄今发现的世界上最早的稻作农业遗存。这一发现不仅确认了江西万年仙人洞与吊桶环遗址为世界稻作文化的起源地，而且将人类稻作历史向前推进了 5000 多年。

2. 商周时期

商周时期的江西全境一方面有水平很高的开发区，另一方面又是原始性很浓厚的区域。社会发展面临的最大障碍是大地的荒凉与闭塞，人们生存空间过于狭小。在江西考古发掘出的众多青铜文化遗址中，表现出了较为发达的青铜冶炼和制造技艺，其中以新干县大洋洲商墓和樟树市吴城遗址最有代表性，说明赣江鄱阳湖地区在商时期存在过一个与中原商王朝同期发展的文明中心。新干大洋洲商代青铜器遗存是继河南安阳殷墟、四川广汉三星堆遗址之后又一震惊世界的重大发现，被评为中国 20 世纪 100 个重大考古发现之一。它的发现也改变了商代青铜文化源于中原、江南地区是"荒蛮腹地"、没有发达的青铜文化的传统观念，使该地域一跃成为江南青铜王国。春秋时代，江西没有独立的封国，先后分属吴、楚、越三国。江西地方经常被称为"吴头楚尾"，是因为江西曾为吴、楚、越国的争雄之地。

3. 秦汉至三国两晋南北朝时期

秦始皇一统天下，分天下为三十六郡，今江西境内无郡治，大部分地区属九江郡，置庐陵县、新淦县、南壄县，东部、西部各有一些地方分属会稽、长沙两郡。秦始皇二十六年（前 221 年），使尉屠睢发兵五十万南下，用来对付当时的东越与南越，两支军队给江西带来了大规模的中原汉民。

汉高祖初年，分天下为十三部一百三十郡，在江西设置豫章郡（赣江原称豫章江，因此而得名），郡治南昌，下辖十八县，包括南昌、庐陵、彭泽、鄱阳、余汗、柴桑、赣、新淦、南城、宜春、雩都、艾、南壄、安平、海昏、历陵、枭阳和建成等，分布地域为赣江、盱江、信江、修水、袁水沿岸，管辖区域遍布今江西四方。在汉武帝时期，全国划分为十三个监察区，称为十三部州，此时的江西属扬州部。

东汉以后，江西社会发展迅速，豫章郡人口由公元 2 年的将士 35 万余人猛增至公元 140 年的 167 万余人，净增近 132 万人。在当时中国 100 多个郡中，豫章郡人口数量由第 53 位跃居至第 4 位。在扬州的六个郡中，由第 5 位跃居至第 1 位。当时，扬州总人口的 2/5 都住在豫章郡。

三国时江西为吴地。汉献帝建安五年（200 年）时，孙策分庐陵、雩都等县置庐陵郡。建安十五年（210年），孙权厘置彭泽郡（旋废）、鄱阳郡，236年，析庐陵郡置庐陵南部都尉，隶扬州，治雩都。西晋元康元年（291年），增设江州，领十郡，治所南昌。东晋咸康六年（340年），迁治浔阳郡（江西九江市），其主体为江西地区原有郡县。

三国两晋以后，江西水稻栽培面积扩大，尤其是赣北鄱阳湖平原地区的大米品质日益良好。根据《隋书》记载，东晋南朝时期，在全国各地设置的粮仓，约2/3在江西境内（豫章郡）。

4. 隋唐五代时期

从西晋末年"八王之乱"至南朝末年为止的时期，由于北方自东汉末年以来战乱及少数民族内迁，国家经济重心开始南移，江西地区社会经济空前高涨，文化交往空前频繁。隋时曾作行政区划调整，州的级别降与郡同，江西地区设有七郡二十四县。

唐代初期，中原居民大规模地迁徙进入江西，尤其是鄱阳湖平原。唐太宗贞观元年（627年）划全国为十道监察区，江西属于江南道。唐玄宗开元二十一年（733年）时增为十五道，属江南西道，其监察区下辖八州三十七县，包括洪州、饶州、虔州、吉州、江州、袁州、抚州和信州，治洪州（南昌市）。

隋唐之后江西地区成为全国十道之一的"江南道"，经济社会得到快速发展，人口剧增，江西第一次大规模向外移民也是由此拉开序幕。南昌、吉安一带的人口不断向湖南东北的湘阴、宝庆、新化等地移民。在后续的几百年间，又由赣北、赣中继续向湖南东北、湖北东南的江汉平原及鄂东山区、安徽南部的安庆、池州及巢湖平原、福建西北移民。

五代时期，江西地区先辖于吴，后辖于南唐。在这个时期出现了相当于下等州的新的行政区划六州、四军、五十五县。交泰元年（958年），南唐中主决定建南都于洪州，并因此升洪州为南昌府。

5. 宋元时期

宋代在州之上改道为路，初设江南路，宋真宗天禧四年（1020年）分江南路为江南东路和江南西路，江西地区置九州、四军、六十八县，其大部分隶属于江南西路，仍治洪州，另有一部分隶属于江南东路。进入宋元时期，江西古代科技文明发展迅速，呈现出一派繁荣的景象，主要在陶瓷制作工艺、冶炼、铸造、医学和中药材加工泡制技术、造纸以及农业、水利和天文方面取得了不少科技成就，不仅从侧面反映出当时江西地区的社会经济发展状况，而且也为古老的中华文明增添了新的光彩。

元代至元十四年（1277年），置江西行省。至元十七年（1280年），并入福建行省。至元十九年（1282年），仍置江西行省。江西行省辖区，除包括了今江西绝大部分地区外，还包括了今天广东省的大部分。江西行省下辖十三路、二直隶州以及四十八个县、十六个县级州。元末，陈友谅占据江西。

6. 明清时期

明太祖洪武二年（1369年）瑞州路改置瑞州府；铅山直隶州降县；三年（1370年）南丰直隶州降县；洪武九年（1376年）江西行省改置江西承宣布政使司。江西布政使司辖十三府七十八县，布政使司衙门驻南昌府。地域基本等同今天的江西省区。

清代改江西布政使司为江西省，行政区域基本承袭明建制。另在吉安府增设莲花、南昌府增设铜鼓、赣州府增设虔南等三个县级厅，同时升宁都县为省辖直隶州。

明清时期，江西人才迭出，文化昌盛，古代科技得到高速发展，成为鼎盛时期。明代江西科举成就足可与宋代媲美，不仅进士多达3148人，而且常常是一科包揽一甲，或是占了前十名的大多数。特别是明建文帝二年（1400年）庚辰科、成祖永乐二年（1404年）甲申科，连续二科的状元、榜眼和探花均为江西人，且均为吉安人，为中国科举史上空前绝后的事情。《明史》列传江西人多达408人，出任首辅者十余人。尤其是吉安地区，科举更是鼎盛，共出了10位宰相、22位尚书、11位状元、11位榜眼、10位探花、8位会元、39位解元，故有"翰林多吉水，朝士半江西"之美谈。

明代以来，江西山区进一步开发，在水稻之外，棉花、苎麻、烟草、蓝靛等经济作物有较大的发展，茶叶、纸张、瓷器、夏布、药材、竹木等产品大量投入市场，促进了商业发展，由此涌现出一批新兴市镇，一批活跃的商人。在这些工商市镇中，景德镇、河口镇、樟树镇、吴城镇是各具特色的大镇，或以瓷器著称，或以航运枢纽，或以药材集散，或以竹木转运而显赫于省内外，它们在经济上的影响远远超越了省界，成为闻名于世的江西"四大名镇"。

随着明朝统一战争的进行及明初移民政策的推行，出现了明代江西人口大量流入湖广的所谓"江西填湖广"现象，并直接引发了"湖广填四川"。与此同时，大量的江西人口也经由湖广流向河南、四川、云南、贵州，最大的一次发生在元末明初。元朝末年，两湖尤其是湖北，是红巾军与元朝军队以及朱元璋厮杀拉锯的主要战场，社会动荡使人口锐减。朱元璋统一长江流域之后，于洪武年间（1368~1398年）下令组织人多地少的江西人迁往湖南、湖北，一时间长江上西行的移民船只一艘接着一艘，陆路上拖家带口的移民也络绎不绝。明末清初的30年间年年战乱，四川被战乱影响得最惨。康熙三十三年（1694年），朝廷发布《招民填川诏》，鼓励从湖南、湖北、江西、广东等地大举向四川移民。据考证，"填川"的移民以湖广行省人口最多，还包括数量很大的江西、福建等十几省移民。江西人在"湖广填四川"运动中占有较高的比例。

大规模的人口流动既使江西和湖南、湖北二省的经济联系更为密切，也使这一地区以江西商人为纽带，形成一个大的地域性市场，两湖地区因而有"无江西人不成市场"之说。江西商人在国内市场上的活跃，逐渐形成"江右帮"。有的南下广东，有的北上京师，或经营瓷器、纸张、茶叶，或开书肆，多数人是为"谋生"，而"腰缠万贯"者也不乏其人。更有在云南的江西商人，经商之外还代官府"征输里役"，甚至充当少数民族村寨的酋长。江西等地的移民和商人进入湖广、四川、云贵，对移入地的社会和文化产生直接的影响，移民和经商路线成了一条文化交流和传播的路线。江西移民和商人将江西地方文化传播至各地。其中，万寿宫的普遍建立，则使许真君信仰成为移入地的重要文化现象。

7. 近现代时期

民国时期，清朝的府、州、厅一律改为县。江西省共辖81县。1934年安徽婺源县划入江西省，1947年划回安徽省，1949年再次划归江西省。

从19世纪五六十年代开始，江西经历了长时期的战火蹂躏，造成了人口锐减和山林焚毁。两次鸦片战争之间，对江西有重大影响的事件是太平天国运动。这场战争给江西留下了严重的创伤。江西全省人口剧减数百万人，1853年约有2450万人，至1873年仅有1770万人，到1953年统计时减为

1670万人。江西商人赖以生存的主要商品如茶叶、纸张、木材等的生产则因山林焚毁而受到严重影响,景德镇的瓷业也一度陷于停产。

19世纪七八十年代,江西虽然有九江一个口岸对外通商,但传统商道不再辉煌,在南浔铁路修通之前,九江更多的是与沿江的汉口、安庆连为一线,与江西内地的联系反倒薄弱。"自江轮通行,洋货由粤入江,由江复出口者,悉由上海径运内地,江省输出输入之货减,樟树、吴城最盛之埠,商业亦十减八九。"近代京汉、粤汉铁路修通后,南北运道改走两湖、河南,江西成了陆运和海运的盲区。虽然后来有浙赣线,也只是在赣北穿境而过,整个赣中、赣南则远离交通线。

20世纪二三十年代,江西发生了安源工人运动、南昌起义、秋收起义、井冈山斗争、中华苏维埃共和国的诞生等一系列重大革命历史事件,为中国革命做出了历史性的特殊贡献。1922年9月14日,在李立三、刘少奇、毛泽东等共产党人的领导下,安源路矿工人举行了大罢工,取得了全面的胜利。安源成为"党领导的工人运动的摇篮"。1927年8月1日,在周恩来、贺龙、叶挺、朱德、刘伯承的领导下,南昌起义爆发,打响了武装反抗国民党反动统治的第一枪,标志着中国共产党独立地创建革命军队和领导革命战争的开始。南昌被称为"人民军队的摇篮"。1927年10月,毛泽东率领三湾改编后的秋收起义部队到达井冈山,开始了创建革命根据地的斗争。井冈山被誉为"中国革命的摇篮",在这里开辟了"以农村包围城市、武装夺取政权"独具特色的中国革命胜利的道路。1931年11月,第一个全国性红色政权在江西瑞金诞生,标志着党领导下的第一个全国性红色政权的建立。瑞金被誉为"共和国的摇篮"。

江西的红色文化在中国共产党的革命历史、精神谱系上有着特殊地位。江西拥有众多著名的红色教育基地,例如,井冈山革命博物馆、瑞金中央革命根据地纪念馆等。这些基地通过展示大量的历史文物、图片和历史资料,全面展示了江西革命斗争的光辉历程和中国革命的艰难岁月。

(二)地理环境

江西位于中国东南部,长江中下游南岸,地处北纬24°29′14″~30°04′43″与东经113°34′18″~118°28′56″之间。东接浙江、福建,南邻广东,西连湖南,西北界湖北,东北界安徽,构成了我国东南大三角的腹地核心。江西省北极于彭泽县而南延至龙南县，南北相距约620千米；自东由广丰区始，西缘终于萍乡市的湘东区，东西距离约490千米，全省土地面积16.69万平方千米，占全国土地总面积的1.7%。四境之内，兼有山地、丘陵和平原地貌，其间饶、修、赣、抚、信五河纵横。

江西的常态地貌类型以山地、丘陵为主，山地占全省面积的36%，丘陵占42%，平原占12%，水域占10%，自古以来就有"六山一水二分田、一分道路与庄园"的说法。江西境内东、南、西三面环山，主要有：东北部的怀玉山、东部沿赣闽省界延伸的武夷山脉、南部的大庾岭和九连山、西北与西部的幕阜山脉、九岭山和罗霄山脉（包括武功山、万洋山、诸广山）等，成为江西与邻省的界山和分水岭。山脉走向以东北—西南向为主体，控制着省内主要水系和盆地的发育。多数山地由古老的变质岩系和花岗岩组成，山峰陡峭，堆积物较厚。北拥鄱湖入长江，赣江、抚河、信江、饶河、修水诸条河流蜿蜒盘行，支流水系星罗棋布，组成了一个较为完整的封闭地理单元。江西之美，美在山水。庐山、三清山、龙虎山、井冈山、武功山等钟灵毓秀；鄱阳湖、仙女湖、陡水湖、柘林湖等柔美浩渺，山川湖泊浑然一体，刚柔并济，相辉相映，形成了风格独特的秀美风景。江西地形多样，既有高山峻岭，又有平原湖泊。

江西省境中部丘陵和河谷平原交错分布，北部则为鄱阳湖湖积、冲积平原。鄱阳湖平原与两湖平原同为长江中下游的陷落低地，由长江和省内五大河流泥沙沉积而成，北狭南宽，面积近2万平方千米。地表主要覆盖红土及河流冲积物。湖滨地区广泛发育有湖田洲地，水网稠密，河湾港汊交织，湖泊星罗棋布。

赣中南以丘陵为主，多由红色砂页岩及部分千枚岩等较松软岩石构成，经风化侵蚀，呈低缓浑圆状，海拔一般为200米，接近边缘山地部分的高丘，海拔300~500米；其相对高度除南部在百米以上外，一般仅50~80米。丘陵之中，间夹有盆地，多沿河作带状延伸，较大的有吉泰盆地、赣州盆地及于都、瑞金、兴国、宁都、南丰、贵溪等盆地。

江西省境气候属中亚热带温暖湿润季风气候，年均气温16.3℃~19.5℃，一般自北向南递增。赣东北、赣西北山区与鄱阳湖平原，年均气温为16.3℃~17.5℃，赣南盆地则为19.0℃~19.5℃。夏季较长，7月均温除省境周围山区在26.9℃~28.0℃外，南北差异很小，都在28.0℃~29.8℃。极端最高温在40℃以上，成为长江中游最热的地区之一。冬季较短，1月均温赣北鄱阳湖平原为3.6℃~5.0℃，赣南盆地为6.2℃~8.5℃。全省冬暖夏热，无霜期长达240~307天。日均温稳定超过10℃的持续期为240~270天，活动积温5000℃~6000℃，对于发展以双季稻为主的三熟制及喜温的亚热带经济林木均甚有利。唯北部地形开敞，特大寒潮南侵时有不利影响。

江西为中国多雨省区之一，年降水量1341~1943毫米。地区分布上是南多北少，东多西少；山区多，盆地少。庐山、武夷山、怀玉山和九岭山一带是全省四个多雨区，年均降水量1700~1943毫米。德安是少雨区，年均降水量1341毫米。年降水季节分配是4~6月占42%~53%。降水的年际变化也很大，多雨与少雨年份降水量相差几近一倍。降水季节分配不均及年际变化大是导致江西旱涝灾害频繁发生的原因之一。

江西省境地形南高北低，有利于水源汇聚。水网稠密，降水充沛，但各河水量季节变化较大，对航运略有影响。全省共有大小河流2400多条，总长度达1.84万千米，除边缘部分分属珠江、湘江流域及直接注入长江外，其余均分别发源于省境山地，汇聚成赣江、抚河、信江、饶河、修水五大河系，最后注入鄱阳湖，构成以鄱阳湖为中心的向心水系，其流域面积达16.22万平方千米。鄱阳湖是中国第一大淡水湖，连同其外围一系列大小湖泊，成为天然水产资源宝库，并对航运、灌溉、养殖和调节长江水位及湖区气候均起重要作用。江西地表径流赣东大于赣西、山区大于平原。

江西河川径流主要靠降水补给，故季节性变化很大。汛期河水暴涨，容易泛滥成灾；枯水期水量很小，又感水源不足。故具有夏季丰水、冬季枯水、春秋过渡的特点。年径流量变化存在连续干旱和连续洪水的情况。

江西的地理环境为生物的多样性提供了优越的环境。江西是中国南方的重要生态屏障，拥有丰富的植物和动物资源。其中，江西的森林覆盖率较高，拥有许多珍稀濒危的动植物物种。此外，江西还拥有众多风景名胜区、自然保护区等，这些地区不仅为江西的自然环境增添了独特的魅力，也为江西的生态旅游产业提供了广阔的发展空间。

（三）交通状况

全省铁路网四通八达、公路网覆盖广泛。江西积极推动交通运输方式的创新，加强智能交通系统的建设，提高了交通运输的效率和安全性。江西还注重城乡交通的协调发展，推动农村公路与产业、旅游、文化等融合发展，促进了城乡经济的共同发展，加强城市公共交通系统的建设，提升了城市居民的出行体验。

1. 铁路交通

南昌铁路局为中国重要的铁路局之一，管辖江西和福建的铁路，全省以京九、浙赣、皖赣、鹰厦、武九5条铁路为骨干，另有横南、向乐、分文、弋樟、张塘、张建、新泰等支线。京台高速铁路、昆台高速铁路、沪昆高速铁路、九景衢铁路都从江西经过，其中京台高速铁路经过上饶，合福高速铁路、杭长高速铁路都经过上饶和南昌等地。沪昆高铁则横贯江西。昌九城际铁路拉紧江西城市之间的交流。武九客专、九景衢铁路、向莆铁路（昌福铁路）、衡茶吉铁路相继建成投运。昌吉赣客专线路全长420千米，途经13个站点。高铁的快速发展使得江西省的铁路网络更加完善，市市通高铁的成果极大地提高了江西省的通达性。

2. 公路交通

江西高速公路网络分布较为均衡，连接较为合理、有效，为省内外的交通往来提供了极大的便利。全省所有县（市）区全部通达高速，通达率100%。全省公路总里程为21.07万千米，公路密度每百平方千米126.2千米。高速公路打通了30个出省大通道，是全国继河南、辽宁后第三个实现全省县县通高速的省份。全面实现了县城半小时上高速，"四纵六横八射十七联"高速公路规划网基本建成，形成了"纵贯南北、横跨东西、覆盖全省、连接周边"的高速公路网络，可达省会南昌市、北至九江市、南至赣州市、西至萍乡市、东连上饶市。另外，通往浙江、上海的高速公路已建成通车。此外还有九景高速，景婺黄高速、武吉高速公路也已通车，福银高速公路、九江长江公路大桥、厦坪至睦村高速公路建成投运。此外，江西省内还有6条国道，分别是东西向的316国道、319国道、320国道、323国道和南北向的105国道、206国道。这为游客提供了极大的便利，使他们能够轻松到达江西的各个角落。普通国省道覆盖了全省86%以上的乡镇，部分重要乡镇通高速。

3. 民航交通

江西民用航空运输形成了一个以南昌为轴心，以九江、樟树、泰和、吉安、景德镇、赣州连接全国和世界各地的航空运输网。南昌昌北国际机场是中国重要的枢纽干线机场、国际客运及货运的航空枢纽。江西还有赣州、九江、景德镇、井冈山民航机场。近年来，南昌昌北国际机场、赣州黄金机场、井冈山机场、九江庐山机场等机场的旅客吞吐量和运输起降架次都实现了不同程度的增长。江西省民航交通的快速发展，为旅客提供了更加便捷、高效的出行方式。此外，江西省还积极推进通用机场建设，如抚州南城通用机场项目为江西省的经济发展和区域交通互联互通提供了有力支持。

4. 水路交通

江西水路运输发达，以赣江及鄱阳湖航道为主，连通抚、信、饶、修等101条主要河流，总里程5716千米，2000吨级船舶可从长江直达南昌港。沿江环湖有南昌、九江两个全国内河主要港口和一批区域性重要港口。水运干线形成以赣江和信江为两纵，长江和昌江为两横的格局，为江西省的水运交通提供了有力支持，使江西省的物资运输更加便捷。江西省有九江港、南昌港、赣州港、吉安港、上饶港、宜春港、鹰潭港、抚州港、新余港、萍乡港和景德镇港等港口，共同构成了江西省的现代化港口集群，在江西省的经济发展和水路运输中发挥着重要作用。

九江港、南昌港、赣州港、吉安港还有旅游客运的综合性功能。江西旅游的水路线路主要包括一些河流和湖泊的游览。例如，鄱阳湖水上公路在九江市永修县境内的永吴公路大湖池段，当鄱阳湖水位达到一定程度时，会形成一道奇特的水上公路景观。赣江是江西的母亲河，沿途经过多个城市和风景名胜区，游客可以选择乘坐游船，在赣江上畅游，欣赏沿途的自然风光和人文景观。仙女湖位于江西省新余市，是一个美丽的湖泊景区，游客可以乘坐游船在湖上漫游，欣赏湖光山色，感受大自然的宁静与美丽。

5. 轨道交通

南昌地铁是江西省南昌市的城市轨道交通系统，自2015年底开通运营以来，已发展成为南昌市民和游客出行的重要交通方式。南昌地铁目前已经开通运营四条线路，覆盖南昌市的主要区域，包括商业中心、住宅区和旅游景点等。南昌地铁的线路设计充分考虑了南昌的文化特色，如1号线串联了八一广场、八一起义纪念馆、滕王阁等红色文化和赣鄱文化核心景区，为乘客呈现了一个充满英雄气息的南昌之旅。

南昌地铁在便利性、服务特色和文化融合等方面都表现出色，为市民和游客提供了高效、便捷、舒适的出行体验。地铁行车间隔进入了"3分钟时代"，总体运力提升了约20%。线网列车正点率和运行图兑现率均高达99.99%，超过了行业标准。南昌地铁推出了10分钟内"同站进出"免费服务，即乘客持同一票卡在同一车站的进出站时间间隔在10分钟以内，予以免费进出。这一服务为需要短暂进出车站的乘客（如厕、接人、取物等）提供了便利。南昌地铁推出了爱心预约等"阳光服务卡"系列服务，用于保障老弱病残孕等特殊乘客的便捷出行，乘客可预约轮椅、接送、行李运送等服务。

（四）旅游资源

江西拥有丰富的自然景观和人文景观。庐山、三清山、龙虎山、明月山、瑶里、婺源篁岭等都是江西的知名景点，吸引了大量游客前来观光旅游。庐山以其雄奇险秀的自然风光和深厚的历史文化底蕴吸引着无数游客；三清山、龙虎山等风景名胜区也是游客流连忘返的好去处。无论是庐山的秀丽山水、三清山的奇峰怪石，还是鄱阳湖的湖光山色，都让人叹为观止。

江西的民俗文化和节庆活动也独具特色，如上饶望仙谷景区的篝火晚会，就是江西文旅产业的一个亮点。江西的古镇古村、红色旅游资源等也独具特色，为游客提供了丰富多样的旅游体验。

江西的古色历史文化资源丰富。陶瓷文化、茶文化、傩舞等传统文化艺术在这里得到了很好的传承和发展。游客可以在景德镇陶瓷博物馆欣赏到千年瓷都的陶瓷艺术，也可以在茶园品尝到正宗的江西茶叶，感受江西的独特韵味。

江西的红色旅游资源尤为丰富，作为中国革命的重要发源地之一，这里保存了许多革命历史遗迹，例如，中国革命摇篮井冈山、人民军队摇篮南昌等，为游客提供了深入了解中国革命历史的机会。

此外，江西的民间艺术也是旅游的一大亮点。三星鼓、鲤鱼灯舞、石人桥灯等传统民间舞蹈和表演形式，为游客展示了江西人民的智慧和才华。这些独特的文化元素，让游客在欣赏美景的同时，也能深入了解江西的文化内涵。

作为国家旅游资源标准分类中的一大亮点，江西拥有155种基本景观中的绝大多数，包括世界遗产、世界地质公园、5A级旅游景区、国家级风景名胜区等众多重要景点。其中，庐山、井冈山、三清山、龙虎山四大名山，以及四大摇篮、四个千年、一湖、一村、一海、一峰、一道、一城组成的"3461"景区更是闻名遐迩，吸引了大量游客前来观光旅游。

总的来说，江西的旅游资源丰富多样，无论是自然景观还是人文景观，都有着独特的魅力和价值。江西共有4处世界遗产、6处国家遗产，3个世界地质公园；14个国家重点风景名胜区，6个国家5A级旅游景区，25个省级风景名胜区；8个国家级自然保护区，22个省级自然保护区；41个国家级森林公园，60个省级森林公园；16处国家湿地公园（试点），已通过验收并正式授牌的2处；3个国家历史文化名城、51处全国重点文物保护单位。各类风景名胜区（点）多达2400余处。风景名胜区总面积达5257平方千米，占全省国土总面积的3.2%，湿地面积为90955.77公顷。

（五）土特产品

江西的土特产品丰富多样，不仅具有独特的工艺和品质，还承载着江西深厚的历史文化底蕴，也是了解江西文化、历史和风俗的重要窗口。江西土特产品的特点主要包括以下几方面。

一是品质优良：江西的土特产品如广昌白莲、万年贡米、赣南脐橙等，均以其品质优良而闻名。这些产品种植历史悠久，采用传统的种植和加工方法，使产品具有独特的口感和营养价值。

二是营养丰富：江西的土特产品富含多种营养成分，如蛋白质、维生素、微量元素等。例如，万年贡米中的蛋白质含量是普通大米的数倍，B族维生素、微量元素含量亦高于普通大米。赣南脐橙则含有丰富的维生素C和其他营养成分，具有很高的营养价值和保健作用。

三是风味独特：江西的土特产品具有独特的风味，如广昌白莲色白、粒大、味甘清香；万年贡米米色如玉、口感松软香醇；赣南脐橙果形美观、色泽艳丽、口感甘甜多汁等。这些独特的风味使江西的土特产品深受消费者喜爱。

四是加工精细：江西的土特产品加工精细，注重传统工艺的传承和创新。例如，安义黄洲宗山米粉以其色泽洁白、柔软滑爽、口感宜人等特点而著称，其制作工艺考究细致，不含防腐剂。这种精细的加工方式使得产品更加健康、美味。

五是品种多样：江西的土特产品种类繁多，涵盖了农产品、食品、手工艺品等多个领域。这些产品不仅具有地方特色，而且品种丰富多样，满足了不同消费者的需求。

（六）旅游餐饮

江西的旅游餐饮资源丰富多样，既有传统的赣菜美食，也有各地特色小吃，能够满足不同游客的口味需求。赣菜以其独特的烹饪技艺和口味风格而著称。如四星望月、藜蒿炒腊肉、南昌米粉等，这些菜肴色香味俱佳，深受游客喜爱。此外，江西各地还有许多特色小吃，如瓦罐汤、炒米粉、白糖糕等，这些小吃口感独特。江西餐饮的特点主要体现在以下几个方面。

一是注重原汁原味：江西菜在烹饪过程中非常注重食材的原汁原味，尽量保持食材的原有风味和营养。这种烹饪理念使江西菜在口感上更加自然、鲜美。

二是口味浓郁：江西菜在口味上较为浓郁，善于运用各种调味料和烹饪技巧，使菜品在口感上层次丰富、味道浓郁。无论是炒菜、炖汤还是蒸制，江西菜都能保持其独特的口味特点。

三是善用调料和搭配：江西菜在烹饪过程中善于运用各种调料，如酱油、盐、辣椒等，通过合理的搭配和调味，使菜品在口感和味道上达到完美的平衡。此外，江西菜还注重食材的搭配，不同的食材相互融合，形成独特的风味。

四是讲究火候和烹制工艺：江西菜在烹制过程中非常讲究火候的掌握和烹制工艺的运用。通过合理的火候掌握和烹制工艺的运用，使菜品口感鲜嫩、香醇可口。无论是炖汤、炒菜还是蒸制，江西菜都能保持其独特的口感特点。

五是具有丰富的地方特色：江西菜具有浓郁的地方特色，与当地的文化和自然环境密切相关。江西菜的特色菜肴和烹饪工艺都是经过长期的实践和积累形成的，具有独特的地方风味。例如，江西人喜欢吃蒸菜，尤其是粉蒸肉，这是一道非常具有代表性的江西菜品。

六是酸辣口感独特：与四川、湖南等地的辣味不同，江西菜的辣味中带有一定的酸味，这种独特的酸辣口感使江西菜在口味上更加独特。这种酸味并非来自醋，而是来自食材本身或者特殊的发酵工艺，使菜品更加自然健康。

七是腊货和豆腐的广泛应用：在江西的餐桌上，腊货和豆腐是非常常见的食材。江西人喜欢吃腊货，如腊肉、腊肠等，这些腊货经过腌制和熏制后，具有独特的风味和口感。同时，江西人也非常喜欢吃豆腐，无论是炖汤、炒菜还是蒸制，豆腐都是常见的食材之一。

这些特点使江西餐饮在中华美食文化中独树一帜。在旅游餐饮方面，江西积极推动餐饮业的发展，出台了一系列的扶持政策，为投资者提供了良好的发展环境。江西还注重提升餐饮行业的服务水平和文化内涵，让游客在品尝美食的同时，也能感受到浓厚的文化氛围。

（七）文旅产业

江西拥有丰富的旅游资源，包括壮丽的自然风光、众多的历史遗迹以及独特的民俗文化。这些资源吸引了大量的游客前来观光旅游，推动了文旅产业的快速发展。政府出台了一系列优惠政策，鼓励企业和个人投资文旅产业，推动了文旅项目的开发和建设。政府还加强了与周边地区的合作，共同打造跨区域的旅游线路和产品，提高了江西文旅产业的竞争力和影响力。江西注重提升文旅产业的服务质量和水平，通过加强旅游设施建设、提高旅游服务水平、推广智慧旅游等方式，为游客提供更加便捷、舒适的旅游体验。这些举措不仅提升了游客的满意度和忠诚度，也为江西文旅产业的可持续发展奠定了基础。

江西注重挖掘和保护本土文化，通过举办各类文化节庆活动、推出特色文化产品等方式，让游客在欣赏美景的同时，也能深入了解江西的历史文化和民俗风情。江西还注重旅游与文化、体育、农业等产业的融合发展，推出了众多具有地方特色的旅游产品和活动，吸引了越来越多的游客前来江西旅游观光。江西文旅产业的数据统计显示，近年来该产业取得了显著的发展。以 2024 年春节假期为例，江西省文旅市场迎来了"龙龙"春节，全省累计接待入赣游客 1698.48 万人次，入赣游客同比增长 31.93%，净流入游客排全国第七位。全省游客人均消费同比增长 14.98%，5A 级景区、重点 4A 级景区接待游客 476.49 万人次，同比增长 98.49%，实现门票收入 2.69 亿元，同比增长 63.92%。这些数据充分展示了江西文旅市场的活力和吸引力。2024

年"五一"假期,江西再次成为全国热门旅游目的地,接待入赣游客596.22万人次,在接待外省游客占比中排名全国第七、中部第一。

江西省文化产业竞争力在全国的综合得分排名处于中游,在中部6省中排名第4。江西已形成了以山、湖、城、村为主体,形象鲜明、各具特色的旅游目的地体系。如南昌—九江·庐山—景德镇—婺源名山瓷都名村文化旅游线、南昌—吉安·井冈山—赣州—瑞金红色文化旅游线等,为游客提供了丰富的旅游选择。江西正积极推动文化创意产业与旅游业的深度融合,通过引入优秀的文艺作品、影视剧拍摄等文化创意项目,增加游客的参与度和体验感,从而提升江西文化旅游的知名度和影响力。

总之,江西以其丰富的历史文化、秀美的地理环境、便捷的交通网络、丰富的旅游资源、独特的旅游土特产品以及蓬勃发展的旅游产业,成了一个充满魅力的旅游胜地。江西文旅产业在近年来取得了显著的发展成果,无论是在游客数量、旅游收入还是文化产业发展方面,都呈现出积极向好的态势。无论是历史文化爱好者、自然风光追求者还是美食购物爱好者,都能在江西找到属于自己的旅游乐趣。江西的文旅产业在全国具有一定的竞争力,尤其在红色文化、陶瓷文化等方面具有独特的优势。同时,江西也在不断地提升文旅产业的便利性和服务质量,推动文旅融合发展,为游客提供更加优质的旅游体验。

二、庐山风景名胜区导游词

(一)庐山风景名胜区概况

游客朋友们,欢迎来到风景秀丽的庐山风景名胜区!

庐山地处江西省北部,北临长江,东傍鄱阳湖,山体呈椭圆形,典型的地垒式块状山。南北长约29千米,东西宽约16千米,总面积为302平方千米。绵延的90余座山峰,犹如九叠屏风,屏蔽着江西的北大门,主峰汉阳峰,海拔1474米,是庐山的最高峰。庐山,葱茏俊美、秀甲天下。唐代诗人白居易在《庐山草堂记》开篇中的一句"匡庐奇秀甲天下",一举奠定了世人评价庐山的基调。庐山是中华十大名山、世界文化遗产、国家5A级旅游景区、中国四大避暑胜地。2022年,庐山被列为全国首批"天气气候景观观赏地"。

庐山拥有绝美的自然景观。庐山群峰耸峙，绵延起伏。在古代被命名的山岭有171座，其中奇峰峻岭有90余座。其中奇峰首推"五老峰"，高峰当数"汉阳峰"。汉阳峰海拔1474米，是庐山最高的山峰，也是庐山的主峰。登临汉阳峰顶，北望长江如带，南观鄱湖如镜，湖光山色，美不胜收。在庐山瀑布之中，以形态之奇、落差之高，当首推三叠泉瀑布。它如百幅冰绡倾注磐石而成三叠，落差约达155米，气势磅礴。瀑水飘者如发，断者如雾，挂者如帘。风飘日映，瀑帘前常出现彩虹和彩球，飘浮滚动，如梦如幻。因而，有"不到三叠泉，不为庐山客"之说。庐山之奇莫若云。庐山全年雾日可达近200天，云雾景观有玉带云、云梯云、瀑布云、乱云、云海、朝霞、夕霭、霓虹等。云海的形成与系统性的天气变化有关，庐山云海气势沉雄，铺天盖地，瞬息万变，青峰秀峦出没在万顷云涛之上，幻变成大海中的蓬莱仙岛，时隐时现。云海越峰连天宇，蔚为壮观。毛泽东则赞美它为"云横九派浮黄鹤，浪下三吴起白烟"。正是庐山这种变幻莫测的云雾，让宋代大诗人苏东坡发出了"不识庐山真面目"的千古感叹。庐山的自然景观以奇、秀、险、雄著称，这些特点相互交织，相得益彰，共同构成了庐山独特的自然美，使其成为驰名中外的旅游胜地。

庐山是千古流芳的文化名山。庐山有着悠久的历史，自古以来就是文人墨客向往的地方，留下了大量的诗词歌赋和历史记载。东晋画家顾恺之游历庐山，创作了中国绘画史上第一幅独立存在的山水画《庐山图》；东晋诗人陶渊明归隐庐山，创作了中国最早的田园诗；南北朝诗人谢灵运寄情庐山山水，创作了中国最早的山水诗。陶渊明的"采菊东篱下，悠然见南山"、李白的"飞流直下三千尺，疑是银河落九天"、白居易的"人间四月芳菲尽，山寺桃花始盛开"、苏东坡的"不识庐山真面目，只缘身在此山中"、毛泽东的"一山飞峙大江边，跃上葱茏四百旋"等诗词，无不是流芳千古的名篇佳作。1938年，美国著名作家赛珍珠的《大地》三部曲获得诺贝尔文学奖，其扛鼎之作就是在庐山别墅内完成的，从而搭起了一座沟通东西方文明的桥梁。庐山的文化价值不仅体现在其丰富的历史遗迹和文学作品上，更体现在其对中国文化传统的传承和发扬上。庐山的文化精神，已经成为中华民族文化宝库中的重要组成部分。

各位游客，请跟随我的脚步让我们一起深入了解庐山风景吧！

（二）庐山风景名胜区主要景点

庐山游览区域主要分为三条线路，分别是东线、西线和中线。每条线路都有其独特的景点和特色，当然庐山除了这三条线路的景点，还有其他一些独立景区，如石门涧景区、大口景区、天合谷景区等，这次庐山之行我们就主要沿着这三条线路的景点来参观游览。

1. 东线景区

东线是庐山景点最为集中的区域，通常包括含鄱口、庐山植物园、三叠泉、五老峰等景点。这些景点构成东线的主要旅游内容，我们现在来选择一些主要景点游览参观。

【含鄱口】

各位游客，我们现在来到的这个地方，就是庐山著名的景点含鄱口。

含鄱口位于含鄱岭东南，山下便是中国最大的淡水湖鄱阳湖。含鄱岭横亘在九奇峰与汉阳峰之间，使两峰之间形成了一个天然的大峡谷，如同一个张开的巨口将广阔的鄱阳湖牢牢地含住，从而呈现出一种"千里鄱湖一岭函"的雄伟气势，因此被称为含鄱口。

含鄱口这个巨大的"U"形谷，是第四纪冰川的杰作。冰川运动时，大量的冰雪、泥石顺着含鄱岭的山坡向下冲去，不断将山坡冲刷得又深又宽，最终形成一个巨大的豁口。

含鄱口是庐山观赏湖光山色的最佳地方。1959年8月7日，毛主席第一次来到含鄱口，没过几天，他再次来到含鄱口，并且还让工作人员带上了一把藤椅。当时毛主席正坐在藤椅上欣赏风景，江青发现这里的风景很美，便提议给毛主席拍照，并亲自为毛主席拍摄了一张侧倚青山、端坐在藤椅上的珍贵照片。现在庐山很多宾馆饭店，都悬挂着毛主席坐在含鄱口的照片。

我们现在看到的这座石牌坊，上面刻着的"含鄱口"三个大字和左右两边的"湖光""山色"四个大字，是江西省原省长邵式平题刻的。石牌坊后面山上的那座亭子，叫含鄱亭。

站在含鄱亭，我们可以看见石牌坊前方有一座极为奇特的山峰，整座山峰都由尖利的巨石组成，就像一柄犀利的犁头，名叫"犁头尖"，也是第四纪冰川形成的自然景观。

沿着含鄱亭后面的石阶往上走，便到了含鄱岭最高处的"望鄱亭"，这里是观看日出的最佳处。站在亭中远眺，鄱阳湖尽收眼底。如果是晴天，在这里可以欣赏到太阳跃出湖面时，那种霞光万道、鄱湖披金的绝美景象。

由于含鄱口下面是鄱阳湖，所以这里的云雾特别多。电影《天仙配》中的七仙女在天宫眺望人间美景，而动了下凡之心的镜头，就是在望鄱亭上拍摄的。

【植物园】

各位游客，我们现在来到了庐山植物园。

庐山植物园创建于1934年，是中国第一座以科学研究为目的的亚热带高山植物园。它的创始人便是被人们称为"中国现代植物学奠基人"的著名植物学家胡先骕。

植物园这个地方原来叫三逸乡，是江西农校的实习林场。1934年，胡先骕与植物学家秦仁昌和陈封怀商议后，决定在庐山建立植物园，由世界著名蕨类植物学家秦仁昌担任第一任主任。植物园第二任主任是被誉为中国植物园之父的陈封怀。

植物园分松柏区、草花区、树木园、岩石园、茶园、猕猴桃园、国际友谊杜鹃园、蕨苑及温室和乡土观赏灌木园等园区。园内有不少国家保护的珍稀濒危植物，其中便有被称为"活化石"的水杉。

胡先骕、秦仁昌、陈封怀三位创始人被称为庐山植物园的"三老"，去世后都归葬庐山植物园，这个墓区被称为"三老墓"。每年清明，都有国内外专家和学子前来祭拜，追念他们三老"献身科学、报效祖国、艰苦奋斗、以园为家"的精神。

沿着"三老墓"旁边的石阶往上走，便是国学大师陈寅恪的墓地。

2003年夏天，陈寅恪和妻子唐筼的合墓落葬庐山植物园，墓地由12块第四纪冰川的漂砾石组建而成。右侧砾石上面刻的是陈寅恪的格言："独立之精神，自由之思想。"

中国科学院院长路甬祥为陈寅恪落葬庐山发来的贺信中说："陈寅恪先生谢世34年后择我院庐山植物园归葬，甚感荣幸之至。庐山乃我华夏之绝艳宝地，名人名山名园融为一体，归于自然，先生终得以慰藉。"

陈寅恪归葬庐山并非偶然，庐山与陈氏家族本来就有很深的渊源，植物园创始人之一的陈封怀就是陈寅恪的侄子。1929年的时候，陈寅恪在庐山购下松门别墅,接他的父亲陈三立前来庐山定居。陈三立在庐山共住了5年,1933年陈寅恪才把父亲接到北平生活。

陈寅恪出身于一个显赫的家族,祖父陈宝箴是清朝的"封疆八大吏"之一,任湖南巡抚时积极推行新政,支持"戊戌变法",后被慈禧太后"赐死"。父亲陈三立是民国时期著名文人,大哥陈衡恪是中国著名的大画家。陈宝箴、陈三立、陈衡恪、陈寅恪、陈封怀"一门五杰"名满天下,祖孙四代五人同进《辞海》,目前中国仅此一家。

陈寅恪12岁就跟随大哥陈衡恪出国留学,直至35岁被清华国学院聘为教授,其间大部分时间在国外读书,精通英、法、德、俄、日等近20多种语言,在语言学、史学、佛学等多个领域都有极高的造诣。他在清华国学院讲课时,听课的教授比学生还多,被誉为"教授中的教授"。

【三叠泉】

各位游客,现在我们要去游览"三叠泉"。游三叠泉可要做好吃苦的准备,这可是游览庐山最吃力的一个景点。

庐山瀑布、黄山石笋、雁荡龙湫被称为"天下三奇",在庐山大小瀑布中,三叠泉瀑布最为壮观、落差最大。

三叠泉位于五老峰东侧,直到南宋绍熙年间,即1191年,才被一位上山砍柴的樵夫发现。但令人遗憾的是,当年在三叠泉上游青莲谷隐居的李白和在白鹿洞讲学的朱熹都没有见过三叠泉。朱熹在听说了三叠泉的奇美后,叹息不已,便请人画了一幅三叠泉的实景图,挂在了书房,每次见到画时都会发出一番感叹:"未能一游其下以快心目,乃此生憾事也。"

三叠泉瀑布落差高达155米,分三叠从高空坠入深谷。第一叠垂直而下,落差20多米,像一面水晶帘子,挂在苍崖前。第二叠落差50多米,瀑布就像千军万马争先恐后奔赴战场,在两旁岩壁和断崖凸出的岩石上不断激起巨大的水浪,特别壮观。第三叠最长,落差80多米,洪流倾泻,冲入下面的龙潭中,溅起的水雾,我们伸手可及。

明代的时候,三叠泉成为庐山一处著名的景点,像诗人王世懋、白鹿洞主刘世扬等众多文人雅士慕名前来,观景作诗,乐此不疲。

【五老峰】

各位游客,我们现在来到了庐山著名景点五老峰。

在庐山的群峰中，五老峰算得上是风光最为俊美，山势最为雄奇的山峰。五老峰是由五座山峰相连在一起，因为形如并肩而立的五位老人，被称为五老峰。

诗仙李白曾五上庐山，他游览五老峰时，也被五老峰的景色所折服，写下了"庐山东南五老峰，青天削出金芙蓉。九江秀色可揽结，吾将此地巢云松"的千古绝唱。他还在五老峰旁的山谷中建了一座草堂，隐居了大半年的时间。直到唐玄宗的儿子李璘率兵平叛路过九江，几次派人上山邀请李白相助，他才恋恋不舍地下了山。现在李白隐居的山谷叫"青莲谷"，谷中的溪涧叫"青莲涧"，原有一座寺庙也叫"青莲寺"，都是因为李白号"青莲居士"而得名。

五老峰的五座山峰，可以说是峰峰有景，气象万千。

一峰下怪石林立，各显奇姿。这里由怪石堆垒而成的一座天然石桥，名叫"仙人桥"。云飞雾绕时，游人涉桥而过，飘飘然如同仙人一般。

二峰上有一座石亭，名字很好听，叫"待晴亭"。待晴亭还有一个故事，故事的内容就在亭旁的英文石刻上。庐山石刻众多，但是英文石刻却不多见。这处石刻是近百年前，庐山"美国学校"校长罗伊所题刻的，题目便是"让所有来这里的人都知道"。石刻大意为：1933年夏天，我和好友林尔嘉一同游览五老峰时，不巧遇上大雨。因为这里没地方躲雨，我的朋友因此生了一场大病。为了让大家不再有这样不愉快的经历，我在前面的一个天然巨石下掘了一个可以避雨的洞室，还在这里建了一座"待晴亭"。石刻中提到的林尔嘉是一位华侨富商，为中国的抗战和慈善事业做了很多有益的事情，他还是一位诗人，在庐山写了不少诗，在亭子旁边的石壁上，还刻有林尔嘉的两首诗。这座待晴亭不但可以避雨，而且造型精巧，成了二峰上的一处景观。

三峰最高，绝壁凭空。旁边的石壁上就有"俯视大千""星聚层峦"等题刻。在三峰的悬崖峭壁上，长着一棵刚劲舒展的古松，树枝如仙鹤展翅，造型美丽。这棵松树被称为"五老松"。"五老松"与身后的绝壁、前面的万里江天构成一幅壮阔的图画，是庐山的标志性景观。

四峰最为陡峭，削壁千丈。登峰远眺，江河交错，尽收眼底，美不胜收。

五峰最为辽阔,前面的石壁上刻有"目无障碍"四个大字。站在这里,心胸开阔,所有的烦恼都随之烟消云散。

1924年的夏天,诗人徐志摩从上海来到庐山住了一个多月,他游完五老峰后写了一首诗,赞美五老峰具有一种"不可摇撼的神奇"。

2. 西线景区

西线则包括如琴湖、花径、锦绣谷、仙人洞、龙首崖、大天池、乌龙潭、黄龙潭、三宝树等景点,这些景点构成西线的主要旅游内容。我们现在来选择一些主要景点游览参观。

【花径】

各位游客,这里就是著名的花径景区,又称"白司马花径"。

"白司马"就是白居易,他因为直言上谏,被贬为江州司马,江州就是现在的九江。白居易在九江留下了许多脍炙人口的诗篇,《大林寺桃花》就是其中之一,这首诗被收录在中小学教材之中,流传很广。

大家请看,前面的如琴湖,湖光山色,交相辉映,给庐山带来了无限的灵动和秀丽。在如琴湖的湖底,就是古代大林寺的遗址。大林寺始建于东晋南朝时期,元和十二年(817年)初夏,白居易和朋友一起登上庐山,游览大林寺。他看见大林寺旁的山坡上,一大片桃花刚刚盛开,十分美丽,而此时,山下的春花早已凋谢了。白居易触景生情,不由写下了著名的诗句:"人间四月芳菲尽,山寺桃花始盛开。长恨春归无觅处,不知转入此中来。"充分表达了诗人的喜悦心情。

这里是花径的入口,石门横额上刻着"花径"两个大字,两边石柱上刻着"花开山寺,咏留诗人",是由民国时期隐居在庐山的文人李凤高题写的。

我们现在来到花径亭,亭子下面的石头上刻着"花径"二字。1929年夏天,李凤高与朋友从这里路过,偶然发现路旁一块被石工挖出的巨石上有字迹,马上停下来仔细观察,发现是"花径"两个正楷大字,可惜边款已经看不清了。他嘱咐石工保护这块石刻,然后回去查阅史料,最终确定这方石刻与白居易有关。于是李凤高募款在石刻上修建亭子加以保护,并修建景白亭,由陈三立撰写碑文,吴宗慈书写,详细记述"花径"石刻被发现、众人筹资建亭、重振白司马花径的过程,并在路口建了石门。

1988年,花径内又修建了白居易草堂。草堂内陈列着有关白居易的资料、图片及字画。1996年，在草堂前立了一尊由著名雕塑家王克庆雕刻的白居易塑像，使花径公园的内容更加充实，寄托了后人对白居易这位伟大诗人的追思和怀念。

【锦绣谷】

各位游客，我们现在开始游览锦绣谷。

锦绣谷位于大林峰和天池山之间，两侧是悬崖峭壁，谷中繁花似锦，美不胜收，一年四季，各有美景，所以叫作"锦绣谷"。

锦绣谷中不仅奇花异草多，而且怪石多。在幽谷中，时常可以看见峭耸的石堆，有的像尖尖的竹笋，有的像四方的棋盘，这都是第四纪冰川的杰作。在锦绣谷的中部，可以看见一座数十米高的孤石峰凌空拔起，峰巅上有块巨石，酷似一颗硕大无比的老人头，连眉眼、皱纹都很清晰，惟妙惟肖，所以被称为"老人石"。锦绣谷中还到处可见断石峭壁，如同是巨斧所劈而成，极为险峻，令人惊叹。在锦绣谷里游走，就如同在地质公园里漫游，第四纪冰川所造成的地质地貌生动地展现在眼前。

各位游客，大家看到路旁很多的石刻，这里是庐山重要的人文景观，也是省级文物保护单位。现在，让我们一起来欣赏这些石刻。纵观这一带的石刻，你会发现一个有趣的现象：民国以前的石刻，大多是对锦绣谷景色的赞美和题刻者陶醉自然的感受；而1935年前后的石刻，更多的是真实反映当时的时代潮流和国人的强烈愿望，具有较浓的政治色彩。

秋末冬初，本是萧条的季节，但在游客眼里，却生动有趣。像这个"游目骋怀"的石刻，是清代早期的作品，运笔流畅，气韵贯通，表达了书写者心情的愉悦。你们看石壁上的"寒山可语""挂笏而观""讵可抱眠"等石刻，可以说是妙趣横生。还有"仙径""仙源无二""贤者乐此""夏云""颐性养寿""夏子晏坐处"等石刻，都表达出题刻者对锦绣谷的喜爱和赞美。

这块岩石背面上刻着的四个楷书大字"天下为公"，是孙中山先生的一句名言；这块船形的悬石上刻着的"同舟共济"四个行楷大字，厚重苍劲，特别醒目；还有这幅隶楷石刻"一呼百应"，也是苍劲有力。这几幅石刻都刻于1935年前后，当时已侵占东三省的日本侵略者蠢蠢欲动，大有吞并中国之势，仁人志士纷纷发出"天下为公""同舟共济""共同抵御外侮"的呼声。今天读来，还令人热血沸腾。

【仙人洞】

各位游客，这里就是仙人洞了。

仙人洞，是庐山名气最大的景点之一，1961年毛主席写了一首诗，"暮色苍茫看劲松，乱云飞渡仍从容。天生一个仙人洞，无限风光在险峰"。从此以后，仙人洞名扬海内外，几乎是家喻户晓了。

仙人洞是一座天然洞穴，高达7米，深有14米。最早的时候，这里是僧人修行的地方，因为洞穴顶部前端石块参差不齐，好像是伸展的五指，所以叫作"佛手岩"。洞旁一块大石上刻着"佛手岩"三个大字，是南宋时期留下的石刻。大约从清代中期开始，这里逐渐成为道教的场所，因此改名为仙人洞。民国时期，罗理松道长来到这里，在洞内修建纯阳殿，供奉吕洞宾；在洞旁新建老君殿，供奉太上老君；还在洞穴上方建了一个圆石门，门上刻着"仙人洞"三个大字，两旁的对联是："仙踪渺黄鹤，人事忆白莲。"点明这里曾先后作为佛道两家的圣地。

仙人洞里供奉的是"八仙"之一的吕洞宾。吕洞宾出生在唐代末年的一个大家族里，祖上都是高官显贵。他本人也曾参加科举考试，后来在浔阳（现在的九江市柴桑区）担任知县。吕洞宾喜欢到庐山游览，并且在庐山遇到仙人，传授给他修仙之术和剑法，从此之后，吕洞宾弃官修道，背着一把宝剑游历人间，最终羽化成仙，号纯阳真人。

仙人洞洞穴深处有两道泉水沿石而降，滴入天然石窖中，叮咚有声，悦耳动听，这便是著名的"一滴泉"。泉水清澈晶莹，甘甜可口，含有多种矿物质。1959年庐山会议期间，毛主席到仙人洞游玩时，就喝过这里的泉水。

【大天池】

各位游客朋友，我们现在参观的景点是大天池。大天池原来是指天池寺中的天井，相传文殊菩萨来到这里，见此地三面环山，景色优美，唯独缺水。于是将二指插入峰顶平坦处，顿时土裂石开，现出二池清水。后来人们把这两池命名为天池，把这座山也叫作天池山。

天池寺是东晋高僧慧远的胞弟慧持修建的，明代这里成为朱氏王朝的家庙。朱元璋认为自己是"君权神授"，编造说在庐山得到一个叫周颠的和尚大力帮助而夺得天下。我们在御碑亭里看到的碑记，说的就是这个故事。周颠，其实就是一个姓周的疯和尚，就像我们熟悉的"济公"一样。朱元璋当时就许愿如得到天下,一定要在庐山为周颠修一座规模最大的寺庙,并让太子陪伴他左右。

朱元璋建立明朝后,果不食言在天池寺旧址上重建寺庙,赐名"天池护国寺"。随后的成祖朱棣赐名"天池万寿寺",宣宗朱瞻基再敕"天池妙吉禅寺",称为"三敕天池"。天池寺有四大宝物,即"铜钟、铁瓦、象皮鼓、乌金太子像"。在朱元璋看来,庐山是一座给他带来好运的神山,所以封庐山为"庐岳",与五岳并列同尊;并把天池山一带划为皇家禁地,禁止一切砍伐、狩猎等破坏自然的行为,这可以说是庐山第一个"自然保护条例";还规定这里为德化(今九江市)、星子(今庐山市)两县"春秋两祀"之地。

我们看到左前方一座半月形的平台,叫"文殊台",因供文殊菩萨而得名。如果是无云之夜,运气好的话,在文殊台可以看到"佛灯",这是科学家竺可桢提出的庐山三大气象之谜之一,其他两个为"雨往上行"和"雾有声"。这种奇观究竟是怎样生成的,至今没有科学的解答。有的说是"磷火",有的说是山谷中有矿藏,有的说是星星的"反光"等,众说纷纭。明朝大学者王阳明曾在此遇见了佛灯,写下了一首诗:老夫高卧文殊台,挂杖夜撞青天开。散落星辰满平野,山僧尽道佛灯来。他也无法解释这一奇观,相信在不远的将来我们一定可以解开这一谜团。

我们前面的这个亭子叫斗姆亭,也叫老姆亭。"老姆"指的是庐山的老母亲,也就是庐山的山神。一直以来山民的土话称庐山为"黎山",这与庐山由来的传说有关。"黎山"说的就是"骊山"。传说秦始皇赶骊山填东海,"骊山老母"苦口婆心劝说秦始皇不要这样做,但是秦始皇不听,只好用"骊山迷魂酒"将秦始皇灌醉。秦始皇酒足饭饱之际,挥起手中的神鞭抽赶骊山。谁知九十九鞭之后便昏睡过去,骊山被赶到了鄱阳湖边停了下来,这座山也就被称作"黎山"了。这也是庐山有九十九道壑谷、九十九座山峰传说的由来。

【龙首崖】

各位游客朋友们,现在游览的是庐山西线著名景点龙首崖。龙首崖位于大天池西南侧,沿石阶下行200米,便可见一崖拔地千尺,凌空悬立,酷似卧龙昂首而得名。龙首崖上面有一棵300年树龄的衣冠松也叫卧龙松,生长在岩石的缝隙里，侧面有观龙亭。

相传天池寺内有一名小沙弥，与附近一位乡村姑娘日久生情，约定要一起前往极乐世界。有一天，龙首崖前云海翻滚，云海上呈现一圈佛光，他们以为是佛驾祥云来度他们前往极乐世界，便双双携手跃入佛光之中。黎山老母飞身赶来，将两人托起带往仙境，因此称为"舍身崖"。

明朝江西布政使刘世扬来这里游览，听到这个传说并得知有不少人在这里轻生，深为痛心，便将"舍身崖"改名为"龙首崖"。

龙首崖是观赏佛光的最佳地方。庐山有三大奇观：雾有声、雨倒行、佛光。佛光不是每天都看得见，这次没看见也没有关系，留点遗憾，下次再来。

【三宝树】

我们大家看到的这三棵大树，就是"三宝树"。三棵树中有一棵银杏，两棵柳杉。因这三棵树立在黄龙寺山门前，有"庙堂之宝"的称誉，故名"三宝树"。相传这三棵树是晋代僧人昙诜从西域带来栽种的，旁边的石头上刻着"晋僧昙诜手植"说的就是这个故事。其实，三宝树是修建黄龙寺时种植的。在1974年8月，经过科学测算，杨柳树龄大约为600年，银杏树龄大约为1500年，最大一棵直径为2.8米、高34米。

"三宝树"还有个动人的传说。相传明神宗朱翊钧十分喜欢黄龙寺一带的风景，常来此游乐。一天，他传下圣旨要将黄龙寺前三棵大树放倒，留下半身高的树根，做成三个大圆桌来宴请百官。地方官员急忙调集一百名木匠，分别向三棵大树开刀。奇怪的是，砍开了口子后又长起来，锯开了缝隙后又合起来。一连数天，连树皮也没砍掉一块。

神宗闻报大怒，再传圣旨，限定三天内把树砍倒，否则将木匠统统处死。木匠们凄惨地对大树说道："不是我们要砍你，实在是圣命难违呀！"这时，三棵大树发出声音："我们不怪你们，你们都有妻子儿女，不忍心让你们遭受杀身之祸！可我们前后左右长满了大大小小的树木，把我们砍倒，不知要压坏多少树木，我们又怎么忍心啊！请你们先从我们顶部砍起，先把枝丫一根根砍下，再把树干一截截锯下，这样就可以不砸坏周围的树木，我们多受些痛苦也心甘情愿。"

木匠们感动了，连树都这样有情，人又岂能无义，他们宁可掉脑袋，也不再伤大树一块皮,一齐坐在树下等死。神宗听说后大为感动,不仅收回命令、嘉奖了木匠,还下了一道封山护林的禁令,明令庐山黄龙寺前三棵大树是"宝树",任何人不准砍伐,违者处以极刑。

这虽是一个传说,但黄龙寺确实有一条专门保护森林植被的寺规,那就是不允许寺僧砍伐树木,连折毁树枝都要受到处罚,直到长出新枝为止。

3. 中线景区

中线则连接了美庐别墅、庐山会议会址、毛泽东诗词苑(芦林湖)、老别墅、望江亭等景点。中线的景点相对较为集中,我们现在选择一些景点进行参观游览。

【美庐别墅】

各位游客,我们现在去参观美庐别墅。美庐别墅是1985年5月1日正式对外开放的。

我们旁边的这条河叫"长冲河",是庐山的母亲河。现在经过的这座桥,叫"美龄桥",原为木桥,20世纪30年代改建为石桥,俗称14号桥。

庐山拥有近千栋西式别墅,要说名气最大的,还是美庐别墅。因为先后住过蒋介石和毛泽东,是中国唯一一栋国共两党最高领导人都住过的别墅。

美庐别墅建筑面积为906平方米,庭院面积为4928平方米,是英国人兰诺兹勋爵在1903年所建的,1922年转让给英国人巴莉女士。1934年巴莉女士以半卖半送的方式转让给了好友宋美龄,从此它就成了蒋介石、宋美龄的庐山官邸。原房号是河东路13号,宋美龄是基督教徒觉得不吉利,改为了12B号。1948年8月18日,蒋介石离开庐山时,在庭院中的一块巨石上题写了"美庐"二字。从此,这栋别墅就叫"美庐"。有一种说法是蒋介石有意用他妻子的名字来命名的。其实,蒋介石在大陆住过的别墅大多是用"庐"来称呼的,如上海的"爱庐",杭州的"澄庐"等。

蒋介石夫妇1933年8月搬进美庐后,每年夏季都在这里避暑、办公,一直住到1948年离开庐山。1937年6～7月,国共谈判代表周恩来多次走进这栋别墅,与蒋介石商谈国共第二次合作、共同抗日大计。中华人民共和国成立后,中共中央在庐山召开过三次重要会议,毛主席基本上都住在美庐。1959年庐山会议时,毛主席在别墅二楼会客室里,见到了一别20多年的贺子珍。

现在就让我们一起走进这栋充满故事的美庐别墅,来识"庐山真面目"吧。

【庐山会议会址】

各位游客,我们来到了民国三大建筑之一的庐山大礼堂,现在叫作"中共中央庐山会议会址"。这栋建筑建于1937年,原为国民党军官训练团的餐厅和会场。1985年正式对外开放。

庐山三大建筑选址,是蒋介石亲自选定的。庐山传习学舍强调高大雄伟,富寓现代感;庐山图书馆突出民族传统风格,表现传统文化魅力;庐山大礼堂采用中西结合的建筑手段,注重庄严肃穆。前面的广场当时命名为"建国坪",左右二桥分别叫"建国桥"和"胜利桥"。

中华人民共和国成立后,改名为"庐山人民剧院"。1959年、1961年、1970年,中共中央在这里召开了三次重要会议。下面大家就随我一起参观展览。

【庐山毛泽东诗词苑(芦林湖)】

各位游客,欢迎来到庐山毛泽东诗词苑。

我们身边的芦林湖,与花径的如琴湖一东一西,又称东湖。第四纪冰川时期,这里是庐山最大的堆积冰雪的谷地,也称冰窖。1955年筑坝蓄水。芦林湖畔的这栋平房是毛主席的休息室。

毛泽东诗词苑是为纪念毛主席100周年诞辰而建的。占地面积1万平方米。主建筑由南、北主碑亭,东、西副碑亭,东、西两廊构成,形如一个"四合院",从底层至南主亭,共有83级台阶,象征毛主席享年83岁。

毛主席与周恩来的青铜塑像,由中央美术学院知名雕塑家隋建国教授创作。主诗碑正、背面上,分别刻录了毛主席手书和江泽民书录的《七律·登庐山》。两廊分别碑刻有毛泽东、朱德、林伯渠、谢觉哉、董必武、郭沫若、叶剑英、邵式平等书录的庐山诗词24首。

【望江亭】

各位游客朋友,现在我们来到望江亭。

望江亭原名烈灵台,是供奉我国抗日阵亡将士牌位的地方,后来改建为凉亭。因为在这里可以眺望到远处的长江,因此叫望江亭。

这里居高临下,视野开阔,向远处可以看到长江两岸的田野城镇,向对面可以看到牯岭镇的红瓦绿树，非常适宜摄影留念。

下面这道峡谷叫剪刀峡。峡谷中有一道瀑布，呈 Y 字形，形状酷似一把剪刀，所以叫剪刀峡。这条瀑布的水向下流经东林寺山门，被称为虎溪，也就是虎溪三笑的故事发生的地方。

我们看到对面山崖上有一座亭子，叫作观云亭。庐山的云非常多，也非常美，大诗人李白就有"黄云万里动风色，白波九道流雪山"的诗句。2022年2月，庐山获得中国首批"天气气候景观观赏地"荣誉称号，获奖的项目就是云海景观。观云亭是观赏庐山云雾的绝佳场所，在这里有机会欣赏到壮观的庐山云海和瀑布云。

各位游客，随着我们的脚步缓缓离开这片神奇的土地，庐山的山水似乎还在我们的耳边低语，诉说着它们千年的故事。庐山每一处风景都让人心旷神怡，流连忘返。庐山不仅以它的自然景观令人赞叹，更以其深厚的文化底蕴和历史故事让人沉思。在这里，我们见证了历史的变迁，感受了文化的交融，庐山的每一块石头、每一棵树，都似乎在诉说着过往的辉煌。请大家不要忘记，庐山的美，永远在这里等待着你们的再次探访。也希望在不久的将来，我们能有机会再次相聚，一起踏上另一段精彩的旅程。

三、井冈山风景名胜区导游词

（一）井冈山风景名胜区概况

游客朋友们，欢迎来到井冈山风景名胜区！

井冈山位于江西省西南部，地处湘赣两省交界处的罗霄山脉中段，与江西的遂川、永新和湖南酃县三县交界，东起井冈山的拿山，西到酃县的水口，两地相距 90 千米；北起宁冈的茅坪，南至井冈山的黄坳，两地相距 45 千米。井冈山是中国革命摇篮、第一个农村革命根据地、首批国家 5A 级旅游景区、全国十佳优秀社会主义教育基地、首批国家全域旅游示范区、江西省首批低碳旅游示范区、江西省最美旅游名片，被联合国教科文组织授予"人与自然——世界生物圈保护区"称号。为了弘扬井冈山精神，井冈山现在已成为我国青少年及党员干部的教育基地。井冈山不但在中国革命史上占有重要地位，而且自然风光也是非常秀美壮观，这就形成了井冈山是人文景观与自然景观相结合，是革命摇篮、旅游胜地、疗养佳境。陆定一曾题词

"井冈山有两件宝，一是历史红、二是山林好"；朱德题词"天下第一山"。

关于"井冈山"这个名字的由来，据说在清朝末年的时候，有一个姓蓝名子希的人为了避战乱，背井离乡地来到了井冈山的主峰——五指峰山下的一块平地安家立寨。房子门前有一条小溪流过，客家人称为江，于是就把这个地方称为"井江山村"。这里所说的"井"并不是指水井的意思，而是指家乡的意思；后来又因为客家人"江"与"岗"谐音，又把这个地方称为"井岗山"，过了不久又有一位姓黄的人也来到这里，他觉得村子不是建在山头上而是建在山脚下，于是就把"井岗山"的岗字的山字头去掉，成了冈字，这就是井冈山名字的由来。

井冈山是中国革命的圣地。井冈山，作为中国革命的圣地，不仅是中国工农红军的诞生地和中国革命的摇篮，更是一片承载着革命精神和历史记忆的神圣土地。这里曾是毛泽东、朱德等老一辈无产阶级革命家领导红军进行艰苦卓绝斗争的根据地，见证了中国革命从弱到强、从胜利走向胜利的伟大历程。1927年10月，毛泽东、朱德等老一辈无产阶级革命家率领工农革命军来到井冈山，创建了中国第一个农村革命根据地，开辟了以农村包围城市、武装夺取政权的具有中国特色的革命道路，尤其是为后人留下了宝贵的精神财富——井冈山精神。江泽民同志将它概括为二十四个字："坚定信念、艰苦奋斗、实事求是、敢闯新路、依靠群众、勇于胜利。"井冈山以其深厚的红色文化底蕴、丰富的革命历史遗迹和崇高的革命精神，激励着一代又一代的中国人，成为传承革命传统、弘扬革命精神的重要教育基地，同时也是缅怀革命先烈、接受革命传统教育的红色旅游胜地。

井冈山的自然风光壮丽如画。井冈山，不仅承载着丰富的历史文化遗产，同时也是一处风光旖旎的旅游胜地。这里群山环抱，林木葱郁，拥有众多的山峰、峡谷、溪流和瀑布，构成了一幅壮丽的自然画卷。井冈山的气候温和，四季分明，春天山花烂漫、夏季凉爽宜人、秋季层林尽染、冬季银装素裹，每个季节都有其独特的自然景观。此外，井冈山的云海、日出、晚霞等自然现象也是游客们津津乐道的美景。在这里，游客不仅可以感受到大自然的鬼斧神工，还能体验革命历史的深厚底蕴，是一处集自然美景与人文历史于一体的旅游目的地。

井冈山的气候条件极佳。地势雄伟，奇峰峻岭，古木参天。全市呈西南高、东北低走势，地形复杂，境内平均海拔500米，市中心茨坪海拔1848米，全市面积670平方千米，整个土地资源现状为："九山半分田，半分水路和庄园"，是一个典型的山区市。井冈山属中亚热带湿润季风性气候，四季分明，雨量充沛，年平均温度14.2℃。夏季平均气温24℃，被称为"天然空调"。一年中，一月最冷，七月最热。受海拔及四面环山的地形影响，井冈山具有春晚、夏短、秋早、冬长的特点。

各位朋友，请跟随我的脚步让我们一起深度体验我们井冈山风景名胜区吧。

（二）井冈山风景名胜区主要景点

井冈山风景名胜区面积261.43平方千米，分为茨坪、龙潭、黄洋界、主峰、笔架山、桐木岭、湘洲、茅坪、砻市、鹅岭、杜鹃山等十多个景区，76处景点，460多个景物景观。接下来我们就重点介绍其中几个景区景点。

1. 茨坪景区

茨坪位于井冈山主峰北麓，明末建村时，因遍布柿树，故名"柿坪"，后以方言谐音称"茨坪"。茨坪景区是井冈山的中心景区，面积约9平方千米，海拔840米，四面重峦叠嶂，绿荫层染。依山而建的各种建筑，高低错落，掩映在湖光山色、绿树花丛之中，是一座风景秀丽、环境优雅的高山旅游小镇。1927年10月27日，毛泽东率秋收起义部队到达茨坪，这里就成为红军的常驻之地。直到1929年1月，茨坪一直是井冈山革命根据地党、政、军指挥中心。中共井冈山前委、湘赣边界特委、湘赣边界工农兵政府、湘赣边界防务委员会等领导机关，以及红四军军部、军官教导队、军械处、公卖处等都设在这里。在茨坪，毛泽东和朱德、彭德怀、陈毅等同志，共同领导了井冈山斗争，创建了井冈山革命根据地，留下一大批革命遗址遗迹。现在我们一起去茨坪景区各大景点参观。

【井冈山革命博物馆】

各位游客，这里就是著名的井冈山革命博物馆，这是为了纪念中国共产党创建的第一个农村革命根据地——井冈山革命根据地而建立的。它是我国第一个地方性革命史类博物馆，也是首批83家国家一级博物馆之一。

井冈山革命博物馆旧馆于1958年经国家文物局批准兴建，1959年10月，中华人民共和国成立10周年之际竣工并对外开放。

1962年3月，朱德委员长重上井冈山时，亲临博物馆视察，并亲笔题写"井冈山革命博物馆"馆名。

1965年5月毛主席重上井冈山时，亲自审定博物馆的基本陈列内容大纲。

2004年，中宣部将井冈山革命博物馆的新馆建设列为全国爱国主义教育示范基地"一号工程"。2005年9月29日，井冈山革命博物馆新馆开工建设，并于井冈山革命根据地创建80周年之际——2007年10月27日竣工。中共中央政治局原常委李长春亲自为"一号工程"——井冈山革命博物馆剪彩。2007年11月5日，该馆在江西省率先向社会免费开放。

新建的井冈山革命博物馆坐落在茨坪红军南路，占地面积17820平方米，依山面水，与茨坪革命旧址群隔湖相望。主体建筑为四层，一层为停车场、报告厅，二层为文物库房及办公用房，三层、四层为展厅，总建筑面积20030平方米，其中展厅面积8436平方米，共展出文物800余件，照片2000多张。馆内珍藏着一大批珍贵的历史文物：当年毛泽东撰写《中国红色政权为什么能够存在》《井冈山的斗争》时用过的油灯、砚台，以及朱德在井冈山挑粮用过的扁担等；毛泽东、朱德和其他老红军重上井冈山的影视资料等；党和国家领导人视察井冈山的照片和题词；社会各界著名人士的书画墨宝真迹。

新馆充分利用高科技手段，全面、系统地展示井冈山革命斗争历史。馆内陈列主题鲜明、内容丰富、史料翔实、脉络清晰，形象、生动、准确地向广大观众介绍了中国共产党创建的第一块农村革命根据地的历程。同时，围绕井冈山斗争的丰富内容，布置多个专题陈列、旧居旧址原状陈列、辅助陈列、井冈山精神流动展览等。

新馆共分为序厅、井冈山革命根据地的创立、井冈山革命根据地的发展、井冈山革命根据地的恢复、坚持井冈山的斗争、弘扬井冈山精神六部分。

【井冈山革命烈士陵园】

各位游客，我们即将到达的是井冈山革命烈士陵园，这个陵园位于茨坪北面的北岩峰上，是茨坪主要的革命人文景观。始建于1985年，1987年10月井冈山革命根据地创建六十周年之际对外开放。因陵园在茨坪北边，所以习惯称为"北山陵园"。

陵园依山而建,坐北朝南,面对雄伟的井冈山主峰,由井冈山革命烈士纪念堂、井冈山碑林、井冈山革命烈士纪念碑、井冈山革命历史人物群像雕塑园四部分组成。朋友们,现在我们来到的是陵园主大门,大家看到的"井冈山革命烈士陵园"九个烫金大字,是由参加过井冈山斗争的老一辈无产阶级革命家、老红军宋任穷题写的。

从进门到纪念堂共有两组台阶,一组是 49 级,象征 1949 年中华人民共和国成立。仔细的人会发现,怎么数下来只有 48 级?因为井冈山是中国革命的基石,还有一级就是脚下的井冈山。

另外一组是 60 级,寓意 1987 年井冈山革命根据地创建 60 周年之际,陵园建成并对外开放。

【井冈山碑林】

大家好,我们现在来到的是"井冈山碑林"景点,我们眼前看到的"井冈山碑林"这五个大字,是由老红军、中国书法家协会原名誉主席、山东省委原第一书记舒同题写的。

碑林采用江南园林建筑风格,傍山迂回而建,有碑廊、碑亭、碑墙三种建筑造型。顺山而上,陈列了 140 块翰墨字碑,是一处具有井冈山特色、内容丰富、艺术水平精湛的人文瑰宝。

【毛泽东同志旧居】

我们来到了伟人毛泽东同志旧居,这是一栋干打垒、土木结构的民房。房屋坐东朝西,面积 798 平方米,面临波光粼粼的挹翠湖。

1927 年 10 月 27 日,毛泽东率秋收起义部队抵达茨坪后,房东李利昌将房子底层的一半腾出来,给毛泽东和前委机关居住。从 1927 年 10 月 27 日到 1929 年 1 月的一年多时间里,毛泽东每到茨坪就在这里居住和办公。这里也是毛泽东和贺子珍共同生活和工作的地方。

当时,红军的生活条件极其艰苦。毛泽东和红军战士一样,穿单衣,睡稻草。为了节省用油,毛泽东晚上坚持点一根灯芯,经常夜以继日地工作。在微弱的灯光下,他代表井冈山前委起草了《井冈山前委给中央的报告》,即《井冈山的斗争》这部光辉著作。

毛泽东同志旧居前的石径小道,是当年茨坪的一条主要街道。这条石径小道和新遂边陲特别区工农兵政府公卖处旧址的一口三合土水缸，是茨坪旧居旧址群中留下的仅有的原物。石径小道有一凉亭，供来往军民歇息。毛泽东经常在亭中与军民促膝谈心，了解根据地的有关情况。

1929年1月14日，毛泽东、朱德、陈毅等率红四军主力出击赣南后，湘赣敌军对井冈山发动大规模"会剿"，实行"石头要过刀、茅草要过火、人要换种"的烧杀政策，此屋也被烧毁。1961年，井冈山人民按历史原貌恢复旧址，供人们参观。

2. 茅坪景区

茅坪景区位于茨坪西南32千米处，是人文景观和自然景观相结合的景区，著名的"八角楼"就位于茅坪景区。茅坪是井冈山革命斗争时期革命旧址旧居最集中、保存最完好、红色内涵最丰富的地方。井冈山革命斗争时期，茅坪是湘赣边界党、政、军最高领导机关所在地，是湘赣边界工农武装割据斗争的指挥中心。1928年5月，中共湘赣边界第一次代表大会在茅坪谢氏慎公祠召开。同年10月，中共湘赣边界第二次代表大会在茅坪步云山召开。红军后方留守处、医院、被服厂、修械所等后勤机构也设立于此。茅坪景区群山环抱、环境优美、植被完好，美丽的田园风光与井冈山革命斗争时期遗存的革命旧址旧居融为一体。下面我们一起去游览茅坪景区的各大景点。

【湘赣边界党的一大旧址】

朋友们，大家眼前的这个谢氏慎公祠就是湘赣边界党的一大旧址。始建于清代末年的谢氏慎公祠坐南朝北，二层砖木结构，青瓦屋面，中间是厅堂，两侧为厢房。

1928年5月20日至22日，中共湘赣边界第一次代表大会在此召开。大会总结半年来井冈山革命斗争的经验，分析中国革命的形势，选举产生了以毛泽东为书记的湘赣边界党的第一届特委会。会后，边界各县掀起了轰轰烈烈的以"打土豪分田地"为主要内容的土地革命运动。

【八角楼毛泽东同志旧居】

欢迎朋友们来到"八角楼"景区。1927年10月7日，毛泽东率领秋收起义部队到达茅坪，就住在八角楼左侧第四间的楼上。因为楼里有一个八角形的天窗，故称"八角楼"。井冈山革命斗争时期，毛泽东大部分时间都在此居住和办公。

当时根据地军民生活条件十分艰苦，为节约用油，部队规定，只有连以上的干部晚上在办公室办公时，点灯能用三根灯芯，但毛泽东为了省油，每天晚上都坚持只点一根灯芯，在昏暗的房间里办公。在八角楼的桐油灯下，毛泽东写下了《中国的红色政权为什么能够存在》《井冈山的斗争》这两篇光辉著作，阐述了红色政权能够存在和发展的五个条件，回答了"红旗到底打得多久"的疑问，坚定了边界军民的必胜信心。

在八角楼，贺子珍经常帮助毛泽东誊写文稿。如今，大家看到室内陈列的床架、砚台、茶几、靠背椅等，都是毛泽东和贺子珍当年在这里居住时用过的原物。

朋友们往这里看，八角楼前，有一棵高大的树木，树下有一块大青石。井冈山人民称其为"枫石"。当年，毛泽东经常在这里看书、思考问题，或向群众了解情况。

【象山庵】

朋友们，我们前方的这个庵就是著名的象山庵，始建于1713年，因庵后的山名叫象山而得名。1928年5月26日，毛泽东和贺子珍在象山庵结为革命伴侣。因此，象山庵成为井冈山革命根据地中最具红色浪漫的地方。

在井冈山革命斗争时期，象山庵也是红军的重要活动场所。1927年10月7日，毛泽东率领秋收起义后的部队到达茅坪后，在象山庵设立了工农革命军后方留守处，主要从事后方医院、被服厂、修械所等后方设施的筹建及管理工作。红四军机炮连、湘赣边界特委机关印刷厂等都设在这里，为井冈山革命根据地的创立和发展做出了很大贡献。

3. 黄洋界景区

黄洋界景区位于井冈山茨坪中心景区西北面17千米处。黄洋界海拔1343米，这里群山巍巍，形势险要，气象万千，时常弥漫着茫茫云雾，好像一望无际的汪洋大海，故又名"汪洋界"或"望洋冈"，是井冈山的险要哨口之一。1928年8月30日，著名的黄洋界保卫战就发生在这里。这里至今保留着当年的哨口工事、红军营房以及毛泽东、朱德和红军战士从宁冈挑粮走过的小道及路边的荷树。

【黄洋界哨口】

朋友们，我们来到的这个地方就是有名的黄洋界哨口，与桐木岭、八面山、双马石、朱砂冲并称为井冈山革命斗争时期我军五大哨口。黄洋界是五大哨口中最著名的一个哨口,当时井冈山军民编了一首歌谣形容黄洋界哨口:"山连山来岭连岭,黄洋界上是高峰;高峰岭上设哨口,好比把守摩天岭。"

1928年8月30日,著名的黄洋界保卫战就发生在这里。红军以不足一个营的兵力,在井冈山广大人民群众的积极配合下,凭借黄洋界天险,英勇奋战,顽强抵抗,打退了敌军4个团的多次进攻,取得了黄洋界保卫战的胜利。

当时,红军不仅人数少,而且武器装备很差。关键时刻,朱云卿下令把在茨坪红四军军械处修好的一门迫击炮抬上黄洋界。这门大炮是坪石大捷战斗中,敌军许克祥送给红军的"见面礼"。当时只有三发炮弹,前两发因为受潮没有打响,但第三发却不偏不倚,神奇地击中了敌人的指挥部。此时,埋伏在山上的群众纷纷摇动红旗,点燃煤油桶中的爆竹,吹起冲锋号,敲起锣鼓,杀声四起。敌人误以为毛泽东率领的红军主力又回来了,慌忙溃退,连夜仓皇逃跑。

黄洋界保卫战是红军在敌众我寡、敌强我弱的情况下,取得的一次伟大胜利,既打破了敌军剿灭井冈山革命根据地的幻想,保卫了井冈山革命根据地,又为红四军主力回师井冈山,战胜敌人的第二次"会剿"创造了条件。

毛泽东在回师井冈山途中,欣闻黄洋界保卫战胜利,十分高兴,挥笔写下了气壮山河的《西江月·井冈山》诗词:"山下旌旗在望,山头鼓角相闻。敌军围困万千重,我自岿然不动。早已森严壁垒,更加众志成城。黄洋界上炮声隆,报道敌军宵遁。"

【黄洋界红军工事遗址】

1928年4～5月,红军在黄洋界天险建立了三个防御工事:右边一个工事控制通往茅坪的小路,阻击从江西永新方向来犯的敌人;左边一个工事控制通往原宁冈大陇的小路,阻击从湖南炎陵方向来犯的敌人;这两个工事的后山山顶上,设立了一个瞭望哨,监视山下敌军的动静,掩护前面两个工事。三个工事互为犄角,战时可互相呼应。

左、右两个工事的前沿,各设有五道防线:竹钉阵、壕沟、竹篱笆围栏、滚木檑石,以及用木头、石头及泥土垒筑而成的射击掩体。

一草一木,都是战斗的堡垒,一沟一壑,都是革命的天险。用五道防线精心构筑起来的黄洋界红军工事,成为当年保卫井冈山革命根据地的一座天然屏障。

【大井革命旧址群】

"行洲府,茨坪县,大小五井金銮殿。"这是当年井冈山流传的一个顺口溜。

大小五井指的是井冈山上的五个村庄——大井、小井、中井、上井、下井。层峦叠嶂的群山,环抱着五个村庄,其形状如同一口口井,因此得名。

大井是五个村庄中最大的一个村子,是毛泽东同志到达五井山区后,第一个落脚的地方,也是毛泽东和红军开展革命活动的重要地点之一。此后,朱德、彭德怀、陈毅、滕代远等人,也先后在这里居住和工作。

除了革命历史景点,大井还有国内名山大川罕见的高山田园风光。大井周围的群山,横看成岭侧成峰,松篁交翠、古树成林,溪涧流泉清冽、石鱼历历可数。村寨周围的稻田像天梯一样直入云雾深处,仿佛一幅秀美的山水田园画。

4. 龙潭景区

龙潭风景区是绿色井冈山的标志,也是井冈山瀑布最集中的地方,素有"五潭十八瀑"之称,以瀑布数量多、落差大、形态美而著称。龙潭由五龙潭和金狮面两个景区组成。景区内峡谷深幽、奇峰险峻、林翠花香、飞瀑成群。龙潭景区有两种游览方式,右边是客运索道,可乘缆车游览;左边可顺着步道游览。索道全长631米,高度落差95米,下行如乘龙入海,上行似嫦娥奔月,有飞云踏翠之感。

【"观海台"和鹰嘴岩】

进入景区约100米,有一块三面凌空的巨石伸向半空,人称为"观海台",是景区第一观景处。站在"观海台"一眼望去,形似"大锅"的龙潭、金狮面峡谷,就像碧绿的大海,时有山岚云霭布满山谷。旁有巨石如鹰,称为鹰嘴岩,酷似雄鹰展翅飞向大海。对面"险境一眼览"几个摩崖石刻大字映入眼帘,这是参加过井冈山革命斗争的全国人大常委会原副委员长谭震林的诗句。往下看,碧玉瀑飞泻而下,发出阵阵轰鸣。路边青石上刻有"龙潭胜景"四个大字,是参加过井冈山革命斗争的上将陈士榘所题。

沿花岗岩石阶小道前行，路旁石碑上刻有"四面重峦嶂，五溪曲水萦"十个大字，节选自中共中央政治局原委员、原国家副主席董必武1960年《访问井冈山》的诗句。全诗为："四面重峦障，五溪曲水萦。红根已深植，今日正繁荣。"

【揽云台】

揽云台下谷深壑绝，多悬崖峭壁，常年云腾雾绕，似蓬莱天台，故称为揽云台。

站在揽云台，人从雾中来，雾在手中揽。往峡谷中看，可见"思远"两字，嶙峋石壁如爪，称为"龙爪"，古树奇花缀满山谷。从这里分出两条游览步道：沿右边小道继续前行是五龙飞瀑区域，沿路有长寿泉、龙涎、郭沫若所赋"龙潭"七律诗摩崖石刻处等；左边沿小道可达金狮面景点。

【碧玉潭（青龙瀑）】

碧玉潭上的青龙瀑，落差67米，水流宽10多米，是井冈山最壮观的瀑布之一。五神河河水从小井山涧飞流直下，犹如一条白练凌空倒挂，水声震耳，喷珠吐玉，气势磅礴。瀑布崖壁中段褶皱，酷似观音坐在莲花上，在帘中沐浴；又似观音坐莲，侧身双手捧着净水瓶将甘露洒向人间。河水下落深潭，潭水碧绿，清澈晶莹，犹似碧玉。

【锁龙潭（黄龙瀑）】

锁龙潭上的黄龙瀑掩映在深邃的幽谷和杜鹃林中，两股瀑水从黄色岩壁上喷涌而出，直落潭中，水势不大，好似被锁的蛟龙急欲出洞，故名锁龙潭。锁龙潭水声沉闷，碧水泱泱，委婉动人，好似未出阁的龙女锁在深闺羞于见人，耐人寻味。

【中国红军第四军医院（小井红军医院）】

中国红军第四军医院位于小井村，又称小井红军医院，是红军第一所正规医院，于1928年10月建成。医院为全木质结构、杉木皮屋面，上下两层共32间。1929年2月被敌人烧毁，1967年按原貌修复。

井冈山革命斗争时期，红军师长张子清献盐的故事就发生在这里。在一次战斗中，张子清大腿负了重伤，住在小井医院。医务人员每天发给他一小包食盐清洗伤口。可张子清每天只用茶水洗一洗伤口，而把盐都藏在铺底下。1928年年底，根据地食盐已完全断绝，伤员们已没有一点食盐。张子清把所藏的食盐全部捐了出来，给那些急需食盐清洗伤口的病重伤员使用，而他的伤口却因为没有消炎而感染溃烂，献出了宝贵的生命。

5. 杜鹃山景区

人间四月杜鹃红，最红不过井冈山。杜鹃山景区地处井冈山的南大门，以"十里杜鹃长廊"享誉世界，被誉为"天下第一杜鹃山"，是井冈山唯一一处集自然山水风光、革命历史遗迹、客家民俗为一体的景区。杜鹃山景区总面积17.2平方千米，是井冈山最大的生态景区。作为井冈山的一张名片，杜鹃山有地球同纬度保存最完好、最大的一片次原始森林，被联合国环境保护组织认定为全世界仅有的亚热带常绿阔叶林，其森林覆盖率达92%，是井冈山国家级自然保护区的主要森林植被分布区。杜鹃山景区主要包括杜鹃山和行洲两大景点。由于杜鹃山索道的建成运营，使两者合二为一。景区绿中有红、红中有绿，红绿交相辉映。

【杜鹃山】

十里杜鹃十里松，十里苍松十里鹃；朝看日出暮观云，五大奇观杜鹃山。

"上了井冈山，必游杜鹃山。"杜鹃山主要由中峰（扬眉峰）、西峰（望指峰）、东峰（观岛峰）三座山峰组成一个"山"字形。远远望去，犹如笔架，故曾名"笔架山"。另外，还有石笋峰、石猴峰、古柏峰、孔雀峰四大山峰。

杜鹃山雄伟壮丽、葱茏峻拔，逶迤奇险，有泰山之雄、黄山之奇、华山之险、峨眉之秀、青城山之幽。雄伟峻峭的山峦、浩瀚无垠的林海、绝壁千仞的峡谷、瑰丽灿烂的日出、气势磅礴的云海，加上奇绝独特的杜鹃，创造出著名的"五大奇观、十大美景"。

五大奇观，即十里杜鹃长廊、十里台湾松林、日出云海、杜鹃山峡谷、珍稀植物景观。上述五大奇观，加上红色桃花源、井冈激情漂流、杜鹃山索道、高山盆景风光、杜鹃山奇石，共同构成杜鹃山景区十大美景。

杜鹃山也是井冈山松树生长最好、最集中的地方。这里是松的世界，松的海洋。整个山脊长满苍翠的青松，有的长于悬崖、有的出于石缝、有的凌空欲飞、有的盘根错节，成为杜鹃山的一大奇观。

【十里杜鹃长廊】

人间四月芳菲尽,井冈杜鹃始盛开。井冈山的杜鹃花品种众多,目前查明的有32种。有开白花的江西杜鹃和猴头杜鹃、开红色花的映山红、开粉色花的鹿角杜鹃和云锦杜鹃、开淡红紫色花的红毛杜鹃,以及开淡紫红色花、具有香味的井冈山杜鹃等。

由于特殊的地理位置和气候,每年四五月是井冈山杜鹃花的花期。每年暮春初夏时节,海拔1400米的山上十里杜鹃长廊,各种杜鹃依次绽放,这里便成为杜鹃花的海洋。远远望去山峦如玉带彩龙,绵延的花海蔚为壮观,成为杜鹃山最迷人的风景,令人叹为观止,所以被称为"天下第一杜鹃山"。

【行洲红军标语群旧址】

"行洲府,茨坪县,大小五井金銮殿。"行洲村位于井冈山革命根据地的中心茨坪东南13千米,距井冈山南大门朱砂冲哨口5千米。这里地势平坦开阔,背靠井冈山主峰,四周群山怀抱,是井冈山五大哨口中面积最大、人口最多的村庄。行洲红军标语群旧址是井冈山上保存最原始、最完整、内容最丰富的红军标语群。在行洲村李焕湘家、李足林家两栋房屋的墙壁上,密密麻麻地写满了三十多条红军标语,被称为"山沟里的红军标语博物馆"。这些标语生动形象,通俗易懂,读来朗朗上口,号召力和感染力很强,真实地反映了井冈山革命斗争时期,湖南省委和井冈山革命根据地施行的方针政策、红军的宗旨等,既是井冈山革命斗争的珍贵的历史见证,又是宝贵的历史财富,是研究党史、军史和革命史极为重要的历史依据。

【《请茶歌》发源地】

同志哥,请喝一杯茶呀,请喝一杯茶。井冈山的茶叶甜又香啊,甜又香啊。当年领袖毛委员啊,带领红军上井冈啊。茶树本是红军种,风里生来雨里长,茶树林中战歌响啊,军民同心打豺狼,打豺狼啰。喝了红色故乡茶,同志哥革命传统你永不忘啊。

这首创作于20世纪50年代的红色歌曲《请茶歌》,旋律优美动听,江西地方风韵浓郁,其发源地就在行洲这条狭长的红军路上。

各位游客,我们今天的旅程已经进入尾声,井冈山的壮丽山川和革命精神已深深印刻在我们的心中。这里不仅是一片风景秀丽的土地,更是中国革命的圣地,承载着无数先辈的热血与梦想。井冈山的故事,是勇气与智慧的颂歌,是中华民族自强不息精神的生动写照。井冈山,这座英雄的山,永远在这里,等待着更多寻求启迪与力量的人们。愿井冈山的青山绿水和革命精神,伴随您走过人生的每一段旅程。感谢您选择这次旅行,期待在井冈山再次与您相遇。

四、三清山风景名胜区导游词

(一)三清山风景名胜区概况

游客朋友们,欢迎来到江西三清山风景名胜区!

三清山位于江西省上饶市东北部,因玉京、玉虚、玉华三峰峻拔,宛如道教玉清、上清、太清三位最高尊神列坐山巅而得名。最高峰为玉京峰,海拔1819.9米。目前景区规划范围达756.57平方千米,其中核心区面积为433平方千米,有南清园、西海岸、阳光海岸、玉京峰、三清福地、万寿园、南海岸、神仙谷、玉帘瀑布等十几个景区。风景区内千峰竞秀、万壑奔流、古树参天、珍禽无数,终年云雾缭绕,仙气飘飘,被誉为"世界最美的山"。1988年,经国务院批准成为国家级风景名胜区;2008年,联合国教科文组织世界遗产委员会将其评为世界自然遗产;2011年,被列为国家5A级旅游景区;2012年,被联合国教科文组织评为世界地质公园。

自然美景举世无双。"览胜遍五岳,绝景在三清"是对三清山优美风景的最好写照。三清山"东险西奇,南绝北秀",又兼有"泰山之雄伟,华山之险峭,衡山之烟云,匡庐之飞瀑"的特点。奇峰异石、云雾佛光、苍松古树、峡谷溶洞、溪泉飞瀑各具特色,惟妙惟肖,尤以奇峰、古松、响云、彩瀑、神光最为奇特。其四季景色秀美绮丽:融融春日,千里杜鹃怒放,百花争奇斗艳;三伏盛夏,流泉飞瀑潺潺,浓荫蔽日凉爽;仲秋左右,千峰竞相竞秀,层林万物尽染;三九严寒,雪树冰花玉枝,江山银装素裹。

道教文化历史深远。据史书记载,东晋年间,葛洪首先在三清山结炉炼丹,成了三清山道教的第一人。至今,在三清福地景区内还有葛洪所掘的丹井和炼丹炉的遗迹。由于道教在唐代被奉为国教,三清山道教随之兴盛。唐僖宗时信州太守王鉴在葛洪结庐炼丹之处建造了三清山上第一座道教建筑——老子宫观(此观现被称为"三清福地")。王鉴后裔王霖,于南宋乾道六年(1170年)捐资创建三清宫道观。后为了纪念葛洪开山之功,又在山上建起了葛仙观,同时建起的还有福庆观、灵济庙。明代时道教继续受到皇帝的重视,三清山开展了大规模的重建宫观工程,先后建起龙虎殿、方士羽化坛、玉灵观、纠察府、演教殿、九天应元府等,三清山道教文化进入鼎盛时期。但清代乾隆皇帝,兴佛抑道,三清山道教因此受到致命打击,后逐渐衰败。三清山厚重的道教文化长达1600余年,共有宫、观、殿、府、坊、泉、池、桥、墓、台、塔等古建筑遗存及石雕、石刻230余处,是研究我国道教古建筑设计布局的独特典范,被誉为"中国古代道教建筑的露天博物馆"。

地貌类型独具特色。三清山花岗岩峰林微地貌形态类型完备,共有峰峦、峰墙、峰丛、石林、峰柱、石锥,再加上岩壁、峰谷和造型石共9种地貌。在其核心景区就有奇峰48座,造型石89处,景物、景观384处,具有"东险西奇、北秀南绝、中峰巍峨"的特点,是世界上研究花岗岩地貌的最佳地区,为世界所罕见。三清山还是研究地球8亿年以来地壳演化和古地理环境变迁历史的重要地域,更是欧亚板块东南部扬子古板块与华夏古板块碰撞事件记录最系统完整、出露最典型的地域,被誉为西太平洋边缘最美丽的花岗岩。

植物种类珍贵奇特。三清山濒临太平洋,虽然地处亚热带气候区,却具有高山气候特征,山顶山脚条带分明且原始森林茂密;因为复杂的地形环境,三清山没有受到第四季冰川的侵蚀和影响,由此成为众多古老植物的天然避难所,是我国华东地区少有的天然动植物公园,现已查明的高等植物种类达2373种,其中珍稀濒危植物33种,如红豆杉、白豆杉、南方铁杉、银杏、天女花等。

各位朋友,请跟随我的脚步,一起近距离欣赏三清山风景名胜区的美景。

(二)三清山风景名胜区主要景点

1. 南清园景区

南清园景区位于三清山中心位置,是三清山自然景观最奇绝的景区,平均海拔为1577米。南清园集中展示了14亿年地质演化形成的花岗岩峰林地貌特征,是三清山自然景观的精华所在。除了有被誉为奇峰之冠的举世"三绝"——"东方女神""巨蟒出山""观音赏曲"外,还有"三龙出海""玉女开怀""葛洪献丹""神龙戏松""四绝"景观。在景区的主要观景台，如浏霞台、玉台，可以观赏到日出日落、云海晚霞及神光等绝美景色。另外，方圆数百亩的高山杜鹃花，会在每年5~6月绚丽绽放，芬芳满山，美不胜收。今天，我就和大家一起来领略三清山的万般风情。

【观音赏曲】

乘坐南部索道上山的游客，可以在上面观看到十大绝景之一的"观音赏曲"（或称"观音听琵琶"）。大家抬头看，远处的刀口石峰是不是宛如一位高僧盘坐，左手抱琵琶，右手拨弦，专注弹奏；旁边一峰则形如观音，头扎法巾，双手合十，面向高僧端坐，神情凛然，聆听琵琶仙乐。相传，八仙中的张果老在巡游民间时，有感于百姓苦难，于是将百姓所受疾苦编成曲目，化身成老僧弹奏给路过三清山的观音菩萨听，希望她能大发慈悲，救苦救难。

步行上山的游客也可以在琵琶亭里欣赏这一绝景，在亭内廊柱上的这副楹联，"和尚弄弦声入荒林悲切切，观音赏曲心连浩宇恨悠悠"意境深远，大家可以细细品味。

【老道拜月】

现在我们站立的是天门山庄观景台，这里可以欣赏到三清山绝景之一"老道拜月"。这个景点的实际位置是在万寿园景区，但天山门庄观景台却是观看此景最佳的观赏点。

这"老道拜月"据说是吕洞宾把自己拜月悟道的境界定在三清山，留给后人的启示。那吕洞宾是何许人也？为何要拜月？据说，吕洞宾是唐朝山西蒲州永乐县人，其祖父父亲都是朝廷高官，他出生时，吕母屋里异香扑鼻，一只白鹤从祥云中飞入床帷就不见了。给他看相的马祖禅师说他骨相不凡，自非世俗凡人。果然他不负众望，从小就日诵万言且过目不忘；长大成人后，更是玉树临风。然而他却不想娶妻成家，总想着读书做官，可接连考了十几次，却连进士都没考中，功名失意的他寄情于山水。但吕洞宾对做官一直没有死心，64岁又赴京赶考。途中在郊外的一处茅庐里，遇到了一位青衣白袍道士，即度他成仙的汉钟离在吟诗作赋。汉钟离助其入梦，在梦里吕洞宾经历人生大起大落，梦中的经历让他顿时大彻大悟，跪请汉钟离收他为徒。后汉钟离又数十次试探，但吕洞宾始终不为所动，并用学来的道法和剑术四处济世救人、斩妖除孽，终于成了神仙。

【神龙戏松】

各位游客，我们现在看到的是三清山绝景之一的"神龙戏松"。龙在我国人民心目中是神圣而又威武的，它代表着中华民族的精神。您看，一条长龙，龙头高昂，张牙舞爪，怒发飘扬，紧贴着石壁，似乎正在和松树游戏。现在我们换个角度看，这个景点就成了蜥蜴骑象图：山顶有一条蜥蜴，山脚是一条象鼻。可能有人说这既不像一条龙，也不像蜥蜴，而更像是一条大蟒蛇。那它蛰伏在山顶，想干什么呢？据说，它也想进南天门成仙，但又担心被守护南天门的鲲鹏发现，于是只能老老实实地待在三清山等待机会。

【玉女开怀】

各位游客，大家加油，爬完"三级跳"这一连串长长的台阶，我们可以看到与"金童开泰"相对应的景观。现在，我们抬头看，天然石台之上，一对圆润饱满的乳峰袒露在青松绿树之间。

【司春女神】

又称东方女神峰。请大家往那边山峰看去，有没有觉得它很像一位婀娜多姿的少女？这座形似少女的山峰就是三清"三绝"之一。此峰高86米，比四川的乐山大佛还要高，其形态如少女，丰满秀丽，高鼻梁、樱桃口、宽额头，玉佩饰顶，圆下巴，秀发齐肩、正襟端坐、凝神沉思，右手托着两棵古松，意要将春色永驻人间。所以，她还有一个别名叫作"司春女神"，就是掌管春天的女神。

关于这座山峰还有一个美丽的传说。相传，这位"女神"是三清山下一采药老人的爱女，从小就天资聪颖，心地特别善良，跟着父亲采药治病，为当地百姓做了很多善事，感动了三清神尊，被引渡成神，成为玉帝座下仙女。一天，她在天宫偷听到玉帝召集几位文武天神，筹划如何将三清山石头全部调运天宫建造行宫，让三清山沦为大海，让百姓充当人鱼。为了拯救乡亲，她把个人安危置之度外，想方设法，将天宫这机密泄露给三清山的村民，并告诉他们如何才能避难。三清山乡亲们按照女神的办法避免了一场灭顶之灾。可是，泄漏天机之事很快被玉帝发现，玉帝盛怒之下，把"女神"打入凡界，变成永远不会说话的石头人。这么多年来，女神任凭风吹雨打，雷轰电击，总是气度非凡，贤淑端庄地坐在这"南清宫"的玉台旁，凝视着人世间的变迁,貌似她每时每刻都在为人间世界默默地祝福。女神峰,是真、善、美的化身。

【巨蟒出山】

看罢风情万种的"司春女神",再请各位转过头,把目光锁定在"女神"对面的山峰,它紧傍玉皇顶东侧的峭壁,从深谷中拔地而起,直冲云天。大家是不是一眼就能看出它形似一条巨蟒?是的,这便是三清山又一绝"巨蟒出山"。

此峰高128米,腰围10余米,头部硕大且扁曲,形似蛇首,颈部略细而渐粗,似蛇身挺立。整个石峰青绿间红,斑纹点眯酷似蟒纹,那神情犹如蛰居已久的巨蟒,昂然勃起,欲猛穿直击,气势咄咄逼人。一阵云雾飞来,仿佛是巨蟒吐气。有趣的是,大家若变换一个角度观看,就会猛然发现,这"巨蟒"随着人的视角转移,摇身变成了另一番生动的模样,石峰分为两段,下段像是一位五官俱全的老者,正在急匆匆地赶路,上段像是一名十岁童子骑在老者肩上,两眼注视着前方,这好像是父亲背着儿子赶赴考场,山里人称它为"望子成龙"。这一绝妙的景名,寄托了山里人世世代代的夙愿。

神奇的石峰,往往会和许多美妙的传说连在一起,这横空出世,直插云天的"巨蟒出山"也有一个美妙的传说:在很久以前,有一条青头蟒蛇为了修成正果,在深山中日复一日年复一年,整整勤修苦练了九千九百九十九年,眼看就要成仙,但它忍不住诱惑,偷吃了三清山的禁果,有人将这事告诉了三清教主,教主一怒之下,将青头蟒蛇罚为石身压在万笏朝天峰下,永远镇守这深山峡谷,九千九百九十九年的修炼转眼间成了泡影。大家仔细看,这巨蟒高昂着头,似乎是在拼命地挣脱压在它身上的大山。不过经过千万年,它还是没有成功,对面的女神近在咫尺,而它只能翘首相望!

【三龙出海】

在我们眼前的这三座峰,就是三清山十绝之一"三龙出海"。这三根峰柱都高达60米,酷似龙头。据说这三条龙是三清教祖的三个孙子,在西海谷底修炼成型时,恰逢禹皇顶上三教要封神。它们为了讨封号,立刻冲出海面,横空出世于云霄间,大有破空而去之势。你看,它们冲天而起,气势浩荡,吞云吐雾,真是少年得志。但其实,在这三座龙峰中,有一座是听琵琶的观音像,大家猜猜它是哪一座呢?

2. 玉京峰景区

各位游客，欢迎来到三清山海拔最高、落差最大的景区——玉京峰景区。玉京峰景区俗称广平尖，又名孔明尖。三清山最高主峰以元始天尊和西王母所居的仙山宫阙"玉京"命名，与玉虚峰、玉华峰合为道祖天尊"三清列坐"。

景区插天奇峰、迷离幽壑，除了玉京、玉虚、玉华三峰并峙外，还南拥蓬莱、方丈、瀛洲三峰，登真台、玉兔、锦屏、神猫等峰，更有云海、雾涛、日出、宝光等天象奇观构成道祖圣山仙境风光，素有"不登玉京峰，难得三清妙"之美誉。景区范围从跨鹤桥起，经郁松林、登真台、玉虚峰、玉华峰，到玉京峰、蓬莱三岛一带。

玉京峰可以说是三清山最高、最好的观景台了。身临其巅如在九霄，脚下绝壁千仞，危崖欲坠。站在峰顶远眺，极目烟峦无际处，天上人间一望中。在天气晴朗时，朝西面看，可以看到上饶城和鄱阳湖；朝东面看，那隐隐约约的是浙江的衢州城。在这里看云海和群山，那更是有一种博大和唯我独尊的感觉。

在玉京峰顶看日出是一大奇观，旭日东升如锦上金盘，美不胜收。如果机会好，我们还可以看到一种奇观——"宝光"。"宝光"的颜色像彩虹，有红、橙、黄、绿、蓝、靛、紫七种颜色，但形状不同。彩虹像一座很大的拱桥，而"宝光"是个小光环，环里面还会映出自己的身影。如果你站在山崖高处，又背着太阳，近前有雾，那你在对面的云雾上就会看到围着人影的彩色光环，这就是"宝光"。因为它像如来佛头顶上的光环，所以又称作"佛光"。"佛光"只是一种光的自然现象，当阳光照在云雾表面，经过衍射和漫反射作用形成"佛光"的自然奇观。

3. 西海岸景区

西海岸位于三清山西部，南起梯云岭日上山庄西侧上方约130米处岔路口，北至三清福地涵星池南侧，是连通三清山南北山的金海岸。西海岸沿途主要景观除了大鹏展翅、逍遥唐僧、仙姑晒鞋等景点外，还有神童负松、送子观音、妈祖神峰、九天锦屏、玉女献花、猴王观宝等绝景。从地质成因上讲，传说西海岸就是当年三次海浸的海岸线。漫长的三次海浸与强烈的喜马拉雅造山运动，使三清山西部形成了高低悬殊、壁插云天、谷陷深渊的地势。栈道、峡谷、云海和古树名花是西海岸四大奇观,一年四季相交替,景色美妙绝伦。

【西海岸栈道】

请大家回头看一看,感觉是不是走在云海里?这云中栈道是西海岸景区独特的风景。在海拔约1600米的悬崖绝壁上,横空向外悬挑出一条全长约4000米,宽1.3~2米的钢筋混凝土栈道。因其中的2700米不见台阶,宛如玉带,平整如岸,故名西海岸栈道。这是目前三清山乃至全世界最长、路面最宽、视野最开阔的悬空栈道。在这里经常举行自行车表演赛,属于三清山的一大人造奇观。

大家可能很好奇,为何要修建这栈道?由于三清山西海这边的风景特别好,但多是悬崖峭壁,游客难以攀越。而架设了栈道,可以让整个西海的壮美风光尽收眼底,这是其一。其二呢,栈道将北山与南山连成一片,也让游客少受了许多越岭翻山之苦。栈道是从2001年6月开始踏勘,同年年底动工,2002年5月即大功告成,且无一人受伤,沿途景致,松柏奇石,原封原样予以保留,这不能不说是个修建奇迹。该栈道是世界景区中最早建设高空栈道的,其中的玻璃栈道和玻璃观景台开创了世界上最早将玻璃运用到高空栈道的先河。

【西海岸大峡谷】

西海岸大峡谷是由西霞港、飞仙谷、翡翠谷、葫芦湾等大峡谷构成的奇妙无穷"海底"世界,这些峡谷都是壁立千仞,气象森然。峡谷里奇松遍布,迎风而立,形态各异。而伴随着奇松的是大量的巧石,或立或卧,或仰或俯,松与石巧妙地组合起来,形成一处处绝妙的"盆景",真是令人惊叹。尤其是雨后初晴,峡谷风起云涌,如同一条吞云吐雾的巨龙,令人震撼。薄幕流云笼罩的峰、石、松若隐若现,一动一静,一实一虚,形成了变幻莫测的迷人景象,让人犹如进入神话般的梦境。

【西海岸云海】

各位游客,接着我们来欣赏云海。全国很多山都有云海,但三清山西海岸的云海别具一格,与众不同。这里有能发出叫声的"响云",会随着云雾的翻腾发出虎啸龙吟般的响声,犹如千军万马向你奔腾而来。响云过后,有时又会出现从两峰之间的缺口直泻而下"瀑布云",山风裹着汹涌的云涛,从悬崖泻入深谷,形成云的瀑布,十分壮观。还有神奇的绕峰而转的"旋转云"、惊心动魄的"火烧云"。大家如果运气爆棚的话,还能欣赏到可遇不可求的彩色云霞和海市蜃楼等,色彩斑斓、如巧手织就的云锦,让人赏心悦目。

【西海岸古树名花】

各位游客,我们可以漫步栈道看看古树名花。西海岸栈道沿途有古松1800多棵,还有红豆杉、华东黄杉、天女花、千年杜鹃等珍稀树种。每当春季来临,站在西海岸栈道俯瞰大峡谷,漫山遍野的杜鹃花、天女花次第绽放,杜鹃花或粉红,或紫红,或火红,姹紫嫣红,绚烂无比;天女花则是洁白无瑕,红白相间,非常好看!尤其是在秋季,随着天气的转凉,漫山遍谷万绿丛中先会涌现一点黄、一簇红,慢慢地黄红渐次增多,最后演变为满眼的黄与红,真是一幅大自然绝美画卷。

【猴王献宝】

从"母子松"观景台往前看,前面山顶上的那块岩石,就是有名的景观——猴王献宝。这个景观是三清山的十大绝景之一,是花岗岩被断层及节理构造切割后并遭受球状风化剥蚀作用形成的。

现在,大家顺着我的手指方向看:高约7米,直径约4米,远看像不像猴王?它端坐在悬崖之上,手捧宝物,凝神观看,憨态可掬。仔细看,酷似美国好莱坞大片《金刚》里坐在悬崖上的巨型大猩猩,正在温柔地注视着睡在自己巨型手掌里的漂亮女主角,形成一幅绝妙的温情版的"美女与野兽"画面。

民间相传,这正是当年大闹天宫的孙悟空,后来护送唐僧去西天取经,历经九九八十一难,终于功德圆满,被如来佛祖封为"斗战胜佛"。但孙悟空生性活泼,疾恶如仇,难以安心礼佛,决心寻一清静圣地,继续修炼降魔大法,以不负"斗战胜佛"的封号。经如来佛祖成全,孙悟空来到三清山,参见三清教祖太上老君。老君不计前嫌,赐给孙悟空九天锦屏洞府一座,三才多宝灵珠一颗,让孙悟空在洞府前"妙高台"上捧宝修炼降魔大法。天长日久,留下了美猴王法相化身,故名猴王献宝。

4. 阳光海岸景区

阳光海岸景区位于三清山的东部,所以又名"东海岸"景区。阳光海岸全长 3600 米，南起三清山中心景区南清园的禹皇顶，北至三清福地景区的九天应元府。东海岸栈道经郁松林连接西海岸栈道，这两条高空栈道形成了围绕三清山三座主峰的环形旅游线路。东海岸栈道建于 2005 年 8 月，平均海拔 1600 米，最高处海拔的 1680 米，是三清山的最高栈道，也是继西海岸栈道后开发的第二条高空栈道。这里是观赏三清山东部瑰丽风光的最佳处。漫步于阳光海岸之上，脚踏浮云，身披雾纱，犹如遨游仙境。其中令人叫绝的有以下几大奇观：雄浑的日出、壮阔的云海、层叠的松林、幽深的峡谷、刺激的高空悬索桥、惊险的绝壁玻璃观景台等。

5. 三清福地景区

三清福地被称为"古代道教建筑露天博物馆"，是三清山道教人文景观最集中最精华的地方。2014 年 5 月，三清福地古建筑群被列为全国重点文物保护单位。据文物普查统计，三清山有晋、唐、宋、明、清多个朝代的道教遗存，如宫、观、府、殿、亭、台、坊、塔、桥、池、泉、井以及山门、华表、石造像、石香炉等，计 260 处（座）以上。另外，还有遍布全山的明代摩崖石刻文字、石刻楹联 100 多处。三清山石刻分古代石刻和现代石刻两种。古代石刻绝大部分为明代石刻，大多分布在三清福地周围，现代石刻主要分布在三清山南部。三清山石构建筑群与三清山的山形地势、自然风光结合得极为巧妙和完美。殿、门、台、坊、池等，或处山巅，或处路口，或处山坳，无不质朴玲珑，匠心独具，令人叹绝，堪称三清山景点建筑之精华。同时，在古代比较艰苦的条件下，进出三清山比较困难，建筑材料大多就地取材，利用天然花岗岩石雕琢而成，因此，小巧、自然、简朴成为三清山道教建筑的主体风格。

根据现有记载，三清福地的宫观建设是从宋代的当地乡绅王霖开始，现在的建筑则是明朝的王氏后裔王祜聘请全真派道士詹碧云设计修建的。三清山的道教却融合了南北两派的教义主张在三清福地的宫观建筑中表现得非常明显，尤其是"后天八卦"的建筑格局更为全国道教名山所罕见。从总体布局看，它吸收了以儒家为代表的传统建筑手法，在中轴线上由北向南安排了天一水池、风门、天门、丹炉、三清宫、九天应元府、登真台等建筑，中轴线最南端是玉京峰和禹皇顶。但整个建筑群形同"后天八卦太极图"，即以三清宫为中心（无极），前后二殿象征阴阳两极（太极）。围绕这个中心的各景点建筑向四面八方辐射全山，与自然景观相映生辉，组成一个有机整体。

【三清宫】

三清宫作为三清山宫观建筑群的中心，背倚九龙山，门朝北斗紫微星，就实而向虚，取其"常有观其徼，常无观其妙"的经义；东为龙首山，应左青龙之象；西为虎头岩，应右白虎之象；前为紫烟石，应朱雀之象；后为万松林，应玄武之象。同时按后天八卦方位营建八个道教建筑：北是天一水池（坎卦），南是九天应元府（亦曰雷神庙，离卦），东是龙虎殿（震卦），西是涵星池（兑卦），西南是演教殿（坤卦），西北是飞仙台（乾卦），东北是王祐墓（艮卦），东南是詹碧云墓（巽卦），从而形成道教的"无极""太极""四象""八卦"的总体布局。各处建筑又各具特色，能借势造型，与自然景观相互融合。东面的龙虎殿雄踞于千仞峭壁之巅，势险而威严；西面的飞仙台，下临幽谷深渊，终年云雾缭绕；北面的天门，冲虚丹崖紫烟弥漫；南面的玉京峰和雷神庙等，气势非凡。这些建筑和山峰从四面八方簇拥着三清宫，如同众星捧月，充分体现道家的"道生一，一生二，二生三，三生万物"的宇宙观，从而为道教徒炼丹修真营造出所谓的"人体小宇宙对应于自然大宇宙"同步一体的氛围。

【西华台】

西华台位于三清山北麓西路汾水村至风门的步云古道途中，王家岩之上，碧玉岩之下石阶路北侧。它属西华台景区的主要古建景观，是一座似台非台、似塔非塔的明代花岗岩石古建筑。台身底层面阔2.99米，台高7.69米，下部六面四层似楼阁，上部台顶五层似塔，建筑风格奇异独特。

西华为道教仙宫名，是相对东华而言的。东华为男仙所居，以东王公领；西华为女仙所居，以西王母领，故女仙名籍称《西华仙箓》。西王母与东王公是配偶，共为道教尊神，凡界十方男女，要升仙者，都要先拜木公（东王公），后谒金母（西王母），请食长生药后，才得升九天，入三清，拜太上而观元始。据《山海经》记载，昆仑山是天帝设在下界的都邑，掌管着长生不老之药的西王母就住在此山中。古人认为三清山和昆仑山一样，遍地灵芝仙草，处处仙风缭绕，同样是通往仙界的阶梯，西王母一定会来居住，接引得道之人服食长生不老之药后升天，故在三清山西边建西华台，在山的东边建玉灵观。表面上看它们是东西两处互为配套的道教宗教建筑，而暗含的意思是：玉灵观是龙之住庵，西华台是凤的栖所。

6. 万寿园景区

万寿园是三清山最富人文关怀和民俗特色的地方，是一个处处体现着中国传统福寿文化的景区。在万寿园，你一定能感受到天地之气给予人类生命的活力，体味到大自然的灵性，享受着生活的情趣。在这里，你还可以欣赏到历代书家"寿"字的摩崖石刻，大的高达数米，小的只有手掌这么大。这些"寿"字摹刻在奇峰巧石间，到目前为止还没有谁找全过。大家现在就可以自由活动，找找看万寿园里到底有多少个"寿"字，晚点我再给大家揭开谜底。

各位游客，我们现在看到的这幅惟妙惟肖的绝景，就是三清山"十绝"之一——伸着脖子，张大嘴巴向天鸣叫。这只动物叫蒲牢，蒲牢据说是古代传说中龙生九子之一，喜欢鸣叫，是一种老百姓喜欢的瑞兽，因为它经常出现在埋有宝藏的地方，而且在遇到盗窃者就会大声鸣叫以示警告。古代铸钟时都把它作为钟钮的装饰，好看又吉祥。当然，在现实世界中还没有人见过蒲牢这种神兽。现在，我们换个角度再看一下，它又像什么？嗯，确实像一只巨大的海狮，正引颈望着月亮呢。所以，该景点又叫海狮吞月。

7. 玉帘瀑布景区

该景区位于三清山金沙服务区西北角，地处三清山东北部鹅公岭下西坑大断裂带附近的裂谷中，长约3千米。谷中青山秀美，溪如翡翠，有三清山"九寨沟"之美誉。

三清天下秀，而三清山最秀美之处就在玉帘瀑布景区。景区内从北往南依次为：翠帘瀑布、玉帘瀑布、莺帘瀑布、虹帘瀑布、珠帘瀑布、青帘瀑布、雾帘瀑布、风帘瀑布、晶帘瀑布九大瀑布，好比龙之九子各有不同，各有特色。步入景区中，除飞泉瀑布外，大家还将欣赏到突出于悬崖峭壁之外令人惊险叫绝的玻璃栈台、迎四海宾客的紫藤隧道等奇特景点。

现在，我们将参观江西省七大最美瀑布群之一，也是三清山景区内最美也是最为壮观的玉帘瀑布。该瀑布是由距今约5亿年前（寒武纪）的瘤状灰岩和泥灰岩共同组成，在节理及层理面基础上由流水长期侵蚀作用形成，是三清山三大断层中最晚形成的鹅公岭—下西坑大断裂带上发育出来的大瀑布。整个瀑布由石门（出水口）、陡崖（瀑布）、跌水潭（磐潭）三部分构成，高达29.6米，上宽为18米，下宽为30米，远看宛如一挂白玉珠帘悬空垂下；近看又似万斛珠玑凌空抖落，轰然作响，烟雾缭绕，宛如仙境，让人忍不住想伸手拨开珠帘，一窥其真容。

8.逍遥谷景区

各位游客，我们现在来到三清山中国道文化园——逍遥谷景区。该项目总投资约15亿元，总面积约10平方千米，由金旅集团旗下的三清山文化旅游股份有限公司全资开发。本项目根据开发战略，组建了一个包括北京大学、清华大学、南开大学、北京理工大学、浙江大学等国内知名学术研究机构和智库专家组成的道文化专家团队，按照"世界知名、全国一流、行业典范、上市定位"的目标和要求，建设一座文化三清山。逍遥谷景区目前投入运营的主要有《天下三清》展演中心、明清逍遥古街、逍遥谷森林乐园、金沙湾假日酒店等核心产品，全面涵盖道学交流、观光演艺、太极康养、户外拓展、休闲度假等多重服务功能，开启了三清山休闲度假体验旅游的全新业态。

《天下三清》节目以三清文化为创作思想源泉，用三清风情作为舞台底色，将祖先们登临三清求真悟道的故事艺术化、综合化呈现。演出画面唯美逼真、演员舞姿优雅动人、故事催人泪下；通过采用巨量洪水、声光电、全息影像、激光水秀等国内最先进的室内舞台技术，立体呈现了三清山亦幻亦真的人文与自然盛景，被游客们誉为"三清山最美文化符号"。

各位游客，今天有幸陪伴大家游览了三清山风景名胜区，欣赏了它举世无双的秀丽风光，进行难得的地质学、植物学、动物学的科学考察，希望此次三清山之行给大家留下了美好的回忆，也欢迎大家再次光临！

五、龙虎山风景名胜区导游词

（一）龙虎山风景名胜区概况

游客朋友们，欢迎来到龙虎山风景名胜区！

龙虎山风景名胜区位于江西省鹰潭市区西南，离市区20千米，是世界自然遗产、世界地质公园、国家5A级旅游景区、中国道教祖庭。龙虎山风景名胜区规划面积为262平方千米，现由七大景区和一个外围独立景点组成。其中，仙水岩景区、正一观景区、上清宫景区、马祖岩景区、应天山景区、天门山景区、圣井山景区为风景区的主体景观，鬼谷洞为外围独立景点，自古以"神仙都所""人间福地"而闻名天下。

丹山碧水奇绝秀美。泸溪河流经上清镇、龙虎山一带俗称上清溪，发源于武夷山脉的原始森林，似一条逶迤的玉带，把龙虎山的奇峰怪石、茂林修竹串联在两岸。龙虎山原名云锦山，最高峰龙虎峰，海拔为247.4米。龙虎山的丹霞地貌，奇峰秀出，造型景观惟妙惟肖，集"雄、奇、险、秀、幽"的形态美和空间协调美于一身。由于丹霞地貌发育在砂砾岩层上，地层中富含氧化铁而呈现红色，具有"顶平、身陡、麓缓"的特征，远远看去，山色丹红如朝霞，山体形状如柱、如壁、如塔，拔地而起，给人以俊秀挺拔、奇特优美之感。景区内99峰24岩密集地分布在泸溪河两侧，可以说是景在水中，水在景里，构成了"一条涧水琉璃合，万叠云山紫翠堆"的奇丽景观。

道教文化源远流长。自从第一代天师张道陵遍访名山大川，最后选择了龙虎山肇基炼丹，创立道教，"丹成而龙虎现，山因得名"。道教由此登上中国历史舞台，张道陵被尊为道教祖天师。天师世家在龙虎山承袭了63代，历经1900多年，与山东曲阜孔子世家齐名，备受朝廷重视，素有"南张北孔"之称，龙虎山因此成为道教的发源地。几千年来积淀而成的丰厚的道教文化遗产，与它在中国道教史上显赫的祖庭地位，以及对中国道教发展所做的贡献，龙虎山被公认为"道教第一山"，在世界宗教史上也有十分重要的地位。

古越崖墓之谜千古未解。据不完全统计，在龙虎山风景名胜区的仙水岩景区和马祖岩景区内，共有崖墓200余座。考古研究表明这些崖墓为古干越人的。他们之所以选择在离地（河）面10~60米高的岩层槽穴（向阳、避风、干燥、安全）中安葬死者，为的是使逝者遗体长期保存。但当时什么人死后才能享受悬棺安葬的待遇呢？为什么要选择悬崖穴葬呢？悬棺又是怎样放入绝壁槽穴中的呢？这些神秘的问题成为让人费解又吸引人们去破解的千古之谜。

各位朋友，那就请跟随我的脚步，让我们一起零距离感受龙虎山的独特魅力。

（二）龙虎山风景名胜区主要景点

1. 仙水岩景区

游客朋友，现在即将展现在我们面前的是龙虎山七大景区中最精华的仙水岩景区。仙水岩是大自然用亿万年时间创造的丹山碧水的精品杰作，景区内群峰竞秀，峰林、石峰等形态各异，丹霞造型地貌千奇百怪。

【情侣峰】

大家请看，正热情地迎接我们到来的这座山名为"情侣峰"，也叫"僧尼峰"。这山是双峰并立，形似靠背而坐的一男一女，脸朝我们的是尼姑峰，仰面朝天的是僧人峰，俗称"尼姑背和尚"，是泸溪河十大美景之一的"尼姑背和尚走不得"。两座相互偎依的山峰高200余米，静静矗立在泸溪河畔，前峰像女性头像，后峰头部有裂痕，就像是受伤的男子靠在女子的背上。历史上"情侣峰"也叫"雌雄石"，《龙虎山志》记载：雌雄石，在仙岩下，两石如人，抵背而立，俗呼公母石。僧尼峰在地质上属于崩塌残余型石峰类景观，是由于长期受雨水浸蚀冲刷、风化脱落而形成的。无论刮风下雨，无论电闪雷鸣，这两座山峰都未曾分离过，难怪历史上被人称作雌雄石。

【地质博物馆】

各位游客，我们左边的这栋建筑就是"龙虎山地质博物馆"。该馆于2009年建成，是一个以展示龙虎山地区丰富的地质遗迹和自然景观为主题的专题性博物馆。博物馆共五个展区：分别是走近地球科学展区、地质遗迹展区、生物乐园展区、钟灵毓秀展区和规划与展望展区。馆内展出面积584平方米，通过运用各种先进的科技手段来展示地球演化的历史、龙虎山丹霞地貌的形成原因和形成过程、龙虎山的生物遗存，使大家对龙虎山的地质史和地质现状有一个宏观的了解。

现在我们看到的是博物馆的"馆前二景"。右边一景叫"枯流繁花"，枯流砾滩，蜿蜒曲折，花草丛生。它象征着地质史的无数次沧桑变化和生物界漫长的进化之路。左边的这一景大家猜猜原来是什么？对，是树木，这三根玉石是约1.7亿年以前侏罗纪的树木，叫"树化玉"。让我来告诉大家树木是怎样变为玉石的呢？数亿年前，因种种原因树木被埋入地下，处于高压、低温并且无氧环境中，树木中的碳元素逐渐被二氧化硅替代，并吸收了周围岩层的某些矿物元素，形成缤纷的色彩物质，这就是硅化木，也叫作木化石。而后又经历了漫长的地质时期，在压力和温度的双重作用下，硅化木又重新结晶，其主要成分转换为蛋白石玉髓，最后形成了树化玉，也叫木化玉。道教的"点石成金"可能在瞬间完成，而大自然的"化木为玉"却花了上亿年的时间！

【春秋战国崖墓群】

请大家朝右边看，这就是华夏一绝的春秋战国崖墓群。在这些高崖绝壁上的大小不一的洞穴内散布着200座崖墓，其数量之多、位置之险要、文物之丰富、保存之完好，堪称中国之最、世界一绝。它们证明龙虎山是东南亚崖墓葬最早的发源地之一。里面陈放有棺木，形式各异，既有单洞单葬，也有单洞群葬和联洞群葬。最大的洞内有十几具棺木，安放着一个家族几代人，这些崖墓距离水面10～60米，基本朝东，棺木大小不一，大多用巨大的整段楠木制成，形态上有干栏式建筑造型的屋脊棺、圆筒独木的独舟棺、方形棺等。大多数岩洞还安装了封门板，其意不让人看见洞内情况和防止鸟兽进入洞内捣乱，让先人居住在一个安全、舒适的极乐世界。从考古发掘的陪葬物来看，这些棺木里的主人均为古越族人。"越有百族"，生活在龙虎山一带的，属于干越。他们居住干栏房屋，信奉蛇（龙）图腾，断发文身，善于用船，捕食水产。

这些洞穴距离水面10～60米，那么在这样的高度，硕大的悬棺是如何安放于绝壁之中的呢？从20世纪70年代以来，人们提出了多达几十种的猜想，但都没有得出令人信服的答案。其中20世纪80年代，由中美两国科学家组织的悬棺研究课题组经过两年的联合攻关揭示出了一种解答——吊装法，他们利用仿古木绞车、木滑轮、麻绳等工具，成功地将棺木吊上了崖壁洞穴，重现了2000多年前古越族人吊装悬棺的过程。大家请看，对面崖壁上放有几根绳子，那里就是升棺表演现场，进行这一表演的是龙虎山镇李家村的五个药农兄弟，这一表演项目已获得了国家专利。

【十大美景】

龙虎山是典型的丹霞地貌，山体经过自然界亿万年的风化剥蚀及流水的冲刷，形成了千姿百态、惟妙惟肖的奇山怪石。在仙水岩这一区域，集中了龙虎山丹霞地貌的典型景观，其中最为奇妙的有10处，当地群众称为"十大美景"，它们不仅因鬼斧神工的自然造化而赏心悦目，还有一个个美丽动人的传说故事叫人遐想联翩。

  现在请大家顺着我手指的方向仔细看,觉得这块石头像什么呢?貌似有一丛石头像莲花瓣绽开,纹风不动。它叫莲花石,又称"莲花戴不得"。相传白莲仙女违反了天规,下凡与龙虎山农民柳青结婚,玉帝派天兵天将下凡捉拿,她宁为玉碎也不愿再回天庭,结果坠地自焚,落入泸溪河中化成了纹风不动的水中莲。

  大家再看,莲花石旁有一石突起,酷似一只熟透的水蜜桃。当地人称其为仙桃石,又称"仙桃吃不得"。传说这仙桃来自王母娘娘的蟠桃会。当年孙悟空在天宫只是一个管马的小官,没有接到蟠桃会请柬,感到十分恼怒,于是大闹天宫,随后拿着酒席上的仙桃就径直朝花果山飞去,飞经龙虎山时,口干舌燥,便从袋中取出一个仙桃咬了口,不料突然打了个喷嚏,仙桃跌落下来,瞬间化成了仙桃石。你们仔细看,仙桃石是不是至今仍有一个缺口呢?

  眼前的这块石头崖壁中凹,上圆下方成扁长形,叫丹勺岩,又称"丹勺用不得"。传说西汉末年,龙虎山有个冬不衣、夏不浴、浑身长绿毛的吓人的"绿毛仙",隐居在碧鲁洞,用这把勺子炼丹。东汉年间,玉帝为了支持张道陵到龙虎山炼丹传道,就将"绿毛仙"召回天庭,丹勺留下来给张道陵,这样张道陵的九龙神丹就更灵验了。

  现在请各位游客往这边看,这叫云锦山,又称"云锦披不得"。《龙虎山志》载,"云锦石在一观下,仙岩上流,崭龙坑立数百余丈,红紫斑斓,映照溪水,光彩如锦"。传说这披肩布是七仙女亲手织成,后来玉帝急召七仙女回宫,仙女便留下了这件珍贵的纪念品。游遍名山大川的张道陵从鄱阳湖上溯至泸溪,被云锦山壮美的景色吸引,便住了下来,在此结庐炼丹,后丹成而龙虎现,云锦山于是改名龙虎山。

  这是道堂岩,又称"道堂坐不得"。道堂即道观,据传此石为一只三脚龟所变,张天师要在石顶上建玄武观,这三脚龟不肯,将头一伸,道堂倒塌。天师大怒,拔出宝剑镇住龟头,不准其缩回,于是就成了现在这险峻幽深的崖洞。

  这是神鼓石。孤峰独秀的钟鼓石,又称"石鼓敲不得"。传说石鼓原是铅山葛仙寺的神鼓,轻易敲不得,但有一个游僧不懂寺规,连敲十下,结果惊动了天宫，玉帝一怒之下降旨封存禁用，神鼓不服，便从鼓架上滚下来，投奔张天师，来到这龙虎山择居。

这块石头呢，被称为试剑石，又称"剑石试不得"。据传张天师初到龙虎山想炼丹，土地爷却不肯："这是我管辖的地方，岂容他人落脚？如果您真的道法通天，且用您的宝剑将此山劈开如何？"天师拔出宝剑念念有词，一剑下去，入石十分。石山真的就像用宝剑劈开一条缝，所以又叫"一线天"。

横溪枕流的这块石头叫玉梳石，又称"玉梳梳不得"。传说它是昆仑山上生长了千年的黄杨木精变的御梳，本是天宫稀世之宝，为王母娘娘所专用。但黄杨木精有意下凡间，所以在王母娘娘梳头时变出一条大蛇，把王母娘娘吓坏了，手一抖御梳跌落凡间，化为玉梳。

各位游客，现在到了"十不得"之中最精彩的景致仙女岩了。华夏唯一的仙女岩，又称"仙女配不得"。相传此女名叫迎香，原是何仙姑的侍女，与吕洞宾的书童很是要好，触犯了天规，被王母娘娘打下了凡间，并下旨永世不得婚配，交于张天师发落，化为仙女岩。它现在已经与广东丹霞山阳元石结为秦晋之好，于1995年8月18日举行了"结亲庆典"，成了旷世奇缘，风流佳话。我国著名散文家石英曾作《仙女岩记》立于岩前，称此石为"华夏之唯一，域外更无多"。故称为"天下第一绝景"。

【无蚊村】

游客们，前面就是我们去游览的许家村，这是个三面环山、一面临水的独特的小山村。

大家先看村口的门楼。这座门楼始建于明朝永乐年间（1403~1424年），清代乾隆年间（1736~1795年）重修，御赐"高阳世家"匾额。那许家为何不叫许家，叫高阳呢？据史籍记载，许姓是黄帝之孙颛顼帝高阳氏的后代，故许氏一族被称为高阳世家。

门楼正中挂的这块大匾，上书"绪衍箕山"，箕山在河南许昌，是许姓始祖许由辞官隐居之所，也是许姓的发源地。匾词的意思是说许村是从箕山发脉下来。

门楼的楹联是"掬泉洗耳辞尧语，解字成书费段笺"。上联"掬泉洗耳辞尧语"说的是相传尧帝时有位隐士叫许由，尧要把帝位传给他，但他坚决不接受，逃到箕山下隐居。尧帝没有办法，便退一步邀请他出来做九州长官，但他又跑到颍水边洗耳，表示连听都不愿意听。下联"解字成书费段笺"中的"解字成书"讲的是东汉许氏的一个名人——东汉大儒许慎。他是汉明帝时代著名的经学家、文字学家，有"字圣"之称，是中国文字学的开拓者，他曾历经21年，撰写了中国第一部字典——《说文解字》。"段笺"中的"段"，则是指清朝著名文字学家段玉裁，他费尽毕生心血来研究推广《说文解字》。横匾及对联的意思是说许家历史悠久、人才辈出、影响深远。

许家村还有一个特别神奇之处，就是村中没有蚊子。盛夏季节，其他地方的人们为蚊子所困扰、折磨的时候，这里却是一片无蚊的世界。为何此处没有蚊子呢？

据当地人介绍，一是这里地形好，环境独特，后山巨大的蝙蝠洞，成千上万只蝙蝠晚上出来吞食蚊子。二是村中有许多香樟、竹柏等名贵树木，散发特别气味，具有驱蚊特效。三是与张天师驱蚊孝母的故事有关。真正的谜底是什么，也许聪明的游客朋友游览完了后会有所启发。

游完许氏门楼，我们将乘竹筏漂流而下，观看完悬棺表演之后，整个仙水岩景区游览便全部结束了。

2. 正一观景区

各位游客，现在我们看到的是正一观。正一观最早的名称为"祖天师庙"，是第四代天师张盛从四川回龙虎山永宣祖教，为祭祀祖天师而修建的庙宇。每年三元节时，登坛传道，各地学道者千余人涌向这里。从此，这里宫观林立，道士云集。宋元祐元年（1086年），第二十八代天师张敦复重建，赐额"演法观"。宋咸淳七年（1271年），三十六代天师张宗演又新建殿宇。明嘉靖三十二年（1553年），敕修改额为"正一观"。1949年前后观内不慎失火，所有建筑全部化为灰烬。现在的正一观，占地60余亩，是在原址基础上按宋代建筑风格新建的，并吸收了明、清时期的一些建筑风格和艺术特点。整个建筑古朴典雅，气势雄伟，仙骨傲然。坐东朝西，南北对称，主要建有主门、仪门、钟鼓楼、元坛殿、从祀殿、祖师殿、玉皇殿、丹房以及红门、廊庑等。观外绿树葱茏，龙虎侍卫；观内仙气氤氲，香烟缭绕。

正一观历经1900余年，自古就有"昼夜长明羽人国，春秋不老药仙宫"的美誉。今天的正一观既是中外道教信徒寻仙访祖、朝圣溯源的祖庭，又是广大游客休闲观光、了解传统文化的好去处。

现在大家看到的是七星池,它位于正一观前,是正一观景点的组成部分,由七个圆形水池组成。水池排列的形状模仿天上北斗七星,以甬道为界,北边四口是斗杓,东边三口是斗柄。北斗七星是古人星宿崇拜的对象之一,表示祈求四季平安、风调雨顺。正一观前的七星池,即古人这种愿望的反映,同时还起着蓄水防火的作用。

这是正门。它显得端庄、稳重而又威严,门外一座幡杆,是中国道教的标志。大门为朱漆铜沓筒。门上方"正一观"匾额苍劲有力,两侧对联是"道传千载源斯处,教演万法步此坛"。无论传承告功万世,这里是源头;无论门派多么纷繁,这里是元坛所在。万法将于此归宗,寻根于斯处为源。

现在大家看到的是仪门。仪门一般是指官署大门之内的门,取"有仪可象"之意。正一观正门内设有仪门,就足见其地位的高贵和威严。两边对联是"松竹隐风隐鹤,山水藏虎藏龙"。门面上有道教护法四元帅,手持宝印的是天蓬玉真寿元真君,手持宝剑的是天猷仁执灵福真君,持戟的翊圣保德储庆真君,手持水火轮的是佑圣真武灵应真君。

各位游客,这两座相对而建的便是钟鼓楼。钟鼓是庙宇中用于报时的工具,"暮鼓晨钟",也就成为规模较大的庙宇的象征。而道教宫观内的钟,还被认为是具有驱神除魔双重作用的法器。每天早晨斋课时撞响16声,以应十二律及四宫清声,这座钟楼内悬挂的铜钟重达4000多斤,钟口饰有先天八卦阴阳爻,中间铭文为"风调雨顺""国泰民安""道法长存""紫气东来"以及第三十代天师张继先的《大道歌》、唐肃宗皇帝《祖天师赞》诗和现任中国道协副会长、天师后裔张继禹先生为重建正一观写的铭文。鼓则具有迎神驱魔的法力,每天昏暮斋课时敲响16声,以应十二律及四宫清声。这面鼓直径1.39米,高0.81米。钟楼鼓楼对应,可壮宫观之威仪,弘山陵之气象。而"晨钟暮鼓,惊醒世间名利客;经声道号,唤回苦海迷梦人"。

现在伫立在各位面前的是玉皇楼,它是正一观第二座主殿,高14米,重檐式歇山顶,宋式仿木结构,上下两层。门柱对联很有气势:"高上玄穹,步清虚而登九五;至尊无极,居太上以遍三千。"一层共有三间,中厅正中祀玉皇大帝,是道教最高尊神"四御"之一,位列"三清"之后。在民间被尊为统辖天神、地祇、人鬼,总管三界、十方、四生、六道,支配日、月、风、雨等自然变化和人间祸福、生死、寿夭、吉凶等人生命运的最高神,通俗地说，就是天上的皇帝。每年正月初九午时为玉皇的诞辰。这时，他便身着九章法服，头戴珠冠冕旒，手捧玉笏，接受民众的祭祀、祈祷。道观也常在这一天举行隆重的祝寿道场，诵经礼忏，以祈祷风调雨顺、道法兴隆、国泰民安。现在我们看到的玉皇大帝的神像正是这样一副尊容。

好了，现在我们到了正一观的正殿，也就是祖师殿。它高 15 米，面积 876 平方米，重檐式歇山顶，宋式仿木结构，殿内供奉道教祖天师张道陵及其弟子王长、赵升神像。祖天师像高 6.5 米，坐于须弥座上。张道陵在龙虎山修道 30 多年，广传弟子，为人治病，后在 90 岁高龄时前往四川，常住鹤鸣山布道，123 岁时得道飞升。汉魏时其玄孙第四代天师张盛携印剑回龙虎山，世代沿袭相传，历经六十三代，形成天师世家。道教界以张道陵在道教的奠基作用和开拓性成就称其为祖天师、泰玄上相、大圣降魔护道天尊，民间尊奉张天师为驱邪除恶、祛病防灾、安身护命、吉祥安康的象征。

3. 大上清宫景区

大上清宫景区是龙虎山风景名胜区的重要景区之一，主要包括上清宫、天师府等区域。下面我们依次前往观光游览，先去上清宫吧！

【上清宫】

大家眼前的这座建筑就是上清宫，它位于上清镇东约 1 千米处，是历代张天师从事阐教演法、传道授箓等重大法事活动的地方，也是祭奉道教教祖太上老君之地，号称"道教总会""仙灵都会""百神授职之所"。宫殿殿阁巍峨，殿、阁、楼、院遍布山间。在它的鼎盛时期，香烟缭绕，清歌阵阵；四方高道云集，善男信女如流，真可谓"昼夜长明羽人国，春秋不老药仙宫"。

上清宫的前身是道教祖师张道陵在龙虎山结庐炼丹时建的天师草堂。公元 89 年，张道陵辞官不做，带着弟子王长顺着仙鹤导引的方向，来到龙虎山炼丹修道，建造天师草堂居住。

汉末，第四代天师张盛迁还龙虎山，改"天师草堂"为"传箓坛"；唐武宗会昌年间（841～846 年），赐"传箓坛"额曰"真仙观"。宋真宗时改敕为"上清观"。宋徽宗崇宁四年（1105 年），第三十代天师张继先把上清宫从龙虎山迁到现在这个地方，这一带地方就叫"上清"了。此后，上清宫先后被称为"上清正一宫""大上清正一万寿宫""太上清宫"。

上清宫的鼎盛时代,是元代中后期,最多时有50多个院,"时宫中学道者常数千百人",成了"昼夜常明羽人国"。昔日上清宫,选址于"九龙集结"的"莲花"宝地,左拥象山,右注沂溪(上清河),面临"云林",枕台山,占地约15万平方米,规模庞大,气势雄伟,仿皇宫建筑格局,殿楼之华丽,在中国道教史上绝无仅有。

晚清以后,道教逐渐衰落,上清宫也随之走下坡路,民国时期,衰败尤其严重。1930年意外失火,将大部分殿宇楼阁化为灰烬。

我们现在所看到的是2000年开始按照清代格局在原址上重建的大上清宫第一期工程。整个建筑突出北宋全盛时期的建筑风格,以"俊逸、柔美、醇和"为特点。第一期工程主要建筑有福地门、下马亭、棂星门(午朝门)、钟鼓楼、东隐院、伏魔殿、镇妖井等。

【天师府】

天师府全称"嗣汉天师府",是历代天师掌管天下道教事务的总署及张天师生活起居的地方。先来看看天师府周边的地理环境,天师府门临泸溪河,面对琵琶峰,山水特别优美。

天师府最早建于宋崇宁四年(1105年),它是宋徽宗赐建给第三十代天师张继先的府第。原址在上清关门口,元延祐年间(1314~1320年)迁建至此。天师府头门坐北朝南,临江耸立,巍峨高大,气派非凡。头门宽18.9米,高10.35米,共开东西中三扇门。

我们回头看头门,天师府正门匾额"嗣汉天师府",表明从东汉张道陵创立道教以来,历代天师的封号都是世袭的。再请看这头门的抱柱联:"麒麟殿上神仙客,龙虎山中宰相家"。这副对联集中体现了道教深受儒家影响、融出世与入世为一体的特征。这副对联为明代大书法家董其昌于嘉靖年间所作。上联是指汉初开国军师张良的故事,张道陵是张良的第十世孙。麒麟阁是西汉未央宫中由皇帝刘邦召集朝廷重臣举行军事会议的地方,张良封留侯后即弃官隐居,跟随赤松子学道成仙去了。上联寓意麒麟殿上的重臣张良成了仙人,"麒麟殿上神仙客",表明他们虽是神仙客,却是以儒家入世思想为基础的,因为麒麟阁是汉高祖刘邦召开军事会议的地方,反映了儒家对道教的影响。下联"龙虎山中宰相家"表示历代天师的显赫地位。元武宗封第三十八代天师张与材为金紫光禄大夫，官至一品，相当于宰相一级，因此，天师相当于宰相，天师府也就是宰相的家。这副对联形象地说明了历代天师既是"神仙"又是"宰相"的显赫地位。

前面这道门是仪门，它是明清两代官署大门之内的门，既取"有仪可象"之意，又表示"列仪迎送"。甬道指庭院中居中的通道，有"官道"的意思。古代文武官员至此都要下轿、下马，张天师则根据客人的身份在此迎送。

这边是钟亭，里面有一口大钟，它是元至正十一年（1351年）由第四十代天师张嗣德在今浙江省杭州市富阳区铸造的，重达9999斤，铭文称"凡用赤金九千斤"。钟身周围四行篆文是"国泰民安，风调雨顺，大道兴行，皇图巩固"。铭文为临川进士朱夏所撰，文字则由龙虎山道士、元代著名画家方从义书写。这口钟原在大上清宫，它是天师府中三件绝世文物之一。

这是玄坛殿，原先是天师筑土为坛、讲经说法、祭祀天地的地方。明初改建为殿堂，几经毁建，直到中华人民共和国成立时仍然幸存。现在的玄坛殿是1999年修复的，正殿三间，奉祀三位财神爷，左右配殿各三间，分别为救苦殿、文昌殿。

看完玄坛殿，我们来到了法箓局。这里原来是明初兴建的两个机构之一，正一派的符箓在此制作、盖印，然后对外销售。

这边是二门，它建于清同治六年（1867年），原为木质，1995年改为钢混仿木建筑。门上方高悬"敕灵旨"三字，意为"天师敕命，告诫鬼魅"之意。

这块碑叫"玄教大宗师碑"，是元代遗物，由大书法家赵孟頫所写，迄今已680余年，是天师府三绝文物之一。碑文记载了第三十六代天师张宗演的弟子、上卿玄教大宗师、官一品、饶国公张留孙的生平事迹。此碑对于研究元代宗教史及赵孟頫的书法极有帮助，具有很高的文物价值。

这七棵樟树称"七星古樟"。院内的古樟均有700余年的历史，而这七棵樟树呈"北斗七星"状排列，是天师府镇府的宝树。

此处为天师府内二进、三进院落的分界，构成"前宫后府"式的建筑风格。私第门原建于明洪武元年（1368年），是明太祖朱元璋赐白金（即银子）十五镒（约合360两）重建。明嘉靖五年（1526年）又进行了大修葺。门额

"相国仙府"四字,其中"国"字由"西、国、人"三字组成,是道教独创的一个字。"南国无双地,西江第一家"是一副古对联,不知何人所撰,说的是南张(张天师)、北孔(孔夫子)两大世家的荣耀与显赫。

门内的古壁,称为"照壁",又称"屏风石"。古代有"天子外屏,诸侯内屏"的说法,屏有避风、辟邪的功效。正面的太极图案是道教的标志图案。它的原理就是"一阴一阳之谓道","阳中有阴,阴中有阳"。"太"即大,大而又大;"极"即屋角,指宇宙的立体空间。背面石雕有鹤、鹿、蜂、猴,谐音即为"厚禄封侯"。用手抚摸此图案,可以带来好运。

现在我们来到了天师殿,它原名"三省堂",语出儒家经典《论语》"吾日三省吾身"。它表明历代天师在行为、修养方面深受儒家的影响,对自己严格要求。此殿为第六十一代天师张仁晸于同治四年(1865年)重建,是天师府内保存最为完好的清代建筑。改革开放后进行了修葺,改为天师殿,供奉祖天师张道陵和他的两个弟子:王长、赵升两位真人。左边有第三十代天师张继先、右边有第四十三代天师张宇初陪祀,他们都是历代天师中的佼佼者。殿堂上方悬挂着宋徽宗赐给第三十代天师张继先的匾额"道行高洁"、明太祖赐给第四十二代天师张正常的匾额"永掌天下道教事"、清高宗乾隆赐给第五十七代天师张存义的匾额"真灵福地",这些都是天师道历朝兴旺的有力佐证。

殿中这一块直径三尺五寸的翠色磐石,名为迎送石,是张天师迎送贵客立足之地,有天然生成的太极图像,十分神奇。游人信士用手抚摸,可带来平安和好运。

现在我们看到的是万法宗坛,它在元朝时就已建成,明嘉靖五年(1526年)重修。因宋、元以来正一派符箓"三山合一",明朝张天师"永掌天下道教事",故将茅山上清法坛、阁皂山灵宝玄坛、龙虎山龙虎宗坛、西山净明法坛合并为"万法宗坛",这里就是"万法宗坛"所在地,是道教祖庭的象征。正上方"万法宗坛"匾额,是已经仙逝的中国道教协会原会长黎遇航大师题写的。

正殿为三清殿,1985年进行了第一期修复,2006年又重修。正中供奉的三清即玉清元始天尊、上清灵宝天尊、太清道德天尊。三清又指三清天、三清境,是神仙所居的最高仙境。

万法宗坛内的这两棵参天大树是罗汉松,历经九百年风雨而不衰,为天师府五大奇树之一。相传为南宋高宗和第三十二代天师张守真所植,一雄一雌。雌树会结果,可以泡水饮食,清神益智。如何判断这两棵罗汉树哪棵是雄性,哪棵是雌性呢?按照坐南朝北的方位,男左女右,左边粗壮的为雄树,右边亭亭玉立的为雌树。雄树枝繁叶茂,但不会开花结果;雌树每年八月间开始结果,红头绿肚,形似罗汉。

中厅、后厅与天师殿(三省堂)本是连成一体的徽派建筑。中厅为历代天师的客厅,现改为殿堂,供奉"龙虎宗"创始人、第四代天师张盛。天师殿的背面原为通道,现是第三十代天师张继先神像。上方"碧城"匾额,是清康熙帝御赐第五十四代天师张继宗的匾额。"碧城"二字,是指神仙居住的地方。

后厅与中厅紧密相连,中有天井,是标准的江南四合院。东侧卧室原为历代在位天师所居;西侧卧室乃退位或继位天师所住。此处清堂瓦舍,幽雅异常。后厅的几块匾额,"道契崆峒"是袁世凯赠给第六十二代天师张元旭的。"契"乃"合"的意思,指黄帝到崆峒山问道于广成子的故事,意思是说道教历史悠久,来历正宗。"教演宗传"是乾隆皇帝御笔题赠给第五十六代天师张遇隆的匾额,此匾仍是原物,历经沧桑得以保存,为天师府三绝文物之一。

这里是天师府的后花园。乾隆时代,第五十七代天师张存义曾在这里建绣像宝阁,供奉御赐宫绣太上老君像,咸丰七年(1857年)被火烧毁。现在园中的古树,树龄都在600年以上,有的超过千年。

各位游客,今天我们游览、探索了"南国无双地,西江第一家"的"相国仙府",做了一回天师府的神仙客,祝大家带着一身仙气,好运一生!再次谢谢大家!

六、景德镇古窑民俗博览区导游词

(一)景德镇古窑民俗博览区概况

游客朋友们,欢迎来到景德镇古窑民俗博览区!

景德镇古窑民俗博览区位于江西省景德镇市昌江区枫树山蟠龙岗,瓷都大道古窑路1号,占地83万平方米,它始建于1979年,是集文化博览、陶

瓷体验、娱乐休闲为一体的文化旅游景区，是全国唯一一家以陶瓷文化为主题的国家级旅游景区；国家文化产业示范基地、国家级非物质文化遗产生产性保护示范基地。2013年4月，景德镇古窑民俗博览区获得"国家5A级旅游景区"荣誉称号和全国旅游标准化示范景区；2015年6月获"全国科普教育基地"荣誉称号。景区主要景点有历代古窑展示区、陶瓷民俗博物馆展示区、瓷生一日艺术休闲区和古窑印象文化商业旅游综合体四大景区。

陶瓷文化悠久灿烂。景德镇以瓷立市、因瓷兴市，有着悠久的制瓷历史和灿烂的陶瓷文化，China（中国）—china（陶瓷）—昌南，是景德镇人的骄傲。"新平冶陶，始于汉世"，起于唐、兴于宋、盛于明清。"工匠八方来，器成天下走"，景德镇不断吸收国内外制瓷先进生产工艺技术，集世界制瓷技艺之大成于一身，成就瓷都气象。古窑民俗博览区景区内集中再现了景德镇千年的制瓷历史，尤其是15～16世纪景德镇制瓷业的风貌，被誉为"一座活的陶瓷历史博物馆"。

茶文化久负盛名。"商人重利轻别离，前月浮梁买茶去"。历史上景德镇特产素有"一瓷二茶"之称，茶叶是景德镇名产之一。早在唐代，景德镇就是全国重要的茶叶集散地，当时，景德镇茶叶税收占全国茶叶税收的八分之三。"浮红"茶在国际上久负盛名；"浮瑶仙芝"绿茶为中国十大文化名茶之一；"崖玉"绿茶获1994年北京国际饮品及技术博览会金奖。以瑶里茶为加工原料制作的"得雨活茶"不仅被冠名为全国唯一的"人民大会堂特供茶"，还远销海外。

生态文化和谐优良。景德镇生态环境十分优良，森林覆盖率达65%，其中浮梁县更是达到80%以上。境内有红豆杉、云豹、黑麂等大量国家一、二级保护动植物，动植物基因资源丰富，是都市居民旅游休闲和度假的好去处。这里群山环绕、林木葱郁、湖水荡漾、陶舍重重、名花翠竹点缀其间，人文景观和自然风景完美地融为一体。

各位朋友，请跟随我的脚步让我们深入了解景德镇古窑民俗博览区。

（二）景德镇古窑民俗博览区主要景点

1. 历代古窑展示区

各位朋友，在景德镇旅游，欣赏陶瓷艺术，了解陶瓷发展史，是一件颇为有趣的事。文献记载，景德镇地区制瓷"始于汉世"，和我国瓷器发明的年代完全吻合。景德镇地区古窑址星罗棋布，但大多为窑业堆积遗存，窑炉遗存的数量较少，而显得更加珍贵。历代古窑展示区内有古代制瓷作坊、世界上最古老制瓷生产作业线、宋代龙窑、元代馒头窑、明代葫芦窑、明清御窑"六式窑"、清代镇窑、清代狮子窑、唐英纪念馆、风火仙师庙、致美轩陶瓷陈列馆等。

【宋代龙窑】

龙窑是在商周时期火膛和窑室连为一体的升焰式方窑的基础上发展起来的，它多依山坡或土堆倾斜建造，与地平线构成 7°～23°角，前端低，为窑头、火膛所处，后端高，为窑尾。因窑身为长条形倾斜砌筑，宛如一条火龙自山上而下，所以叫龙窑。其中有的窑头火膛砌得高大，像龙头便叫龙窑，有的窑头火膛则砌得较低，像蛇头，故又叫蛇窑。

龙窑为中国传统陶瓷窑炉之一，结构简单，分窑头、窑床、窑尾三部分。一般以茅草、树枝等为燃料。造价低、燃烧量大，并可充分利用余热。利用自然山坡建造，火焰抽力大，可形成烧造青瓷、影青瓷的还原气氛。龙窑为景德镇宋代瓷业的兴盛做出杰出贡献。景德镇湖田、瑶里、丽阳等多处发现有宋代龙窑遗址。

【元代馒头窑】

之所以用"馒头"来称呼一种瓷窑的形制，对此有两种说法：一说是窑炉外形像馒头；一说是窑炉的火膛和窑室合为一个馒头形的空间。前一种说法似乎较为合理。

馒头窑起先是我国北方流行的陶瓷窑炉形制，最早出现在西周晚期，考古资料载明的窑例有河南省洛阳市王湾窑。东周时期，在南方也有了馒头窑。湖北省江陵县毛家山发现了一座完全建筑在地面的馒头窑。

从商周时的原始瓷到东汉时成熟瓷器的烧制，以至于瓷器制品质量的不断提高，都得益于瓷窑营造和烧成技艺的不断进步和完善。但是从全国范围来看，到了元代，北方的窑场几乎无一例外地都处于衰退之中，而景德镇窑却方兴未艾。元朝廷在景德镇设立了"浮梁瓷局"，有了"御窑器"的生产，湖田窑也成为全国规模最大的窑场。在珠山明清御窑厂遗址的考古发掘中也发现了馒头窑的遗存。在御窑遗址，竟发现密集的多达15座的馒头窑窑炉群。

通过比较可以知道，景德镇馒头窑的形制结构比北方馒头窑有较大的变化，景德镇馒头窑的窑体较小。御窑厂的馒头窑窑床平整无坡度，窑床和后壁之间增设了低于窑床面的烟道，后壁外为一个与窑室等宽的平面呈窄长方形的烟囱。这种馒头窑更有利于控制烧成温度和气氛，更有利于烧制御用精品。

【明代葫芦窑】

葫芦窑是景德镇葫芦形柴烧瓷窑的简称。葫芦窑为景德镇特有的瓷窑，最早出现于元末明初，直到清初出现了蛋形窑（镇窑）后才逐渐停止使用。

葫芦窑分前后两个椭圆形窑室，前室高，后室矮，且前宽后窄，前短后长，形似半个葫芦卧于地面，由此而得名。葫芦窑两个圆形窑室，中间相连处产生了折腰，这在实际上增加了挛窑和满窑的难度，而且中间折腰对烧成来说，也达不到馒头窑半倒焰的效果。事实上，这个折腰，后来也消失了，出现了小型蛋形窑。那么为什么从龙窑馒头窑经过葫芦窑发展到蛋形窑，中间葫芦窑的持续时间长达400年呢？这里面好像有一股神秘的力量，我们推想后的结论是，葫芦形窑长期延续的重要原因之一，是受到了中国葫芦文化的深刻影响。

明代宋应星的《天工开物》对景德镇的葫芦窑有专门的文字记载，并配有插图。明代葫芦窑兼备了宋元时期龙窑和馒头窑的优点，烧成技艺有了长足的进步，对整个明代景德镇制瓷业发展和清代镇窑的形成做出了杰出的贡献。

【清代镇窑】

它始建于清初，距今约300年的历史，是世界上迄今为止最古老、最完整、体积最大、柴烧最多的一座柴窑。2006年窑炉的营造技艺被文化部列为首批国家级非物质文化遗产。在1995年以前，窑炉一直维持正常生产，1996年以后窑炉停烧了。从2009年10月19日开始，重新进行烧造。关于复烧的盛况，国内各大新闻媒体争相进行了报道。

清代镇窑（简称"镇窑"）为我国传统窑炉中独具风格的瓷窑。窑房是穿透式木构架建筑。平面布局呈矩形，长为42.92米，宽19.97米，占地800多平方米，两层构架建筑。窑炉位于窑房东部，约占窑房面积的1/4。景德镇俗称的"镇窑"，是指景德镇所特有的具有一定形状的窑，又因形状似蛋形或瓮形而名"蛋形窑"或"瓮窑"。按照其所烧燃料,可分为"柴窑"和"槎窑",通常是坐东朝西,由窑、窑房组成,集装坯、满窑、烧窑、开窑等工种为一体。此镇窑烧炼以松柴为燃料(故又称"柴窑"),火焰长而灰分少,不含有害物体,适宜烧还原焰,对于白瓷,青花瓷,颜色釉等的釉面呈色效果良好。该窑是景德镇保存状况最完好的一座窑房,其形态和功能,是古代景德镇陶瓷由低级到高级、由农村副业型经济向高度商业型经济转变的产物,对研究景德镇清代窑房建筑、陶瓷生产状况有重要的价值。2006年《景德镇传统瓷窑作坊营造技艺》被列入国家首批《非物质文化遗产名录》。2008年《景德镇传统制瓷柴窑烧成技艺》被列入江西省第二批《省级非物质文化遗产名录》。

我们眼前的这些瓷器都是镇窑烧制出来的。我们已经打造一个陶瓷品牌,叫"镇窑1728"。意思就是用传统制瓷手工技艺、传统烧造方法生产出来的瓷器。"1728"具有鲜明而特殊的瓷都特色和象征意义,是因为公元1728年,督陶官唐英奉雍正皇帝之命,来景德镇督陶。"唐窑"代表了景德镇传统陶瓷的最高水平,相信在不久的将来"镇窑1728"会成为世界陶瓷界一个响当当的品牌。

【清代狮子窑】

清代狮子窑又称槎窑,它以树枝杂木为燃料,外形像狮子,所以称狮子窑。窑炉的发展与瓷业的发展同步,早在清代,由于世界各地对瓷器的需求大增,为满足瓷器的生产,民间应运而生了以松柴为燃料的柴窑之外的狮子窑,据史料记载,清末,景德镇有狮子窑70多座。由于多产生于民间民窑,至今狮子窑遗存极为稀少。

【童宾青铜像】

各位游客,我们现在站着的位置是"历代瓷窑展示区"和"陶瓷民俗展示区"的起点交会处。大家抬头看,眼前的这座青铜像人物叫童宾。铜像采取写实的雕塑手法,其右手高举火把,左手握拳,昂首挺胸,一股力量充贯全身,既显示出气贯山河的气概和精神力度,又诠释了千百年来景德镇瓷业工人的敬业精神和巨大奉献。青铜像基座正面是古陶瓷界泰斗耿宝昌先生题写的"窑神童宾"牌匾,基座两侧瓷板上分别是清代著名督陶官唐英撰写的《火神童公传》和《龙缸记》,基座纪念碑上的文字是"窑神童宾青铜像,像高9.9米，整体高度15.9米。"

童宾被景德镇历代瓷业工人敬奉为"窑神"，又被称为"风火仙师"。清代督陶官唐英曾撰写《火神童公传》《龙缸记》等文稿，记录童宾的生平事迹，称他的精神"上济国事而下贷百工之命""可以作忠臣之气而坚义士之心"，并为童宾神祠手书"佑陶灵祠"匾额，留存至今。传说在1599年，宦官潘相奉命来到景德镇为朝廷烧造又大又厚的青龙白瓷缸。经历多次失败后，潘相对瓷工进行鞭笞甚至杀害，童宾为救众瓷工最后毅然纵身跳入窑火之中以示抗议，数日后开窑，龙缸烧成！

童宾之死，激起了工匠们的义愤，全镇人都起来暴动，焚烧税署和官窑厂房，潘相只身逃走。事后，官府为了缓和人心，在瓷工和镇民的强烈要求下，在御器厂的东侧为童宾立祠，并号之为"风火仙"，祠名"佑陶灵祠"。

【致美轩陶瓷陈列馆】

现在我们来到的是致美轩陶瓷陈列馆。陈列馆分为六大展区，分别是唐、宋、元、明、清、近代、当代名瓷展区，官哥汝定钧窑瓷展区，御窑官样瓷展区，皇帝的把玩器展区，古瓷修复件展区，古窑复烧之路展区。

大家看，我们眼前的都是御窑遗址的瓷片。经过历年考古发掘，已出土元、明、清等历朝官窑的大量瓷片，其中有些是绝世之作，有的还是孤品。

来来来，大家来猜猜这些奇形怪状的小瓷器是什么？让我告诉大家，是把玩器。因为设计巧妙、形式奇特、制作精致，这小小的陶瓷把玩器就变成了历代皇帝和欧亚君王至高的生活奢侈品，而皇家文化艺术背景下诞生的把玩器也成为高雅的陶瓷艺术品而流传后世。

现在我们进入二十八把壶系列展区。"世所罕见"是该壶展的璀璨亮点。壶的造型不仅源自各类花卉，更有象征吉祥如意的桃、石榴、葫芦等造型；独具匠心中深蕴虔诚的礼佛情结的八宝壶；续写大唐、宋辽金、蒙元瑰丽传奇的凤头壶。色泽从素雅的甜白、青花跳跃到设色沉着的青金、紫金釉，更有名贵的红、富丽的黄、端庄的孔雀绿、活泼的三彩，演绎着一支优雅古朴的色谱乐章。

这是御窑官样瓷画样，是制瓷官样的主要形式，其内容不仅包括器型、纹样，甚至连款识的写法也有所规定。今日您能走近这批被历代帝王珍为拱璧的宝壶，慢慢赏玩其中种种细处，不可不谓机缘巧合。

各位游客，我们现在看到的是著名的名瓷——官哥汝定钧瓷。宋代诸帝崇道，心慕阆苑琳宫、脱俗离尘之境。讲求内省修为之功，加之中国制瓷技艺的不断进步，官、哥、汝、定、钧五大名窑颜色釉瓷即应运而生。五大名窑瓷，其形至简至美，其色至纯至雅，其釉至古至朴，其意至深至远。另外，我们将依次欣赏到唐（青瓷、白瓷）、宋（影青瓷）、元（青花瓷、釉里红瓷），明（青花瓷、斗彩瓷），清（郎红釉瓷、粉彩瓷），近当代瓷器：尤其是1975年，轻工业部陶瓷研究所根据中央办公厅指示，特别研制一批供毛主席专用瓷，代号"7501"，制作时集中了最优秀的制瓷高手、调拨了最优质瓷土材料，是近当代顶级瓷器作品。

我们现在欣赏的是——古窑复烧之路。景德镇历代瓷窑以各自不同的形制特点和烧成技艺，各领风骚数百年，共同成就了中国瓷都的千年辉煌。从2009年开始，由近及远，古窑进行了景德镇历代典型瓷窑的系列复烧。古窑系列复烧和文化论坛等活动吸引了全国数十位著名古陶瓷专家和文化名人的参与。中央电视台《新闻联播》对景德镇古窑复烧活动进行了10次报道，古窑也成为新华社、《人民日报》等海内外媒体报道的热点。景德镇古窑的复烧之路就是"让文化遗产活起来"的光辉历程，具有重大而深远的意义。

【风火仙师庙】

景德镇传统用柴火烧窑的时代，瓷工们都会先到风火仙师庙祭拜他们的窑神——童宾，祈求得到窑神的保佑，能烧出一窑上好的瓷器。风火仙师庙就是瓷工们心中的朝圣殿堂。

风火仙师庙，建于清代嘉庆年间（1796~1820年），这里供奉的是被后人尊称为"窑神"的风火仙师童宾。面积为485平方米的建筑分享堂及后寝两部分。享堂与后寝之间两侧为走廊，上部架"船篷式"轩顶，中部为天井，下凿成深池，四周围以石制栏杆，含"取水"之意。后寝高于走廊和享堂三个踏步数，形成平台。后寝的次间，构成两间后正房，用于陈放祭祀用品，后寝明间，前为堂面，后为神主台，神主台进深一米，外置"三间三楼吊脚式"牌科门楼，作为神主台龛门。1989年1月，该建筑被公布为景德镇市重点文物保护单位。2014年3月24日上午，经过修缮，以焕然一新的面貌呈现在游人面前。

【唐英纪念馆】

各位，我们眼前的这个雕塑就是唐英。你们看，他身穿便服，左手握着瓷瓶，右手拿着图纸，双眼眺望着前方，若有所思……

走进唐英纪念馆，唐英的生平介绍、督陶成就、书法作品、督陶时期的精美瓷器——展现在大家眼前。唐英（1682～1756年），清代宫廷督陶官、制瓷家、书画家、篆刻家、剧作家，字俊公，又字隽公，曾号陶成居士、沐斋居士、陶人，自号蜗寄老人，别号叔子。清奉天（今辽宁沈阳）人，隶汉军正白旗。著有《陶务叙略》《陶冶图说》《陶成纪事》《陶人心语》及《瓷务事宜示谕稿》等，均为研究景德镇制瓷史的重要文献。其中《陶冶图说》，图文并茂，形象而详尽地介绍陶瓷生产的全过程，真实反映了清代雍正至乾隆年间（1723～1796年）景德镇瓷器的制造水平，并对许多技术细节和技术项目做了一些细致的描绘。

唐英16岁就供奉于养心殿，过着长达20多年的宫廷侍从生活。清雍正六年（1728年）起奉命进驻景德镇御厂任协理官，开始管理陶务。他初到景德镇，便与工匠同食同息三年，专心致志钻研制瓷技术，掌握瓷业生产的物料、火候和变化规律等各方面知识。唐英前后20余年管理景德镇御厂，以工匠为师，勤奋好学，勇于实践，不愿墨守成规，一心致力于制瓷工艺的研究，在瓷器烧造工艺技术的仿古、创新方面均获得巨大成就。他所督造的瓷器精美，器型变化多端，装饰富丽堂皇、色彩绚丽缤纷，纹饰图案多以莲花、双鱼等吉祥物组成，主要器物有碗、盆、瓶等，瓷器称"唐窑"。存世作品有白地墨彩篆书寿字笔筒、冬青釉隶书"朱文公家训"瓷板、粉彩三果盘、青花缠枝莲花斛，分别被故宫博物院、上海博物馆、中国历史博物馆等处收藏。

2. 陶瓷民俗博物馆景区

欢迎光临景德镇陶瓷民俗博物馆，博物馆占地面积15万平方米，是社会科学类民俗专题博物馆。陶瓷民俗博物馆是以古建筑为中心园林式的博物馆，在这里我们可以领略景德镇陶瓷文化的博大精深和徽饶地区明清传统民居风貌。博物馆大门为斗拱结构的门楼，雕刻精美，中间匾额是由故宫博物院陶瓷专家耿宝昌所题写。馆舍有12栋明、清时期古建筑，有陶瓷民俗陈列、天后宫、瓷碑长廊、水上舞台瓷乐演奏等景观。博物馆规模宏大，其建筑风格典型地体现了徽派建筑的特点,穿斗式木构架、天井、封火墙,一切都充满了古朴的江南气息。这里,你可以一窥江西陶瓷文化与建筑艺术的完美结合,每一块砖、每一片瓦都承载着历史的记忆。

【明园】

明园共有7栋明代民俗建筑,分别为夏田间门、五股祠堂、汪柏弟宅、桃墅汪宅、汪柏故居、金达故居、"苦菜公"大宅。它们均从景德镇附近乡村迁建于此,以浮梁北部古村落的坐落方式而进行布局,形成了明代世俗建筑群,故以"明园"命名,走在这里,仿佛时光倒流,置身于明代的繁华时光。

"明园"入口处这个建筑叫夏田间门,建于明代嘉靖(1522~1566年)年间,景德镇市民俗古建筑的典型遗存实例。夏田为历史上汪姓氏聚居的村落。夏田间门,则是整个聚落建筑群的对外主要门坊建筑。汪氏家族为了炫耀其官绅大族的气派,特地在该间门外侧门额上方安置了四颗"八螺柱状海棠纹"门簪。现存建筑主体仍保持着明时代的建筑特征。

五股祠堂,又称"汪氏五股祠堂",为汪氏家族第五分支建造的分祠,是合族重要的聚集场所。该宗祠建筑的正立面原貌已毁,遗存至1985年时的立面墙体及门罩,为1938年改建物。该宗祠建筑的主体结构上,也保存着许多明代建筑的特征特色,如梁柱的形制、木雕的加工手法、装修装饰的风格、砖石部件的选择运用等。

我们现在进入汪柏弟宅。该宅由一正宅、一陪屋、一院落三个部分组成。正宅,占地面积为112.575平方米,全封闭式偏小型古民居类型,内平面,采用"上下堂相对,中部隔一水形天井"的"回"字形基本布局,计有"四正两侧厢两堂面一楼梯间";该住宅建筑的装饰,主要集中在格扇门,格扇窗、护窗以及楼层护栏基栅等几个部分的木雕之上,木雕的题材最多的是花卉鸟兽图案,其中有其他民居建筑上所看不到的群马图、群鹿图、凤穿牡丹图和麒麟引凤,尤其是格扇门格心中的"海怪"和"海马",这在景德镇市明代民居建筑上极其少见,充满着明代景德镇市木雕工艺追求潇洒朴实的地方性时代特征。

桃墅汪宅,约建于明代崇祯后期(1641年前后)。建筑木雕、石雕等各式装饰,雕刻手法上由简开始转繁,题材的选择也开始突破花鸟虫鱼以及吉祥图案的局限。正因为桃墅汪宅属于"苦菜公"继大宅之后建造的第二栋私宅。因为该宅建造于明、清两代交替时期，使之具有了特殊的时代特征。前部横置院落，主体建筑内，宅房居中，陪屋夹持两侧，其间及外侧封以封火式马头墙，前后封以硬山式封檐墙，组合成一个完整的建筑整体外观形制。

汪柏故居，由横向并列的两个主体建筑组合而成。左侧为书房。其前部配备有小花园，由内八字门楼直通建筑外部，并在门楼左侧设有专用马厩。主构架为"三间五架穿逗式双层"形制。底层高3.5米，楼层主背处通高4.3米。正宅部分，前部置有院落。住宅分前后两进，前进是两厢两正一堂面；后进亦采用两厢两正一堂面的平面布局。两侧厢房紧邻前进两正房，而后进堂面安置有高2米，进深3米的谷仓。

现在我们看到的这个小小宅院叫金达故居。金达是景德镇地区历史上唯一的一名探花，也是景德镇地区科举考试中学位最高的儒士。该宅为仅仅107.25平方米的平民小宅，一厢房两正间，加上一个堂面一口天井，还有作灶间，两级叠跳"虾须拱"出檐，配备草缠绕"富贵"字样文饰瓦头。外观简略而屋内却大量运用牡丹、卷草、荷叶、凤凰雕装饰，显得极其华丽。

这座"苦菜公大宅"原位于浮梁县桃墅镇，也就是现在景德镇市浮梁县西湖乡桃墅村，距景德镇市市区约85千米。后整体迁建到"明园"后，命名为"苦菜公大宅"。苦菜公（1573~1651年），本姓汪，原籍桃墅镇府前村（今西胡乡府前村）人，正名不详。幼时家境清贫，常以野菜充饥，故得名"苦菜"。该住宅建筑主体建筑前部有院落，两侧为陪屋，但陪屋未纳入迁建复原计划之内。住宅整体占地223.94平方米，坐北朝南，迁建复原时改为坐西朝东。住宅木构架为"三间五架穿斗式"基本形式：明间与前部厢房为两层构造，次间为三层构造，是景德镇目前发现的唯一的明代三层构造民居建筑遗存实例。

【清园】

现在我们眼前是清园，"清园"二字是由末代皇帝溥仪的弟弟溥杰题写的。清园由玉华堂（通议大夫祠）、大夫第、华七公大宅、苍溪民居4栋清建筑组成，它们均从景德镇附近乡村迁建于此，以浮梁北部古村落的坐落方式而进行布局，形成了清代民俗建筑群，故以"清园"命名。在这里，你可以感受到历史的沉淀，仿佛置身于清代的江南古村。

现在让我们先来看看第一栋玉华堂。玉华堂原本是一座家族宗祠，原名"通议大夫祠"，根据景德镇瓷器白如玉的特点取名为"玉华堂"。玉华堂由门楼、门厅、享堂、后寝四大部分组成。屋宇式门楼中部配置"四柱三间三楼"牌科门罩。整栋建筑的装修装饰十分讲究，石雕、木雕、砖雕随处可见，门楼上的木雕是"郭子仪拜寿"图。木雕多采用开窗满饰手法，部分题材直接反映了民间民俗生活的景观。1987年被列为江西省文物保护单位。

现在这里被用作景德镇陶瓷发展史的展厅，以实物形式展现瓷都景德镇一千多年来的发展轨迹。

【天后宫】

天后宫也叫妈祖庙。天后，亦称"天妃娘娘"，俗称"神女"或"龙女"，是我国民间的众多信仰偶像中的一个女神。大家可能会觉得奇怪，天后宫是沿海地区渔民和船民祭祀妈祖的庙宇，景德镇是内陆城市，怎么会有天后宫呢？我们知道，景德镇在明中期时为繁荣之地，直到中华人民共和国成立前夕，景德镇城区还有18个省的30多个会馆，所以景德镇有"十八省码头"之称。这18个省的会馆里就有福建会馆，景德镇的天后宫与福建会馆是合二为一的。景德镇的天后宫，是由清初客居景德镇的福建籍民众于康熙年间（1662~1722年）合资建造。该建筑被用作祭祀天后，祈求神灵庇佑赐福。同时也是客居景德镇的福建籍的民众子弟就读所在，所以还被称作"三山书院"。

原来的天后宫，建筑群体规模宏大，中轴线上，牌楼、甬道、戏台、院落、酒楼、享堂、正殿及后宅，两侧另有厢房、陪屋等附属建筑，如今大部分建筑被拆改，仅正殿保持原貌。正殿明间，供奉有天后塑像。两侧次间原供奉有"千里眼"和"顺风耳"的神像。梁架间的装饰除一般的吉祥图案之外，还有大量的海上景物景观，这在景德镇地方性建筑上极为少见。天后宫的建筑，富有沿海地区历史建筑的特征特色，与建造人的籍贯身份相符，其整体形制上又符合景德镇的地区性建筑规范，这就充分证实当时景德镇的建筑存在着异地同化、相辅相成的情况。

现在我们在这里所看到的天后宫实际上并不是原来的建筑，而是景德镇周边农村的一栋清代民居。这栋民居采用全封闭式建筑形式，墙面无窗，无

"溜风洞"。宅院的建筑占地面积为112.2平方米,呈长方形平面形式,平面布局紧凑,构架形制严谨,规模虽小却可以满足大家聚居需要,装饰虽简单却朴素大方不失雅致景象。该宅的木质构架,以传统的构架形制为基础,采取了主次构架特殊的连接方式,使屋面多向化,形成左、中、右的大小三个天井,解决了屋面泄水问题,改善了建筑内部的通风采光条件,更重要的是形成了"明三暗五"的结构格局,巧妙地回避了"庶民住宅不得过三间五架"的封建法规严格限制,在建筑史上的价值很高。

【陶瓷陈列展览】

《景德镇瓷业习俗》:陈列分成主展区、古代窑炉模型展区及水碓棚展区三大块,展示面积达2000多平方米。它以实物、图片、模型、场景、硅胶人物像以及动态的高科技幻影成像等陈展形式,反映了古代景德镇制瓷业中的产销、行帮、行规、祭祀和行业语言等民俗文化。它采用历史场景、硅胶人物像以及动态的高科技幻影成像等展示。

《景德镇民俗用瓷陈列》:景德镇的千年窑火烧造出无数精美实用的民俗用瓷。其门类繁杂、品种多样,主要分为饭具、酒具、茶具、文具、洁具、盛贮器、陈设器、明器、祭器等民俗用瓷。这些瓷器具有实用性和艺术性,在寻常百姓家中得到了应用。该陈列以景德镇民俗陶瓷为主题,以器物用途分类为方块。

《景德镇古代制瓷图展》:根据明代宋应星《天工开物》和清代唐英《陶冶图说》的记载,并考察传统制瓷的实际生产工艺,运用42块青花图文瓷板,在仿古长廊形成了一个展线120米长的特色的展览。看图阅文,可以了解景德镇古代制瓷的生产工艺。

《瓷都赞》:中国古今名人陶瓷书法艺术展,该展览共展示了45块高112厘米,宽57厘米的大型书法瓷板。其内容一是党和领导人为景德镇的题词、题诗;二是书画名家书写的唐代以来文人墨客咏颂景德镇或景德镇瓷器的诗词。

【瓷音水榭】

瓷音水榭位于景德镇古窑民俗博览区内,是景德镇瓷乐器"声如磬"的集中体现。据史料记载,在中国古代用"陶"和"瓷"制作乐器颇为盛行。如"陶埙""石磬""土鼓""瓷瓯""瓷箫""瓷笛"等。有的用于民间自乐,有的用于宫廷礼仪雅乐，但多已失传。而景瓷素有"白如玉、明如镜、薄如纸、声如磬"的美誉。景德镇瓷乐团于1985年成功地研制了用瓷盘为主要材料的新型民族打击乐器"瓷瓯"，这套瓷乐器包括瓷瓯、瓷笛、瓷箫、瓷二胡、瓷鼓、瓷管钟、瓷编钟、瓷编磬以及小型打击乐器等13个品种，18件（套），采用优质瓷土，按专业乐器技术要求精致制作，演奏起来清晰悦耳、美妙动听。瓷乐器的音质纯正优美，音域音量适中和音准校定后不受气温影响而较稳定，被誉为"中国一绝、世界首创"。瓷乐团第一次在1999年昆明世界园艺博览会上亮相，引起轰动。2000年，时任外交部部长的钱其琛同志在听完瓷乐后，欣然题词"奇瓷神韵"。瓷乐团先后赴日本、俄罗斯等十几个国家和地区演出，所到之处，均受到热烈欢迎。

【瓷碑长廊】

现在我们看到的是以"瓷都颂"为主题的瓷碑长廊。整个长廊全长90米，由45块长1.2米，宽0.8米的瓷板组成，瓷板上题写的内容大多是历代文人雅士对景德镇瓷器的讴歌和赞美之辞，以各种书法字体临摹下来并烧制而成。我们知道在我国许多地方都有碑林，像西安的碑林、山东的碑林以及为纪念毛主席100周年诞辰而在韶山兴建的毛泽东诗词碑林等，都是非常有名的碑林。但是那些碑林都是以石块为材质的碑林，像这种用瓷板做的碑林想必大家还是第一次看到吧。是的，这就是我们景德镇的特色。

朋友们，希望你们每年都能来景德镇古窑民俗博览区，我确信古窑民俗博览区每年的变化都会让你们有新的惊喜，新的震撼！期待您的再次光临。

七、共和国摇篮旅游区导游词

（一）共和国摇篮旅游区概况

游客朋友们，欢迎来到共和国摇篮旅游区！

共和国摇篮景区位于江西省赣州市瑞金市，占地面积3.03平方千米，由叶坪、红井、"二苏大会"会议旧址、中华苏维埃纪念园四个景区组成。景区风景秀丽迷人，旅游基础设施完善，既保留"形体"的简朴，又展现出内涵的"身价"，革命旧址群、革命纪念园、革命博物馆特色鲜明，是融参观、瞻仰、会议、休闲、度假为一体的综合景区。景区是全国旅游观光、培育爱国情感和民族精神的重要基地，全国重点文物保护单位，全国爱国主义教育示范基地，2015年被评为国家5A级旅游景区。

革命历史闻名中外。瑞金是共和国摇篮、中央苏区时期党中央驻地、中华苏维埃共和国临时中央政府诞生地、中央红军二万五千里长征出发地。毛泽东、周恩来、朱德、邓小平等长期生活战斗在瑞金，形成了独具特色的苏区文化。党史专家以"上海建党，开天辟地；南昌建军，惊天动地；瑞金建政，翻天覆地；北京建国，改天换地"精辟概括了瑞金在中国革命史和中共党史上的重要地位。全市共留有革命旧居旧址180多处，其中红军广场、"一苏大会"会址、"二苏大会"会议旧址、红井等为全国重点文物保护单位。从1995年新华社在瑞金"寻根问祖"、修复革命旧址以来，已有50多家中央机关和国家部委来瑞金重续"红色家谱"、建立爱国主义和革命传统教育基地，瑞金也因其曾经的辉煌成为全国最大、影响最广的革命传统教育名城之一。

客家文化独树一帜。瑞金于公元953年设县，1994年撤县设市。历史上，因瑞金地处赣南东部山区，交通闭塞，属"八闽百越蛮荒之地"，文化的孕育形成起步晚，相对中原地区较为滞后。汉、晋、唐、宋时期，中原人（指后来的客家人）大举南迁，瑞金成为客家人的重要聚居地之一。在漫长的历史岁月中，客家人带来的中原文化与当地土著文化相互激扬，相互糅合，相互同化，孕育形成了独树一帜的客家文化，瑞金是客家文化的主要发祥地之一。

各位朋友，请跟随我的脚步，让我们一起来重温共和国那段红色历史。

（二）共和国摇篮旅游区主要景点

1. 叶坪景区

各位游客，我们现在所在的位置是叶坪景区，距城区约3千米。叶坪景区原来是个自然村落，叫叶坪村，是中央机关1931年11月至1933年4月的驻地。这里既是中国第一个全国性红色政权中华苏维埃共和国临时中央政府的诞生地，又是中共苏区中央局和临时中央政府机关在瑞金的第一个驻地。

这里目前有全国保存得最为完好的革命旧址群，拥有革命旧址和纪念建筑物23处，其中全国重点文物保护单位16处。景区主要景点有"一苏大会"会址、毛泽东旧居、红军广场、红军烈士纪念塔和红军检阅台、公略亭、博生堡、红军烈士纪念亭等。

【第一次全国苏维埃代表大会会址】

又称中华苏维埃共和国临时中央政府旧址。

各位游客，我们现在来到的就是第一次全国苏维埃代表大会会址。这里原来是谢氏宗祠，该房子有将近400年的历史，为支持红军，当地老百姓自愿把房子让给临时中央政府，作为第一次苏维埃代表大会会址。原供奉祖先牌位的地方设为主席台，正中挂着一面红旗，旗上缝着一颗黄五角星和斧头镰刀图案，旗右侧是马克思像，左侧为列宁像。台中央下方红色横幅上写着"工农堡垒""民主专政"，主席台两侧贴着一副对联，上联是"学习过去苏维埃运动的经验"，下联是"建立布尔什维克的群众工作"，主席台上方悬挂横幅标语是"全世界无产阶级联合起来"。

1931年11月7日，第一次全国苏维埃代表大会在这里隆重召开。参加大会的有来自闽西、赣东北、湘赣、湘鄂西、琼崖、中央苏区等根据地代表和红军、海员的代表共610名。

大会历时14天，通过了《苏维埃宪法大纲》《土地法》《劳动法》及红军问题、经济政策、工农检察问题、少数民族问题等决议案；选举了毛泽东、项英、张国焘、周恩来、朱德等63人为中央执行委员会委员，组成中央执行委员会，作为大会闭幕后的最高政权机关，下设中央人民委员会作为全国最高行政机关，内设外交、军事、土地、内务、财政、教育、司法、劳动、工农检察9个部门和国家政治保卫局。会议结束后，这宗祠用木板隔成了15个房间，作为各个部委的办公室，这个大厅就成为中华苏维埃共和国临时中央政府议政厅。

1931年11月27日，中央执行委员会举行了第一次会议，会议宣布毛泽东为中央执行委员会主席，项英、张国焘为副主席。

大会最后发表了《中华苏维埃共和国临时中央政府对外宣言》，向全国全世界庄严宣告：中华苏维埃共和国临时中央政府正式成立，定都瑞金，并把瑞金的"金"改为了北京的"京"，从此，瑞金成了中华苏维埃共和国的首都。1933年4月，由于叶坪遭到敌机频繁轰炸，临时中央政府从这里迁往沙洲坝。

中央红军主力长征后，因为这是谢家祠堂，所以并没有被敌人拆毁。中华人民共和国成立后,按"一苏大会"的场景和临时中央政府原貌进行复原、陈列并对外开放。1961年3月4日,国务院公布为第一批全国重点文物保护单位。

【红军广场】

现在,我们所在的这个广场叫"红军广场"。1931年11月7日在召开第一次苏维埃大会的时候,曾经在这里举行隆重的阅兵典礼。这次阅兵,是中国工农红军成立以来第一次国家级的正规阅兵。1933年,中华苏维埃共和国临时中央政府为了纪念历年来在革命战争中牺牲的红军指战员,在红军广场上建造了5个纪念性的建筑物。这5个纪念建筑物也成为召开"二苏大会"的献礼工程。

【红军烈士纪念塔】

各位游客,我们眼前看到的这个高耸的红军烈士纪念塔是中华苏维埃共和国临时中央政府为了褒扬先烈,永远纪念历年来在革命战争中光荣牺牲的红军指战员而建造的,由钱壮飞设计,梁柏台任工程指导。

红军烈士纪念塔塔高13米,由炮弹形的塔身和五角形的塔座组成,它的寓意是"党指挥枪,枪杆子里出政权"。塔身四周镶嵌着无数粒小石块,标志着红军烈士纪念塔是由无数先烈用鲜血凝聚而成。塔座四周分别镶着毛泽东、朱德、周恩来、博古、项英、洛甫、王稼祥、凯丰、邓发等领导人的题词和建塔标志共十块碑刻。塔的正前方地面上用煤渣铺写着"踏着先烈血迹前进"八个苍劲大字,与烈士塔形成一幅完整的构图,表达了苏区人民对先烈的无比崇敬和怀念。红军烈士纪念塔于1933年8月1日破土动工,红军烈士纪念塔在苏区广大军民资助下于1934年1月31日落成了。1934年2月2日上午8时,苏维埃中央政府在这里隆重地举行红军烈士纪念塔揭幕典礼。

1934年10月,红军主力长征后,烈士塔遭到国民党反动派的无情拆毁,当地一位老大娘在拆毁的废墟中找出一块"烈"字石碑,偷偷抱回家保存起来,直到1955年,当老大娘听说红军烈士纪念塔要重新修建,她又把石碑捐献出来,所以,今天我们看到"烈"字是原物,其他字体都是根据"烈"字字体书写的。红军烈士纪念塔1961年被列为全国重点文物保护单位。如今,这里已成为红都瑞金的胜景和重要标志。

【公略亭】

各位游客，大家看，左上角那个三角形的亭子叫公略亭，是中华苏维埃共和国临时中央政府为纪念黄公略烈士而建造的。

黄公略生于1898年，湖南湘乡人，黄埔军校毕业后参加了北伐战争，1927年加入中国共产党，1928年和彭德怀共同领导了平江起义，后曾担任红五军第二纵队队长、军委书记和副军长、红五军军长、红一方面军总前委委员、红三军军长等职。在中央苏区第一次至第三次反"围剿"中，执行诱敌深入的战略方针，指挥红三军英勇作战，屡建战功，显示出卓越的指挥才能，取得辉煌战果。1931年9月，第三次反"围剿"胜利后，黄公略率领红三军转移途中，在吉安东固遭到敌机袭击，不幸中弹牺牲，年仅33岁。

为纪念黄公略，临时中央政府在他牺牲的地方设立了公略县。1933年临时中央政府决定在叶坪广场建造公略亭。公略亭由第二次全国苏维埃代表大会准备委员会监造，钱壮飞设计，梁柏台负责工程指导。1933年8月1日动工，1934年1月竣工落成。亭有三个角，寓意为黄公略是在第三次反围剿中牺牲的。亭中立了一块三棱锥体的石碑，上刻有黄公略传略。2009年，黄公略被评为"100位为新中国成立做出突出贡献的英雄模范人物"。

1934年10月，红军主力长征后，该亭被国民党反动派拆毁。1955年按原貌修复，彭德怀亲自题写了"公略亭"三字，以示纪念，这三个字依然在纪念馆中保存。现在"公略亭"三字，是模仿"红军烈士纪念塔"的字体而制作的。1961年3月4日，该亭被国务院公布为全国重点文物保护单位。

【博生堡】

在我们右上方这个四方形的堡垒是博生堡，它是中华苏维埃共和国临时中央政府为纪念赵博生烈士而建造的。

赵博生生于1897年，今河北省黄骅市人，1917年保定军校毕业后，曾任西北军特种兵旅长、国民革命军26路军参谋长等职。1931年春，蒋介石为围剿红军，把26路军调到苏区。在此期间，赵博生接受中共地下党组织的帮助，决心跟共产党走，10月秘密加入共产党。12月14日，赵博生和董振堂、季振同等率领26路军17000余人在宁都举行起义，加入红军，起义部队改编为红一方面军第五军团，赵博生任军团参谋长兼第十四军军长。1933年1月8日，在江西南城黄狮渡阻击战中不幸牺牲，年仅36岁。

1934年10月，主力红军长征后，该堡被国民党反动派拆毁，堡内的《纪念赵博生同志》碑刻被当地群众秘密抢救回家保存下来，现珍藏在馆中。博生堡于1955年按原貌重建。朱德亲自题写了"博生堡"三字，嵌于堡首，中国人民解放军原总政治部也重新拟写了纪念赵博生烈士碑文，立于堡内，博生堡现为全国重点文物保护单位。

【红军烈士纪念亭】

红军烈士纪念亭也叫作五角亭，是中华苏维埃共和国临时中央政府为了悼念在土地革命战争中英勇牺牲的红军指战员而建造的。

该亭坐西南，面东北，占地面积34.81平方米，亭高6.81米。整个亭子仿古建筑，典雅美观，古色古香。尤其是四面墙上的花格窗户，造型独特，寓意深刻。窗户上方为半圆形，好像太阳照射的形状，并雕有镰刀、斧头交叉图案，表示"工农兵联合起来一定能够拨开乌云见太阳"，表现出坚定的革命信念。红军烈士纪念亭由第二次全国苏维埃代表大会准备委员会筹建，钱壮飞设计，梁柏台担任工程指导，1933年8月1日开始动工，1934年1月竣工落成。

1934年10月，红军主力长征后，红军烈士纪念亭被国民党反动派拆毁，就连亭座的红条石也都搬运到别处修筑工事。1955年春，国家按原貌重修此亭。"红军烈士纪念亭"几个字是模仿"红军烈士纪念塔"的字体而制作的。1961年3月4日，红军烈士纪念亭被国务院公布为全国重点文物保护单位。

2. 红井景区

各位游客，我们现在来到了红井景区，红井景区位于瑞金沙洲坝。1933年4月，由于叛徒的告密，叶坪中央政府暴露，国民党飞机连续轰炸叶坪村。为安全起见，中央机关从叶坪搬迁到沙洲坝，从此这里成为中央革命根据地的心脏、中华苏维埃共和国临时中央政府的第二个驻地。这里背靠青山、田畴拥翠、宗祠接踵、古樟掩映、树影婆娑、恬静质朴。景区位于距市区西面1千米处，有旧居旧址和红色展馆35处，其中全国重点文物保护单位8处，最为著名的是毛泽东亲自为群众开挖的家喻户晓、妇孺皆知的水井——红井。

大家是否还记得这样一篇小学课文，名字叫《吃水不忘挖井人》：瑞金城外有个小村子叫沙洲坝,毛主席在江西领导革命的时候在那儿住过。村子里没有井,吃水要到很远的地方去挑,毛主席就带领战士和乡亲们挖了一口井。中华人民共和国成立之后,乡亲们在井边立了一块石碑,上面刻着"吃水不忘挖井人,时刻想念毛主席"。

这篇课文包括标点符号在内才108个字,真可谓是短小精悍。就因为这一篇短短的小学课文,这口水井名传中外,很多人对一代领袖亲自开挖的红井无限神往,都要喝一喝这甘甜润心的红井水。据不完全统计,红井从开挖到现在,已有1000多万人饮用过红井水,是世界上饮用人最多的一口水井。现在,我们看到的就是驰名中外的红井。

那么,毛主席为何要挖这样一口井呢?据说当年的沙洲坝是个干旱缺水的地方,不仅无水灌田,就连群众喝水也非常困难。那时曾流传着这样一首民谣:"沙洲坝,沙洲坝,没有水来洗手帕,三天无雨地开岔,天一下雨土搬家。"

1933年4月,临时中央政府从叶坪迁来沙洲坝以后,中央政府主席毛泽东在元太屋办公和居住,他发现这里的群众喝的是池塘里的脏水,便把解决群众饮水难的问题挂在心上,只要一有空,他就同警卫员小吴商量着如何为群众挖井。

1933年9月的一天早上,毛主席带着小吴拿着锄头、铁锹来到池塘边找水源,被一早起来的老表看见了,于是毛主席领头挖井的事,立即传遍了沙洲坝。只一会儿工夫,一大伙群众来到了挖井现场,在主席的带领下,没几天,一口直径85厘米,深约5米的水井挖好了。为了使井水更清澈,毛主席又亲自下井底铺沙石、垫木炭。毛主席用实际行动,为机关干部和沙洲坝群众树立了榜样,中央各机关掀起了开挖水井的热潮。从此,沙洲坝人民结束了饮用脏塘水的历史,喝上了清澈甘甜的井水。

1934年10月红军长征离开瑞金后,国民党反动派又卷土重来,为了阻止人民群众对党、对毛主席和红军的思念,国民党反动派多次填掉这口井,当地群众就同敌人展开了针锋相对的斗争。敌人白天填井,群众夜晚又把井挖开,就这样填了又挖,挖了又填,反复好几次。

1950年,沙洲坝人民为了迎接毛主席派来的南方老革命根据地慰问团的到来,将主席带领军民开挖的这口水井进行了全面整修,并把这口井取名为

"红井"，同时在井旁立了一块木牌，刻上"吃水不忘挖井人，时刻想念毛主席"14个赤金大字，以后又将木牌改为石碑。

红井是党、红军和苏区人民血肉相连的见证，红井水也是幸福水，让我们每个人都来尝一尝甘甜可口的红井水，感受一下当年毛主席的恩情吧！

3."二苏大"会址景区

我们现在看到的这座建筑就是中央政府大礼堂，礼堂坐北朝南，占地面积1500平方米，造型为8个角，从高空俯视，就像一顶红军的八角帽。我们看大礼堂的门首上方，有"中华苏维埃共和国临时中央政府"14个大字，这是由"苏区秀才"黄亚光书写的。大礼堂共有两层，楼面为回廊式，并有阶梯式楼座，楼下呈半圆形，整个礼堂可容纳2000多人。

现在大家跟我一起进入里面。1933年4月，临时中央政府从叶坪搬迁到沙洲坝以后，为了解决大型集会场所的问题，尤其是为了准备召开第二次全国苏维埃代表大会，临时中央政府决定建造大礼堂。大礼堂由钱壮飞设计，并在江西、福建选调了400多名建筑工人，于1933年8月1日（也就是建军节）破土动工。为了加快工程进度，确保工程质量，江西福建工人进行建筑比赛，4个月后，大礼堂拔地而起。它有三个显著的特点：一是视线非常好，在楼上、楼下每个角度都可以看到主席台；二是大礼堂的回音效果很好，在主席台讲话不用麦克风大家也可以听得清楚；三是门窗特别多，大礼堂四周共有17道双合扇大门，41扇窗户，便于人员疏散、通风和采光。

1934年1月21日至2月1日，第二次全国苏维埃代表大会在这里隆重召开。参加大会的正式代表693名，候补代表83名。参加大会的甚至还有旁听代表，人数达1500名。大会一致通过了修改后的宪法大纲、苏维埃建设、红军建设、经济建设等决议案和关于国旗、国徽、军旗等决定。

大会之后，苏维埃中央政府报告、文献中将"中华苏维埃共和国临时中央政府"称谓中的"临时"两个字去掉了。说到这，可能大家会说为什么大礼堂门首上方还有"临时"两字，那是因为大礼堂是为召开"二苏大会"而建，所以当时还没把这两个字去掉。

"二苏大会"结束后，在大礼堂还召开了许多重要会议。如1934年2月，在这里召开了中央工农红军第一次全国政治工作会议，会上，首次提出"政治工作是红军生命线"的著名论断。

1934年10月红军主力长征后，国民党军队卷土重来，下令拆除大礼堂，大礼堂仅存残垣断壁。现在大家看到的大礼堂是1956年按照原貌修复的，1961年被国务院公布为全国重点文物保护单位。

　　大礼堂风格独特、气势宏伟，不仅当年获得苏区军民的赞许，在今天仍被人们赞叹。大礼堂也是今天北京人民大会堂的前身。1958年在北京修建人民大会堂时，周恩来总理曾说过，"今天我们在这建人民大会堂，其实当年在瑞金就已经有了临时中央政府大礼堂"。1996年9月20日，江泽民到这里视察时亲切地把大礼堂称为"当年的人民大会堂"。

　　4.中华苏维埃纪念园景区

　　各位游客，我们现在来到中华苏维埃纪念园景区，中华苏维埃纪念园是一个集革命传统教育、红色文化传承、革命情景体验和市民休闲等功能为一体的大型红色旅游公园，位于城区西侧，分为南园和北园。北园主要有中央革命根据地历史博物馆、红五星音乐文化广场、中国宝鼎之最——中华苏维埃纪念鼎、百县林等景点；南园主要分布有瑞金革命烈士纪念馆、红军烈士亭、苏区精神二十八字台阶等景点。

　　走进景区，登高望远，玉带缠流，绿意扶疏，古塔雄峙；革命的豪情让人激情澎湃，历史的厚重让人不敢懈怠，让我们一同追思、缅怀革命先烈，不忘初心，感恩奋进。

【中央革命根据地历史博物馆】

　　各位游客，我们现在来到的是中央革命根据地历史博物馆参观。中央革命根据地历史博物馆是首批"国家一级博物馆"，是首批全国百个爱国主义教育示范基地、全国青少年教育基地、全国中小学爱国主义教育基地。占地面积4.5万平方米，主体建筑1.1万平方米，主要包括陈列展览馆、文博楼、文物库房和多功能报告厅等。本馆于2007年10月竣工，并向全社会免费开放，馆名由江泽民同志题写。本馆地理位置优越，环境优美。站在这里，登高远望，瑞金城景象尽收眼底；极目远眺，龙珠塔、龙峰塔、鹏图塔、凤鸣塔四大古塔也尽收眼底。

　　请大家一起来看看博物馆的外观。它的正面造型犹如一面迎风招展的旗帜，象征革命的旗帜。右手边那高高耸起的建筑既是旗杆，也称之为纪念碑，高度为31.117米，其寓意为中华苏维埃共和国成立于1931年11月7

日。碑顶两侧镶嵌着镰刀、斧头、五角星图案，象征着中华苏维埃共和国是工农当家做主的人民政权。正面用花岗岩镶嵌的浮雕墙面，有636平方米，是旗面。旗面内浮雕图案主题为《人民共和国从这里走来》，由三组主浮雕图案与若干小浮雕图案组成。中间的人物肖像浮雕是《伟人风采》，共展示了毛泽东、朱德、周恩来等24位在中华苏维埃共和国创建中有卓越贡献的典型代表；右边浮雕为《土地革命》，反映的是红军打土豪、分田地，建立中华苏维埃共和国临时中央政府的热烈、动人场景；左边图案内容为《战略转移》，刻画了中国工农红军为北上抗日，实行战略大转移，与苏区群众难舍难分、依依惜别的动人场面。浮雕墙右上角为中华苏维埃共和国国徽图案以及中华苏维埃共和国成立时间"1931.11.7"，左上角是中华人民共和国的五星红旗，形似一本翻开的书，意喻历史翻开了新的一页，两边内容相互辉映、意义深远。仔细观看整个浮雕墙面，还有一条条弯曲的线形图案，似云似路，并有19颗红五星相配，这喻示着1931~1949年共19年时间里，中国共产党领导建立的人民政权踏着曲折艰难之路从瑞金通往北京。

接下来，请各位游客进入展厅参观，博物馆展览的主题《人民共和国从这里走来——中华苏维埃共和国史》。展览分五个部分，上下两层展出，展览面积5800平方米，展线总长980米，展出文物550件，生动地再现了中华苏维埃共和国的光辉历史。

瑞金是红色故都、共和国摇篮、中央红军长征出发地。1931年11月7~20日，中华苏维埃第一次全国代表大会在瑞金召开，宣告成立中华苏维埃共和国，这是中国共产党领导下的第一个全国性的工农民主政权，从此中国共产党在瑞金开始了治国理政的伟大实践，为新中国的政权建设提供了宝贵的经验，正可谓"人民共和国从这里走来"。浮雕墙左边反映的是苏区时期在炮火硝烟的艰苦岁月，中国共产党和苏维埃中央政府领导苏区军民开展武装斗争，进行土地革命，建立红色政权，实行战略大转移的动人场景；右边反映的是1949年人民群众热烈庆祝中华人民共和国成立的热闹场景；中间看到的是中华苏维埃共和国的国徽，它屹立在时空之门上，连接过去与现在。整组浮雕呈现了中国共产党带领人民群众开辟了一个崭新的艳阳天，从苦难走向辉煌。

2019年5月，习近平总书记在江西视察时满怀深情地指出："要从瑞金开始追根溯源，深刻认识红色政权来之不易、新中国来之不易、中国特色社会主义来之不易。"

【百县林】

1958年3月15~23日，共青团中央在瑞金召开江西（34县）、湖南（18县）、福建（26县）、广东（22县）四省团委负责人和四省交界的100个县团干部参加的共青团工作观摩学习会议，时任共青团中央书记的胡耀邦同志莅临会议，并作《只有思想大解放，工作才能大活跃》的主题报告。为了推动全国青少年植树造林运动，胡耀邦同志带领参会人员在这里种植树木3.3万平方米，并命名"赣湘闽粤四省百县林"。参会代表还在两旁题词："四省的友谊似果树花开红满地，百县的劳动为大地河山成园林。"

【红星耀中华雕塑】

现在我们看到的是红星耀中华雕塑。红星耀中华雕塑包括红五星、人物铜像和山石造型三部分。红五星（高19米、宽20米、厚度3.5米，内部为钢结构，表面采用铝塑板铺贴）中间是中华苏维埃共和国国徽图案。红五星两侧，是块状的红色山石造型（高10米、宽4米、长15米）。山石造型犹如照射出来的光芒，象征着革命事业欣欣向荣，生机勃发。以山石为背景，塑有10尊伟人铜像和8尊群众铜像，伟人铜像包括毛泽东、朱德、周恩来、刘少奇、陈云、任弼时、张闻天、项英、彭德怀、王稼祥，这些铜像高度为3米，形态各异、栩栩如生。整个红星耀中华群雕象征着1931年11月7日在瑞金这片红土地上建起的红色政权蒸蒸日上，走向全国。

旁边的火炬是2015年9月8日为纪念中央红军长征胜利80周年"薪火相传再创辉煌"长征精神火炬传递活动而建造的，火炬高19.34米，寓意长征从1934年开始，底座为八角形，寓意中央红军长征80周年。

【苏区精神二十八字台阶】

苏区革命波澜壮阔，苏区精神永放光芒，与红星耀中华群雕遥相呼应的是苏区精神二十八字台阶。2011年11月4日，在"纪念中央革命根据地创建暨中华苏维埃共和国成立80年座谈会"上，习近平同志高度评价了中央苏区和中华苏维埃共和国的历史地位和作用，提出了要大力弘扬以"坚定信念、求真务实、一心为民、清正廉洁、艰苦奋斗、争创一流、无私奉献"为主要内涵的苏区精神。中华苏维埃纪念园景区的建设，始终围绕着"再现苏区历史、弘扬苏区精神"这一主题。习近平同志的这 28 个字被刻上台阶，每个字 2.4 米见方。

【中华苏维埃纪念鼎】

在苏区精神二十八字台阶顶端，建有中华苏维埃纪念铜鼎，纪念鼎位于烈士纪念园的最高点，纪念鼎高 11.07 米，寓意 1931 年 11 月 7 日中华苏维埃共和国成立。鼎宽 8.9 米，鼎重 30 余吨，纪念鼎底座平台面积 508 平方米，寓意以赣南为主体区域的中央苏区有 5 年零 8 个月的历史。鼎背面还镶嵌有 500 多字的鼎铭。

【瑞金革命烈士纪念馆】

各位游客，我们现在来到的就是瑞金革命烈士纪念馆。为褒扬革命先烈的丰功伟绩，经江西省人民政府批准，瑞金于 1953 年 4 月动工兴建革命烈士纪念馆，并于 1955 年 3 月建成对外开放。从此，瑞金革命烈士纪念馆成为人民群众特别是广大青少年缅怀先烈、继承遗志、学习发扬革命传统的重要阵地。

1979 年 1 月，为了适应改革开放新时期的革命传统教育需要，瑞金革命烈士纪念馆从原址迁移至瑞金城西塔下寺，开始重建，并充实、更新了陈列内容，于 1986 年 4 月 26 日重新开放。新建的烈士纪念馆占地 1 万平方米，建筑面积 2800 平方米。馆内建有展厅一栋、毛泽覃烈士纪念碑一座，还有明朝万历年间（1573～1619 年）修建的九层 34 米高的龙珠塔一座。全馆展厅面积 1320 平方米，展线长 127 米，设有序厅、灵堂、5 个陈列厅和 1 个休息室，共陈列全市 17394 位烈士的名录和部分英烈的画像、遗物及生平事迹，供人们瞻仰。

陈列室的 5 个展览厅，较为详细地陈列了瑞金在土地革命初苏维埃政权巩固发展时期、中央苏区建设时期、红军长征和游击战争时期、抗日战争时期和解放战争时期、社会主义革命和建设时期 5 个阶段的 105 名英烈的英雄事迹。其中比较著名的有苏维埃政权巩固发展时期瑞金县苏维埃政府主席、瑞金第一个党支部的创始人邓希平烈士；苏维埃时期中共中央政治局委员、少共中央局书记顾作霖烈士；苏区中央局秘书长、长征后的中共中央分局委员毛泽覃烈士；抗日战争和解放战争时期的新四军参谋长、浙江省委书记兼东南局委员、"七大代表、闽浙赣三省特派员"刘英烈士；社会主义革命和建设时参加万隆会议时为保护周总理安全而牺牲、跟随周总理 15 年之久的司机队长钟步云烈士；还有许多为中国革命立下卓著功勋的已故将军们，如张雄、梁达三以及原福州军区司令员江拥辉等人的英雄事迹。

各位游客，很高兴与大家一起寻访红色革命胜迹，感悟共和国摇篮光耀千秋的红色精神，我们整个共和国摇篮景区之旅到这里就结束了，感谢大家在旅途之中的配合，谢谢大家！

八、婺源江湾景区导游词

（一）婺源江湾景区概况

游客朋友们，欢迎来到江西婺源江湾景区！

婺源江湾景区是国家 5A 级旅游景区，是一座来了就不想离开的文化古镇。江湾位于婺源县东部，距离婺源县城大约 28 千米，是婺源众多古村中开发比较早的一座古村，唐宋以来一直是皖浙赣三省的水陆交通要塞，被称为婺源的东大门。它北依后龙山，南环梨园河，曾是郡县古道上的商业重镇。婺源江湾历史悠久，始建于隋末唐初。最初有滕、叶、鲍、戴等人家在江湾河湾处居住。北宋神宗元丰二年（1079 年），萧江第八世祖江敌始迁江湾，子孙繁衍成巨族，后改称江湾。2001 年 5 月 30 日，江泽民亲临江湾视察，此后江湾立足当地资源优势，大力发展乡村经济。2001 年 6 月 20 日，江湾景区正式对外开放。村中既有保存尚好的御史府，中宪第等明清官邸，又有滕家老屋、三省堂、敦崇堂、培心堂等徽派商宅，滕家巷、添丁巷、梁上街等历史街巷，"一府六院"遗址，还有婺源民俗博物馆。

江湾文风鼎盛。自宋至清，养育了状元进士、仕宦等 38 人，名臣名士有江一麟、江一道、江永、江谦等 19 位，他们的著作先后有 15 部 161 卷著作入选了《四库全书》，被誉为"婺东第一风水宝地"。江湾历代出了不少官员，七品以上就有 30 来人，还有数十位学者、名医和书画家，不愧是块钟灵毓秀之地，萧江氏也不愧是名门望族。

江湾建筑文化厚重。江湾古村保留有三省堂、敦崇堂、培心堂、滕家老屋等古建筑，白墙黛瓦搭配绿竹草木，有种不张扬的儒雅之气。闻名江南的"萧江宗祠"，尽可领略久远的宗祠文化；江一麟、江永故居，彰显着先贤的精神风骨。这些古建筑集中展现了婺源的砖雕、木雕和石雕艺术，十分精湛。"仙人桥""七星井"还是古人实践风水理论的杰出典范,"北斗七星井"体现了"天、地、人合一"的中国风水学最高原则。南侧梨园河呈太极图"S"形,古村古风古韵,极具历史价值和观赏价值。

江湾"非遗"特色鲜明。江湾有丰富多彩的非物质文化遗产,包括有国家级6项、省级7项、市级4项、县级17项。江湾"非遗"馆展览的主题为"活着的记忆",有九个展厅,展示项目包括婺源绿茶制作技艺、婺源三雕、婺源傩舞、婺源灯彩、婺源抬阁和豆腐架、婺源小吃、甲路纸伞制作技艺等,古戏台上精彩绝伦的傩舞、徽剧展演,可让人领略婺源"非遗"文化灿烂的历史与其独特永恒的魅力。

各位朋友,请跟随我的脚步让我们深入了解婺源江湾景区。

(二)婺源江湾景区主要景点

1. 萧江宗祠景区

萧江宗祠,又名永思堂,始建于明朝万历六年(1578年),是由族人江一麟主持并出资的;后毁于太平天国战火;1922年,由族人江知源出资,江谦协理,花了三年时间重建;之后又被拆毁。现在我们看到的,是2002年按原来的格局重建的萧江宗祠。萧江宗祠占地面积2230平方米,建筑面积达2600平方米,有148根落地柱、340根横梁。这里所有的木构件,都是用从马来西亚进口来的贝壳杉做成的。萧江宗祠曾被誉为江南七十座著名宗祠中"最好的一座宗祠",为婺源古代四大古建之首。其建筑规模之宏大、雕刻之精美、建筑材料之考究,为国内所罕见。

【五凤楼】

萧江宗祠的门楼,那飞檐翘角像不像鸟展开的翅膀,这种在建筑学上称为"翼角"的造型,因为像是五只展翅飞翔的凤凰,所以叫作"五凤楼"。五凤楼原本是皇家建筑专用的格式,可到了明清时期,却被徽州人悄悄地用在祠堂门楼的建造上了。当然,人们不仅仅是为了追求气派,也寄寓了"吉地有凤翔"的美好愿望。

五凤楼和两侧的水磨青砖八字门墙,集中展现了婺源的砖雕、木雕和石雕艺术,十分精湛。门楼上枋刻的是"九狮滚球遍地锦",八字墙上的四幅砖雕,分别是"三结义""文天祥""包龙图""杨家将"等家喻户晓的人物故事。可以说,宗祠里所有的雕刻,内容基本上是祈望宗族繁盛兴旺发达,宣扬敦亲睦族、忠孝节义等传统思想的。

请大家看看大门两侧，下面有一对石鼓，叫"抱石鼓"，也叫"门当"；上面门楣上方悬挑出来的四根圆形短柱，叫作"户对"，组合起来就称为"门当户对"。抱石鼓因鼓声宏阔，雷霆威严，老百姓认为能避邪，因此称之为"门当"。户对表达的是人们生殖崇拜中重视男丁的观念，祈求人丁兴旺，香火永续。它要么是两个一对，或是四个两对，成双不成单。"户对"的多少与官品职位的高低成正比，这是受到中原文化的影响，由皇宫府衙、显赫官邸等建筑格式演变而来的。古时三品以下官宦人家的门上有两个户对，三品的有四个，二品的有六个，一品的有八个，只有皇帝的皇宫才能有九个，取九五之尊之意。"门当户对"也成了过去男女婚嫁中衡量各自门第出身的代用词。

【仪门】

大家看中间的大门称之为"仪门"，仪门一般是不开的，只有春节团拜、冬至祭祖、迎接尊贵客人或是村里有人科举高中要到祠堂拜谢祖宗时才可以打开。平时则都走这两侧的边门。仪门的门槛有四块栏板，足足有126厘米高。据说，只有中了状元，四块栏板才会全部撤掉；即便考中了进士，也要留一块撤三块；如果只考取举人，留三块撤一块。宗族激励族人读书科考、光宗耀祖的用心，在这点上表现得淋漓尽致！

【享堂】

现在就请大家跟我走进祠堂观看。宗祠一般都有三进。第一进是仪门；第二进就是坍池（也就是天井）后边的大厅，叫作"享堂"，就是我们现在站立的位置，享堂是族人祭祖、商议和决定宗族大事、处置违反祠规、族规者的场所，是整个宗祠最威严，也最神圣的地方。最后面的是"寝堂"，后寝里供奉着萧江氏几十代世祖的灵位。坍池两侧叫庑廊（又叫厢廊）。右庑廊是《重建萧江宗祠碑记》；左庑廊是《谱系图》，也就是萧江的宗支系图。从谱系图上可以看出：江湾的江氏是汉朝萧何、梁武帝萧衍的后裔。到了唐朝末年，僖宗朝宰相萧遘（gòu）因奸臣陷害，被罢相赐死。他的次子萧祯，虽然已经封了柱国上将军，当了江南节度使，但为了避祸，只好潜逃江南隐居，这才"指江易姓"，改萧姓为江姓。萧祯改姓后即为江祯，是萧江氏的一世祖。江祯有三个儿子，长子江董，迁到婺源皋径（今大畈水路），是婺源萧江氏的开基祖。而萧江的八世祖江敌，在北宋神宗元丰二年（1079年）迁到了江湾，成为江湾江氏的始迁祖。正因为他们是由萧姓改过来的，为了区别其他江姓，所以才称为"萧江"，这就是为什么这座宗祠叫"萧江宗祠"的答案。

请大家抬头往上看这四周庑廊上都有精美绝伦的木雕。这五凤楼的后枋上面那块叫"万象更新"，下面的图案是"龙凤朝阳"。两边庑廊梁枋上刻的一边是渔樵耕读，一边是琴棋书画。大家请看享堂月梁上的雕刻，这幅图雕的是"瓜瓞绵绵"，连绵不绝的藤蔓上结满了瓜果，寄寓了宗族兴旺、子孙繁茂的意思。其他的雕刻，也都是围绕"家族繁盛兴旺发达"这个中心的，这是整个族群最大的祈求。这幢建筑可以称得上是雕梁画栋、工不厌精，光木雕图案就有600多幅。所有的雕刻工程都是由国家级"徽派三雕"传承人俞有桂、俞有鸿兄弟俩担纲并组织设计施工，用了近一年的时间完成。

大家请看这正堂上的容像就是萧江始祖江祯。这堵正壁是有玄机的，它是由几扇可以开关的门组成，每年冬至这天举行隆重的祭祖仪式时，这些门会被全部打开，让所有族人朝着后寝里供奉的列祖列宗的灵位叩拜。祭祖这天，祠堂还会准备许多芝麻饼，选择芝麻饼就是寓意子孙像芝麻一样多。这些芝麻饼是用来分发给族人的，但不是人人有份。新学兴起后，学生由老师带着到祠堂祭祖，祭完之后再唱《冬至歌》，学生们每人都可以得到一对饼。而八十岁以上的老人，他们只要双手捧得下，可以随便拿多少。在这里，尊老和爱幼那是天经地义的法则。

在婺源，每个宗族的祠堂都有学田和义田，田租的收入专门用来资助学子读书科举，以及救济遇到困难的人家，让每个族人都感到宗族的关怀，或是得到宗族的帮助。这些，也是在近千年的历史中，维护宗族发展的重要因素。

2. 广场景区

祠堂前的这片场地是江湾村的"中心"。逢年过节这里都会有各种喜庆的民俗活动，如徽剧、傩舞及民俗表演等。

【老街】

现在大家来到的是明清时形成的老街。大家请看老街过街门上题有"五岭初步"四个字，形象地概括了当年江湾位于郡县古道上的交通特点：即当时婺源县处于万山之中，道路迤逦、步履艰难，好在老天留下一条河流——星江，星江非常通达，使婺源才有通航、运货、经商的便利。从县城通往江湾的这条航道全长35千米，是重要的交通航道，不仅是本县，甚至信州（今上饶市）、抚州的客商也取道江湾赴徽州。古代徽州休宁县缺粮，自宋代到民国，从江西鄱阳一带运往休宁县的粮食都在江湾的梨园河码头卸下，再由江湾连续翻越谭公岭、对镜岭、羊斗岭、塔岭、新岭等长达百里的五座山路，运送到休宁县供应给百姓。

中华人民共和国成立前，江湾是婺源工业品、农业品的重要中转站，这里商旅云集，老街两边尽是客栈饭馆、商铺茶庄。那时，婺源除了铁铺、油榨，没有其他工业。东北乡百姓日常用的布匹、食盐、钢铁、火柴等所有工业品，都是在上海、南昌等大都市采购后经九江，再由鄱阳逆水而上运到婺源县城，然后逆东北水辗转运到江湾下船，散落于江湾附近的乡村商户再来江湾批发。而江湾附近乡村的桐油、乌桕、蜂蜜、棕皮、箬叶等山货都集中在江湾码头后再运往外地。中华人民共和国成立后，随着水力发电站拦河大坝的相继建成，更因为乡村公路、国道公路、高速公路、高速铁路等等现代交通设施通达婺源，如今，那些货运船只都已退出历史舞台。

【牌楼】

现在我们看到的是这里的地标建筑"江湾牌楼"。牌楼四柱三间，全部用山东泰山石雕琢而成。牌楼运用浮雕和镂空雕的工艺，雕有"麒麟嬉逐""鹿鹤同春""虎豹呈威""五狮戏珠"等传统图案，都有吉祥多福的含义。牌楼两侧的"文臣武相"和"八仙过海"图，寓意萧江后代能读书做官、出将入相，或如八仙那样各显神通。1400多年来，江湾人在这片土地上繁衍生息，务农者在自己家"一亩三分地"里日出而作，日落而息，为国家贡献"皇粮"；读书落第者一袭青衣、一裹干粮，奔走于大江南北的通衢大道，诚信经商，缴纳"国税"，同样也为国家、为社会做出贡献；考上功名的幸运子孙，则走上仕途，为国家为社会承担更大的责任。这座牌楼，就是对江湾贡献"皇粮"的农民、缴纳"国税"的商贾、为社会承担责任官员等全体守法的江湾人的集中旌表。

【永思街】

各位朋友，现在我们来到的这条街叫"永思街"，是近年才建的。在最早建村的时候也修建了永思街，是紧挨着北面后龙山建的，那时叫云湾，居住着滕、叶、鲍等几个氏族。

南唐国师——著名的堪舆大师何令通，因得罪了皇上被贬到婺源邻县休宁县当县令。这位堪舆大师十分看好云湾这块村基，没多久，他辞官到婺源灵山隐居。居住在对面山脚旃坑村的萧江六世祖江文寀经常去拜访他，还为他在灵山上修了一座碧云庵。何令通为了感谢江文寀，就告诉了江文寀云湾是一块风水宝地的秘密。

宋神宗元丰二年（1079年），江文寀孙子——萧江八世祖江敌就迁到江湾对面一块沙洲（今鲍家洲）。江氏族人勤劳肯干，头脑活络，不多时就盖起了一幢幢砖瓦房。而鲍姓人家，却还是住在茅草屋里。为了能够真正搬进云湾村里，江家人花了不少心思：有年春节，江家的几个小孩跑到鲍家云湾这边来放爆竹，想要炫耀炫耀，却"一不小心"烧着了鲍家的茅草屋。鲍姓家人很气愤，找江家人理论，要求赔偿损失。江姓连连赔不是，也很诚心地对鲍家人说：那你们就住到我们这里来吧。茅草屋换了砖瓦房，鲍家人自然欢喜万分。江姓则"不得已""委屈"地到鲍家废墟上来建立新家园了。

可云湾在风水格局上还是有缺陷的：一是后龙山与来龙的朱笔尖之间有个大豁口，龙脉在这里断了；二是南面的攸山偏高，南属火，对云湾不利。何令通当年向江文寀推荐这块宝地时就指点，要把豁口补上接通龙脉，然后在村里按北斗的形状挖七口井，再把梨园河临村这段改变方向，以符合风水要求。

这可是一项浩大的工程。江氏族人经过几代人的努力，填石堆土，硬是用人工填满"大豁口"，接通了龙脉。江氏还在梨园河来水处建筑坚固的堤岸，迫使河流向外拐成一个大弧形，改变了河流方向，这样既避免了水流直冲村庄，又减缓了水的流速。七口井的位置不知道是不是何令通亲自定的，但的确像是北斗星座，如一把舀水的"勺子"，村人都把它们叫作七星井。

风水理论中有许多部分在今天看来是属于环境科学。比如说，后龙山的豁口正好是村背后的一个大风口，堵上了，冷冽的北风就不怕了。村庄南北纵深大，离河较远，挖井开渠也是村民生活的需要。梨园河河道的调整，显然可以避开洪水的直接冲击，减少水患。江姓人在完成了这些风水改造工程后，氏族兴旺发达，渐渐成为云湾第一大姓，云湾也由此改成了江湾。而鲍家最后全都迁出了江湾。至今，这里还流传着"三百年前江家业，三百年后鲍家洲"的说法。江湾村现在有3000多人，百分之七八十都姓江就很能说明问题。

【湖圳与南关亭、南关井】

各位朋友，大家沿路看到的这条水渠，村里人叫它"湖圳"。这是古时江湾村人工开凿的"江"字形水系的第一横，另一横在江湾的外边溪，与湖圳平行，还有一竖在村东头。湖圳终年有水，是风水学上的需要，也是家家户户浣洗衣物、浇灌菜园或灭火防灾的需要，这就是古诗中"浣汲未妨溪路远，家家门巷有清泉"的意境的真实写照。

前面这座亭子叫作"南关亭"，过了这座亭就进入建村时的原始居住区了。当地人把亭子以北叫"村里"，而亭子以南则称作"街上"，也就是后来新扩建的部分。原始居住区建有四座防御用的，相当于"城门"的"村门"亭：现在我们所在的这座南关亭就是古代江湾村南面的大门，东向的叫"东和门"，西边的叫"西安门"，北方的叫"北钥门"。南关亭没有城门那样高耸坚固，却多了几分秀气。这里有两副对联很有意思，先看看这副，"万壑松涛倚北钥，一湾湖水锁南关"，这"一湾湖水"说的是原来亭子两边各有一个荷花池，也就是江字形水系的两点。可惜这湾湖水早年已经淹塞填埋了；另一幅是"静坐当思己过，闲谈勿论人非"，南关亭因为景致好，村民常在这里聚集，或谈天说地，或评头论足，这副对联就像是一位长者、智者，时时在告诫提醒着大家呢。大家请看这里有一口大水井叫南关井，是江湾的风水北斗七星井之一。

【梨园】

各位朋友，大家看到的这片梨树，所产的梨子就是著名的江湾雪梨。它个大、皮薄、肉脆、汁多，是中秋时节送人的上等礼品。每一个上等江湾雪梨，都经历了主人细心的培育呵护：梨花谢后，在刚长出像纽扣大小的梨子时，就要一个个分别套上纸袋，避免梨子被风吹日晒。这样长成的梨子，皮细嫩、肉雪白，所以叫雪梨。江湾人自古以来就爱种雪梨，有"家家种梨，人人得利"的寓意。久而久之，山坡、滩地、茶园、地头都种上了梨树，成为名副其实的梨乡。每年阳春三月,千树万树梨花开,到处是一派"迎来瑞雪三朝白,搅得风和十里香"的景象,"春风雪梨花"因此也成了古代江湾的十景之一。

【添灯巷、井】

各位朋友,现在我们来到的这条村巷叫添丁巷。所谓"添丁",又叫"天灯",古代本意是要加灯油的"路灯"。因为婺源乡音"天灯"与"添丁"谐音,就赋予"天灯"为家庭增加人丁的寓意而叫作"添丁"。因而,从古至今,村里新人结婚,都必须到添灯巷添加灯油。这样,家庭才能子孙繁盛,家族才能兴旺。

大家请看这里有一口六边形的水井,叫作"添灯井",它也是北斗七星井之一。这"添灯井"边上立的是灯柱,村人或新人就是到这里来往灯里添油,以此来寄托自己的愿望。这边(指商贸区)是一片浏览和采购婺源特产的休闲区,婺源的四色特产"绿、红、白、黑"闻名遐迩。其中的绿色为婺源绿茶;红色为水中瑰宝荷包红鲤鱼;黑色便是中国四大名砚之一的龙尾砚;白色就是江湾雪梨,每年6月成熟,果大肉厚,松脆香甜,味道好极了。

3. 明清官邸商宅

江湾古村保留非常多的明清官邸商宅,例如有江永、江一麟故居、中宪第、江仁庆宅等彰显着先贤的精神风骨,三省堂、敦崇堂、培心堂、滕家老屋等古建筑,白墙黛瓦搭配绿竹草木,有种不张扬的儒雅之气。

【江永纪念馆】

各位朋友,现在我们来到的这座建筑物是江永纪念馆,原堂名是"善余堂",蕴含"积善之家,必有余庆"的寓意。因为他曾祖父江国鼎一生都乐于公益事业,是乡里出名的"江善人"。

江永,是一位集经学家、语言学家、数学家、天文学家、音韵学家于一身的著名学者。他出生于清代康熙二十年(1681年)的一个寒儒世家。自小聪慧过人,六岁时就能写几千字的日记,少年时读书无数,且过目成诵,四乡八里都称他为神童。但他厌恶科举,轻薄利禄,一辈子都在乡里读书、教书和做学问。

他读书好深思,特别擅长比校勘对,在经史百家、天文、历算、钟律、声韵、礼仪、地名沿革等方面,都有许多重要创见。他一生写的书有41种

270多卷,其中有16种166卷被收入《四库全书》。大家都知道写古诗词要押韵,字有平、上、去、入四声,这就是江永的贡献。他撰写的《古韵标准》把古韵分为十三部,入声八部,对后世影响极大。刚进入景区的那副对联"水帖荷钱,买得湖光千万顷;山垂木笔,描成春色二三分"作者就是江永。

【受经堂】

受经堂的"经"指的是江永所研究的经学。经学是阐述儒家经典的学问,汉武帝后一直是中国封建社会文化的正统,它与封建社会制度的巩固、发展和延续有着极为重要的关系,对哲学、史学、文学、艺术的影响也很大。

江永在经学方面的成就表现在对《礼仪》《周礼》和《礼记》的研究方面。他撰写的《礼书纲目》,就搜集了几乎所有分散在各种文献中的古代礼乐制度,补正了朱熹写的《义礼经传通解》的不足,是研究我国古代礼制的重要参考书。1740年,乾隆朝要纂修《三礼疏》,礼部为此专门请江永赴京。三礼部的总裁、著名学者方苞、编修吴公绂等人纷纷向他求教关于士冠礼、士昏礼、周礼中不明白的问题,先生的解答、释疑,使这些学界的泰斗也大为折服,赞叹他:"先生非常人也。"

【弄丸斋】

弄丸斋是江永的书房,是他晚年著书立说的地方。"弄丸"就是研究探索万事万物的意思。江永把万事万物比作一个圆圆的"丸",很有哲理。江永治学,既能采纳前人的长处,又有自己独到的见解,他的许多著作就是在这"弄丸斋"里完成的。

江永博览群书,上知天文、下知地理,还亲自设计了后龙山上的"风碓"和汪口的平渡堰。四乡八里都很崇拜他,后人也因此生出许多传说。例如,有副对联"日月两轮天地眼,读书万卷圣贤心",这"天地眼"传说就是江永无意中吃掉了乌龟精的两只眼睛。

【江湾中心小学前广场】

各位朋友,现在我们来到的是江湾中心小学。这座小学,是在江知源先生1924年创办的义昌学府的基础上建成的。

2001年5月30日上午,江泽民视察了这所学校。那天,他到了正在上语文课的五年级2班的教室，亲切地询问了前排两位同学的姓名和年龄，还夸奖语文老师的粉笔字写得好。他十分仔细地观看了教室后面的"学习园地"，对一篇题为《假如我是发明家》的学生作文十分欣赏，高兴地说："写得真好！"还大声地朗读起来。参观完教室和老师办公室后，江泽民同志亲笔为江湾小学签名留念。他离开时，校园里一片欢腾。那一天，村民们都十分兴奋激动，这个古老的村庄完全沉浸在一片幸福之中。

【中宪第】

各位朋友，现在我们面前的这栋房子是一栋官邸——"中宪第"，其最早的主人是清代同治年间（1862~1874年）的户部主事江桂高。现在住了两户人家，将房子分成了正厅和客厅两部分。

大家看，这院门和大门是两个方向，一个朝南，一个朝东。在徽州地区，因为信奉风水，古时建房有很多讲究。首先，房屋的大门一般是不能朝正南的，因为南方属火。再就是各道门不能开在一条轴线上，房门也是不能互相对开的。大门是一幢房子的"气口"，而大家看到的这堵院墙就正好起了照壁的作用，使得大门里的"气"不至于直泄无阻。

进院门右手的二层木楼，叫"绣楼"，是小姐读书或刺绣的地方。

（进屋）正厅"敦崇堂"是三开二进结构，中有天井。天井的上方是厅（中）堂，是一家人活动最集中也是最重要的场所，因此摆设都十分讲究。中堂上方一般悬挂堂名匾额，中间挂祖宗容像或中堂画。之下是案几（也叫压画桌），正中放自鸣钟，左（东）摆花瓶，右（西）放屏风镜，寄寓的是"钟（终）声（生）瓶（平）镜（静）"的意思。

这里挂的两副对联蛮有趣味："惜食惜衣，非为惜财原惜福；求名求利，终须求己莫求人"；"敦序承桃延世泽，崇儒务本振家声"。这后一副对联是藏头联，把堂名敦崇两个字嵌到联文中去了。

现在我们去客厅看看。客厅以前与正厅是有门相通的，它的左边原来还建有一个落轿间（已改建）。值得注意的是这客厅是中西合璧式的：大家请抬头看，门头上方开了个大窗户，这在徽州以前的民居中是绝无仅有的；两边的百叶窗显然是西洋的风格；正堂前面是百叶门，开合自如，可以按需要调整。这样一来，房子的采光、通风当然比老式的做法要好许多，所有这些在一百多年前都是十分新奇和时尚的。

这里还有一面当年来自西洋的镜子很有意思。不管谁照镜子，影像都很正常，与其他镜子没什么两样，可是如果一点火苗，镜子里就会出现3个火影。不信大家可以试试看。只是到现在为止，大家还不明白是什么原因呢。

【三省堂】

各位朋友，现在大家前往的是1922年重建萧江宗祠发起人之一——江谦先生的祖居。江谦出生于光绪二年（1876年），童年、少年时就熟读四书五经，写得一手好诗文。

我们即将走上的就是江湾有名的"三步台阶"。有趣的是：说是三步，其实只有两步，村人有意把路面也算作了一步。"三步台阶"隐含着"三步金阶"的彩头，步步高升，官运亨通。大家都来走走，但愿这"三步"也能为您带来好运。

我们现在到达的建筑物就是"三省堂"。"三省"出自孔子《论语》中"吾日三省吾身"，也是成语"三省吾身"的由来。用它来作堂名，可见先祖的良苦用心。

这栋房子原有三进，现仅存第一进前堂和后堂灶间。

房子很讲究，进了大门，还有仪门。仪门的中门平时是不开的，进出只走边门。以前，徽州大户人家的小姐一般是"大门不出，二门不迈"的，所说的"二门"，就是这道门。这是一座典型的四厢结构的建筑，全靠天井采光通风，但这正好符合"暗室聚财"的风水理念。

天井下面是天池，四周屋面的雨水全都流入池里，这叫"四水归堂"。在古代水是财的象征，聚水就是聚财。天井里的这口大瓦缸，除了聚财的意思外，还有消防的作用。

这二楼叫作"跑马楼"，四周相通，十分阔大。临天井这面设有"美人靠"，以前大多是小姐们的天地。她们终年待在家里，也只好常常在这里排遣内心的孤寂。民间谚语说"美人靠，美人靠，越靠越美"。可在那个时代，这"美人靠"不知上演了多少凄美的故事。

【滕家巷】

各位朋友，我们现在所在的巷子就是江湾村年岁最老的巷子——"滕家巷"了。滕姓是在唐初云湾建村时就来了，那时村里也建有滕家祠堂。这口井就叫滕家井，也是北斗七星井之一。

明朝末年，滕家出了个"滕百万"，他经商致富，在江湾是首屈一指的。如今，滕姓人家早已迁离江湾，远走他乡，可滕家巷并没有多大改变，"滕百万"的故事还在传说，滕家老屋也留存了下来，那墙砖上的"滕"字依然是清晰可见。

到了清朝乾隆年间（1736~1795年），富商江有炎买下了滕家老屋，并在老屋的南边又加建了一栋客厅。现在，我们就进滕家老屋看看。

滕家老屋，距今已有三四百年的历史了。这堂前铺的金砖、梁枋间的芦苇墙，外露的梁架，还有朴素的方格窗扇，都还延续了明代的做法。

这是一幢一堂两房两阁厢布局的建筑。厅堂两侧是地房，也就是主房间。按照徽州人的传统规矩，父母（主人）住东厢房，儿子和媳妇住西厢房，女儿则住在楼上。徽派民居有多种布局模式，比如回字形、凹字形等，大户人家可以将这些模式单元加以纵横组合，以满足使用的需要。有的甚至组合连接成一个建筑群，十分壮观。

大家请看这天井墙面上的砖也有一个"滕"字。可你们发现有什么不对了吗？"滕"字下面本来应该是个假"水"字，可这却是个"小"字。是不是做砖的工匠搞错了？现在也无从查考了。可江湾的老辈人却有个说法，说滕与藤同音，藤叶泡在水里会烂掉，这对滕家来说是十分忌讳的，所以他们就把"水"字改成了"小"字。

现在我们去看看赫赫有名的白果厅，也就是前面提到的江有炎加建的那个客厅。这栋房屋的梁、柱、板壁和厢门全都是用白果木做的，据说是不结蜘蛛网，也不会有蚊子，村民至今还津津乐道。白果厅在设计上十分讲究，精美的雕饰，幽雅的庭院，凸显出主人的富有与情趣。房子竣工时，江有炎还特意请来戏班唱戏。你们看，这墙上的五个铁环，就是当年唱戏时用来拉布篷用的绳扣。后来，他还请来画师，把唱的戏文也画上了院墙。

这座厅是江有炎会客的场所，也是他平时读书的地方。这块堂匾"澹远轩"，据说是乾隆年间一位叫黄轩的状元写的。一天，他路过滕家巷，见白果厅清静幽雅，便敲门拜访主人，并乘兴题写了"澹远轩"三个大字。澹远就是"淡泊明志，宁静致远"的意思。

【江一麟纪念馆】

各位朋友，现在我们来到的官宅是江一麟的故居，现在辟为纪念馆。江一麟，是明代的爱国名臣，他病死在治理黄河的工地上，终年61岁。江一麟官做到右都御史兼户部侍郎，正二品，因而院落和宅第都比较方正宽大。

这院门，叫门亭，还设置了专供来访人等候休息的木条凳，这在一般民居中是不多见的。但明代的房子，一般雕刻人物较少，风格简约，不像清代康乾盛世以后，华丽而又烦琐。这幢建筑后代进行过维修改建，但格局大体未变，也还保留了当年的一些做法，装饰朴素，端庄而不奢华。

房屋的正堂叫"敦伦堂"，有敦亲睦族、崇尚教化的意思。大家请仔细看看天井下的明堂坑。它的形状看上去像不像一把旧时的铜锁？为了"锁"住屋里的"气"，房子的设计者和工匠们可谓是别出心裁。

这中堂挂轴，便是江一麟的画像。他一生为官27年，廉洁自守，为政勤勉，深受百姓的爱戴。病逝后，皇上赐葬回乡，还派遣徽州府知府专程到江湾吊唁。

【一府六院】

各位游客朋友，这片废墟就是有名的"一府六院"遗址。它原来可是江湾最大的一处建筑，建于明代末期，占地广，楼层高，雕梁画栋，精美无比。整体上它像是一幢，但其实是6栋房子，每栋房子都有天井、正厅和不少房间。它们之间有封火墙和火巷隔开，但彼此又有小门相通相连，像迷宫一样，往往进得去，出不来。江湾人之所以把这里叫"一府六院"，一是形容它大，二也可能是借用了徽州一府六县的意思。

【江仁庆宅】

各位朋友，现在大家看到的是江仁庆宅，是清末民初一位在上海经商发了大财的商人江仁庆建的。

房子的砖雕门楼很值得一看，楼、台、亭、榭，雕刻得玲珑剔透，细腻精美。人物造型神态逼真，花鸟虫鱼栩栩如生，称得上砖雕中的精品。

请大家试试看，这扇门是不是关不拢？是木匠没造好吗，当然不是。这其中的用意有很多传说：有一种说法是，这栋房子会出一位大人物，要等到这位大人物荣归故里，才可以将门板修好关上；还有一种说法是，祖宗希望后人出人头地,如果儿孙们没有衣锦还乡,就永远不关门。听起来似乎有点道理,因为没有哪家会做扇关不拢的门,那岂不是有安全隐患?其实这种做法在婺源一般用在边门上。边门也叫"柴门",挑柴担水只要轻轻一挤或一拨就行,进出自如。晚上,用根门撑顶住即可,跟"夜不闭户"差不多。但像这栋房子的大门这样做,真是找不出几家,也许还是为了安全,因为门重叠一点,就可以避免用刀一类的工具插进门缝拨开门闩。

请大家看看这建筑物的墙角被削掉一个角,这在婺源很多村子都可以看到。一般来说往往是在街巷的拐角处,墙角往里退让些,是为了让那些砍柴挑担的人转弯时方便通过。从这点可以看出,徽州人和睦乡里、礼让为先的淳朴民风无处不在。

请大家再看看这堵墙的下半部,墙体外加砌了 13 块大青石板,这种做法在婺源十分少见。也许是这堵墙后面的那间房放了金银财宝,怕贼人打墙洞偷盗?或是有其他什么用途,那只有江老板自己知道了。不过村里人倒是有个说法,说江仁庆当年 13 岁不到就出去做生意了,所以最后一块石板有意做得短些。徽州有句民谚:"前世不修,生在徽州。十二三岁,往外一丢。"意思是说:徽州人多地少,男的往往还是懵懂小孩的时候,就要背井离乡,到外面去讨生活。这 13 块石板也许是这个意思,不妨也算是一说吧。

各位游客朋友,江湾我们就参观完了,相信大家对江湾的历史文化和自然景观都有了初步的了解。但如果你有机会再住上几天,走进江湾人的生活,去感受一下丰富瑰丽的民俗文化,体验一下宁静惬意的乡居生活,那一定会别有情趣。欢迎大家再来江湾!

九、大觉山景区导游词

(一)大觉山景区概况

游客朋友们,欢迎大家来到"神山圣水、觉者天堂"的大觉山风景区。

大觉山风景区于 2002 年年底投资开发建设,2006 年正式对外营业,2017 年被评为国家 5A 级旅游景区,是抚州市首个,也是目前唯一一个国家 5A 级旅游景区。先后荣获"江西新赣鄱十景""中国十佳休闲旅游景区""最佳国际休闲旅游名山""国家级水利风景名胜区"等多种荣誉。大觉山位于江西抚州资溪县,武夷山脉西麓,东靠武夷山风景区 130 千米,西接福建泰宁大金湖风景区150千米,北邻江西龙虎山风景区70千米,占地面积204平方千米。大觉山形成于晚中生代时期,经过3亿多年的陆地发展演变。景区山峦苍郁峻拔,溪流清澈萦回,以其罕见的绿色植被、深厚的佛道文化和丰富的野生动植物资源被专家誉为"华夏翡翠,觉者天堂"。

大觉山被誉为"天然氧吧、动植物基因库"。大觉山景区地处亚热带季风湿润气候带,气候条件优越,为生物群落创造了良好的生长条件。景区分为东区和西区。东区是以200平方千米原始森林为核心的原始森林旅游区,森林覆盖率高达97.43%,空气中负氧离子平均每立方厘米达3万个,被专家誉为"天然氧吧、动植物基因库",被国家林业和草原局定为华南虎野化放归基地。因此,这里汇集了1498种动植物,国家一级、二级名贵保护动植物高达40余种。西区是以宗教文化、峡谷漂流为主体的综合型旅游景区。

大觉山带大家穿越大宋繁华商都。大觉山古镇凌空而建,建筑为形、文化为魂,融入一河三街六巷九府五十铺,再现大宋风骨,集观光休闲、文学创作和影视拍摄等多种功能于一体,总占地面积为4万平方米。大觉山古镇是30集电视连续剧《天仙配后传》的拍摄取景地,影视城建设总投入资金1.8亿元。漫步大觉山镇,仿佛穿越了时空隧道,回到了千年前的大宋繁华商都,领略宋代人的真实生活。

大觉山是"浮屠圣地,觉者天堂"。大觉山中的觉,源于佛教中的佛陀,指有觉悟的修行之人;大觉者,则是大觉大悟、达到最高修行境界的圣贤。大觉山是国内首个以大觉文化为主题的景区,是世界佛教与自然文化大公园。"自古名山僧占多",据史载,东晋咸和元年(326年),有僧人在此建莲花山狮子岩庙。300多年后的唐朝贞观年间(627~649年),杭州灵隐寺大觉禅师云游江南,来到大觉山后,感叹于山景的壮丽不凡和环境的清幽,又在岩洞内修建观音道场,弘扬佛法。大觉禅师离开之后,又有园觉大师来此当住持,园觉大师为了纪念大觉禅师,将狮子岩庙改名为大觉寺,大觉山也因此而得名。

各位朋友,请跟随我的脚步让我们深入了解大觉山景区。

(二)大觉山主要景点

1. 大觉山古镇景区

大觉山古镇在官驿站和大美亭两岸,沿峡谷建造,是游客旅游观光的绝佳胜地，主要景点数量众多。

【山门石景观】

一进入古镇，首先映入大家眼帘的是山门石景观。"大觉山"三个字是中国书法协会、中国佛教协会洪海老师所题写，字体遒劲，气势磅礴，鲜艳夺目。

沿着曲折的走廊，一边观赏着山色，一边聆听着瀑水喧腾。巨大的屏幕上，播放着《天仙配后传》。

大觉山古镇依山傍水，建筑错落有致，在高山峡谷中打造成一谷三街六府九巷一殿一苑五十铺，沿街道两边布置。建筑物是统一颜色的1~2层的仿宋风格，建有东西城门、廊宇拱桥、楼阁亭台、神殿府衙、商铺集市、茶楼客栈等仿古建筑，美轮美奂。建筑墙体采用立砖斗砌，檐椽、飞椽、望板均用老杉木制作，栗壳色油漆。古镇内设专业表演团队和各种互动游戏，再现了大宋商都的繁华景象，游客来到这里，可以深度体验宋代的风土人情和生活习俗，感受时空穿越。

古镇根据四星级标准打造了近80间客房，很多客房都设有天窗，让您实现"打开天窗说亮话"的美好愿景，当然我们的客房也按照国家级水利风景区的标准配备了节能环保型的水循环空调。

【古戏台】

走进"状元及第"门楼，左前方有一座气派的古戏台。

戏台约200平方米，台基高约1.5米，四周用大觉山特有的青砖、麻石垒砌，四根粗壮的樟木立柱支撑着尖顶雕龙、六角飞凤的屋架。宽大的古戏台，配备了灯光、音响，游客可点歌。舞台对面设置了大理石观众席，可容纳400名观众，二楼设有包厢。

每逢观世音菩萨生日时，大觉山镇便会举行庙会，商贾云集，比过年还热闹。遇上端午、中秋、春节等重大节日，大觉山镇的乡亲们都会在这里演出古装戏以示庆贺。

时代让古戏台焕发新风采。2016年4月，大觉山景区在此面向全国遴选大觉山镇镇长。今后这座古戏台综艺演出将常态化，重回往昔繁华。

【飞来居】

沿着一段台阶向上，就能来到古镇内风格极为独特的一处院落——飞来居。推开大门，一座精致的凉亭出现在眼前，左右两边分别是可以入住的古色独栋住房。飞来居院子中间以多彩的油纸扇为装扮，与山体和绿植相呼应，在这拍下一张照片，美丽值直线上升。

【董永家】

我们现在来到的就是董永家了，位于大觉古镇河的北岸。当年七仙女被抓回天庭20年，宁愿被剔除仙籍也要与凡人董永结为夫妻，来到大觉山这方仙山福地团聚，并且为爱忠贞，大家说这是不是就是一种大觉呢？这是一个古朴的农家小院，当年拍摄《天仙配后传》的各种影视道具都还在。

董府中间是庭院，两边是套房。西套房有卧室，连着餐厅和厨房。董永以教书为生，书房内陈设古雅，纸墨笔砚，井然有序。书塾之上，之乎者也，童稚诵读，摇头晃脑，甚是有趣。七仙女以织布为活，因此里面设置有一台古老的织布机。院外有寒窑景点、大型水车和一座木质曲桥，构建了一幅夫妻恩爱、幸福美满的生活图景。

【吴府】

电视剧《天仙配后传》中董永与七仙女恩爱和谐，不料天神吴冲天也在大觉山镇。吴冲天纠缠七仙女，制造一系列事件来陷害董永一家。吴冲天设法控制七仙女的丫鬟玉珠，让玉珠勾引董永，产生家庭矛盾，又逼董永写休妻书，强逼七仙女在吴冲天家受难。但七仙女和董永为爱坚守，最后王母娘娘和七仙女的六个姐姐一起下凡来到大觉山，在董永和七仙女的儿子董天生的协助下，经过一场惊心动魄的斗争，终于战胜了吴冲天。

大家顺着台阶往上看，这座古镇里最豪华气派的建筑，就是吴府。吴府是《天仙配后传》中天神吴冲天的府邸，占据在大觉山镇中部最高处，景色优美，从易经风水学上来说，吴府总揽全局，独占鳌头。好的府宅要有龙脉，吴府处处见水，水从天湖而来，只入内不外流，是聚财之意。一步入吴府，它的奢华富丽令人震撼。院中建有大天井，庭院中分别建有三个花园、两个凉亭、东房、西苑。东房大厅富丽堂皇，接待贵客；西苑是宗族大堂和主卧；二楼东房、西苑有七间大正房，两边厢房耳房四通八达，整个大宅院气派非常。

古镇打造了四星级宾馆，吴府就是其中最豪华的套房，游客朋友住在这里，也寓意着今后财源广进，幸福的生活源远流长！

【府衙】

朋友们,现在看到的这座布局对称、庙基高耸的宏伟庙宇是大觉山镇的府衙。

府衙正中间是主殿大堂,是官老爷主持政事、审理案件的地方。东西两侧各有一个偏殿,东殿是官老爷和仆役们的居室,西殿是公使库、军资库等。县衙大门外设置石狮子、门墩、门鼓(俗称"喊冤鼓")等要件,使得县衙显得格外威严、壮观。公堂内最惹人注目的是官员身后的那幅"日出东方"图。此图意在劝诫官员应"清如海水,明似朝日"。图的上方悬挂一块"明镜高悬"横匾,警示官员要明察秋毫,秉公执政。

【官驿亭】

官驿亭看似普通,但是作用可不小。它位居古镇中央,衔接了古镇各个建筑,为往来的游客提供了休息的场所。更重要的是,它位于漂流中段,这里水流相对平缓,漂流的游客可以稍作休息,而且这里还是唯一一个可以更换漏气皮筏艇的地方。

【赏春苑】

南宋著名女词人朱淑真,是朱熹的侄女,与李清照齐名。朱熹游历过大觉山,朱淑真也在年轻时游历了大觉山,写下一首赏春词,抒发失恋的悲愁。原来朱淑真在少女时期曾有过一段幸福的自由婚恋,后来父母强迫她嫁给了一俗吏,两人志趣难合,朱淑真唯有寄情山水排解心中痛楚。

时值春日,朱淑真来到大觉古镇,在一家酒楼喝酒买醉。斜风细雨、春寒料峭,勾起了她对美好往事的回顾。触景伤情,朱淑真便在酒楼里写下了《江城子·赏春》一词,上阕为:"斜风细雨作春寒,对尊前,忆前欢。曾把梨花,寂寞泪阑干。芳草断烟南浦路,和别泪,看青山。"

这首词一下子传遍了大觉山和全县,于是,这栋楼便改名为"赏春苑",后来渐渐发展为青楼春院。据说,"花仙"吕洞宾也是赏春苑的常客。

【"状元及第"牌坊】

说到"献宝状元府",咱们现在就到了古镇西门的"状元及第"牌坊。这座牌坊是董永和七仙女的儿子董天生高中状元时建造的,当时董天生荣归故里,骑马游街好不威风。

【朱崖】

大觉古镇东门右前方这座尖尖的山峰叫朱崖（朱姓的朱，山崖的崖）。它高耸险峻，即使在十几里之远的县城之内，也清晰可见。

其实，朱崖原来叫猪牙（猪八戒的猪，牙齿的牙）。后来，王安石来大觉山游玩，觉得"猪牙"的名称不雅，便改名为现在的"朱崖"。

我们进大觉山门前有一村叫朱崖村，也是根据此峰而取名，该村自古人才辈出，古有挺身为族解难的少年傅孟达，也有为民请命、奏请改泸溪漕粮为折色（即不交实物，改为折银）的进士傅彤；今有企业翘楚傅光明、傅芬芳父女。该村自古以忠义传家，文化厚重，值得一看。

【"奇灵"摩崖石刻】

距离大觉山峡谷漂流起点站约200米，往对面山崖下看，一处崖壁上刻着"奇灵"两个横排大字，长2.5米，宽1米多，字迹清晰，线条粗犷古朴，旁边有小字落款。据考证，"奇灵"两字为清代大学者吴调元所书。吴调元曾编纂《古文观止通鉴》而名噪一时。

"奇灵"意为奇异、灵动。大觉山以奇异灵动的景色展示给游客，自古就吸引了无数文人墨客到此登山悟道，吟诗作赋，留下墨宝。

【大觉明珠宫】

游客朋友们，现在我们到达的是大觉明珠宫。整个明珠宫是以宫殿外形示人，整体是仿宋建筑造型。明珠宫外，名为"时来运转"的风水轮上刻有"神山圣水 觉者天堂"字样，在水槽中不停转动，极具观赏性。

走进宫内，大家一眼便被吸引的就是——大觉明珠（发掘于缅甸，打磨于广西），它直径1.81米，需要四个成年人才能环抱，重10.08吨，莫氏硬度为4~4.5，通体为翡翠绿色，圆滑而光润，就直径、重量和价值远远高于之前的社会上出现过的夜明珠。2019年9月13日，经世界纪录认证机构（WRCA）认证为世界上最大的夜明珠！是大觉山的镇山之宝！

这颗夜明珠白天观之呈墨绿色，宛如一颗硕大的翡翠珠，光泽透亮，珠圆玉润。当灯光开启时，强烈的光线360°无死角地照射在夜明珠上，圆润的球体散发着透亮的光泽。而最神奇的是，大家可以从不同的角度看到它发出的36彩、72霞和108光（开灯），让游客不禁感叹夜明珠魅力十足。

当夜晚来临或是灯光暗去，吸收了光线的夜明珠自身会散发光芒。在全黑的环境里，夜明珠通体散发莹绿光芒，犹如明月，淡淡的光亮沁入人心。这种荧光，甚至足以照亮书本上的文字！

据史籍记载，史前炎帝、神农氏在上古时期就已发现过夜明珠；春秋战国时代，出现的"悬黎"和"垂棘之璧"，价值连城，可比和氏璧。广为人知的随葬于慈禧太后嘴中的夜明珠，是一块具有近似球形形态、称重约787.28克拉的金刚石原石，1908年估价1080万两白银，约相当于现在8.1亿元人民币。

在大觉明珠问世之前，号称世界最大的夜明珠是一颗出自我国内蒙古的直径1.68米、重6吨的夜明珠，业内估价22亿元人民币，曾于2010年11月21日在海南侨乡文昌市宝玉宫首次公开展出。

据研究发现，夜明珠本身具有荧光和磁场，不仅有发光、驱蚊的作用，对人体也具有安神和理疗身心的功效。相信来到神山圣水、觉者天堂里的你，接触到大觉明珠，更能大觉大悟，身心安康，好运常在！

2. 大觉山索道景区

游客朋友们，进入大觉山索道景区，便能从高空视角领略大觉山的自然美，索道总长1368米，落差389米，又称为大觉山天路。乘坐索道在半空中饱览天湖、王母娘娘石像、神仙吕洞宾石像、七仙女丫鬟玉珠石像等自然美景，令人心旷神怡。还可以看到令人羡煞的"世纪之吻"石，大家一定要睁大眼睛寻找。

【天岭】

朋友们，我们已抵达索道起点站，将乘坐缆车前往灵魂的所在——莲花峰大觉岩寺。还有另外一条到达大觉岩寺的道路，就是往左步行攀登的天岭。

攀登天岭要经历108个弯道，2420级台阶，其中到半山亭1055级台阶，从半山亭下山抵达莲花峰山脚，有1365级台阶。攀登大觉寺，岭岭皆辛苦，步步也维艰，犹如登天之感觉，故得名天岭。

【扇石传说】

现在看到右前方矗立着一块威武雄壮的石柱，这个石柱叫扇石，又叫双鸽石。

传说两个神仙游大觉山，天气异常闷热，神仙不耐烦。正好飞来一对鸽子，神仙将手一招，把鸽子抓在手中，对鸽子说："借你们翅膀当扇子用，解解闷热。"鸽子本不愿，但两个神仙不由分说，作个法，让两鸽子变成自己会扇风的扇子。二仙一时凉快，谈天说地，好不尽兴，居然忘了两只鸽子，双鸽就变成了这块巨石，鸽不鸽、扇不扇，永远矗立在此。人们也不知是该唤作双扇石还是双鸽石，不过人们相信，自从有了这座扇石后，大觉山才清风不断，成为避暑的好去处。

其实，这个石柱从不同的角度看有不同的形状，印证了苏轼的那句诗："横看成岭侧成峰，远近高低各不同。"从现在的角度看，您觉得它像什么呢？

【天廊（太空步廊）】

来到索道上站，抵达大觉岩寺有两条道，往右走天廊，往左过"天桥"。天廊又叫太空步廊，在两座山崖峭壁之间用钢筋铁索搭建，上面铺设透明有机玻璃，长100米。走上天廊，您是不是心脏怦怦跳，脚下有一种凉飕飕的感觉，担心自己脚底无根、打滑跌倒呢？我们的安全措施您尽管放心。现在，您可以大胆享受这太空漫步的感觉，享受一种神仙云游天空的情调，还可以回味您婴儿时在摇篮里的感觉。

【天桥】

传说很早以前，大觉山人走到这里的时候，天岭就断了，要想登上莲花峰就没路了。大觉山采药者架设了锁桥。后来，天庭一位恶神被贬下凡间，来到大觉岩，化身为狮子精，毁掉了锁桥，无恶不作，称霸大觉山。狮子精后来被佛祖和观音菩萨合力制伏，压在了南天门下，狮子张开的大口就是现在的大觉岩。观音娘娘临走，将山崖点化出一块仙女石，供人们通过，人称"天桥"。

【观音佛像】

天桥之下，有一方祭拜台，正对着远处山崖上巨幅观音佛像。观音佛像建于海拔758米的高崖上，头高39米、宽26.8米。传说观世音菩萨为了镇住一只从天庭下凡的狮子王，遵从如来的号令和其他各路神仙一起来到大觉山制伏了这只无恶不作残害民间的狮子王，并且化身在此地守护百姓。

庄重慈祥的观音菩萨像巍然耸立，执行如来佛祖的法令，在大觉山统领三界，救苦救难，确保臣民平安，是大觉山最受敬仰的菩萨和守护神！

【小蓬莱】

站在天廊上，往天湖上游望去，有一个小洲雄踞湖水之中，树木苍翠，风景如画，形如蓬莱仙岛，人称"小蓬莱"。

传说吕洞宾云游南天，发现大觉山风景秀美，四季鸟语花香，于是决意隐居大觉山。一天，山风徐徐，阳光明媚，他往下一望，万壑幽谷之中，湖水如镜，中间竟有一个小岛。他马上驾临到小岛上，湖光山色美不胜收。他一时高兴，就在小岛上一边喝酒，一边舞剑，尽情吟唱："人生得意须尽欢，莫使金樽空对月。""仙境怎得比大觉，长风歌舞镜湖月。"后来，他邀来八仙，在岛上白天醉酒欢歌，晚上赏月吹奏，好不快活，一时小岛之上，胜似人间仙境。

3. 大觉岩寺景区

大觉岩寺始建于东晋咸和元年（326年），距今已有1700年的历史，唐代高僧杭州灵隐寺的大觉禅师避世离尘，曾云游至此，参禅礼佛，大觉岩寺由此得名。寺院由大雄宝殿、地藏殿、观音殿、伽蓝殿等七部分组成，形成儒释道三教合一的综合型寺庙，是大觉山景区的灵魂。寺庙西侧的"八仙阁""读书岩"，特为奇妙。

【天岩（大觉岩）】

大觉岩最初叫狮子岩。传说中大觉山有一只天庭下凡的狮子王，在大觉山地区残害三界，无恶不作，弄得民不聊生。如来佛祖为了制伏狮子王，号令天上的菩萨和神仙都下凡来到大觉山，共同将狮子王收禁。但狮子王法力超群，各路佛祖、神仙到此都制伏不了狮子王。后来如来佛祖亲自下凡到大觉山，狮子王正在酣梦中，如来佛祖号令八仙偷袭狮子王，八仙便悄无声息，并共同发力压在狮子王身上，观世音展身施法，搬起南天门、姻缘亭压在它身上，天街压在尾巴上。狮子王惊醒后张嘴大吼，如来佛祖吹出一口仙气，制伏了狮子王。从此，形成了大觉山的一个深69米、宽99米、高19米，极为罕见的花岗岩洞穴。无论是远看还是近瞧，它都是一只张着大口的巨狮，所以最早叫狮子岩。

【莲花峰、"八地"】

大家请向四周看看，八座山峰依地而立，形似莲花，将大觉岩寺包围在正中，大觉岩寺所在的山峰就被称为莲花峰，是大觉山的主峰。这八座山峰也被称为八地，依次为：莲花峰——大觉岩寺所在的山峰；神龟峰——形似神龟，守护"大觉者"；笔架峰——莲花山正南方的两个陡峭山峰，是"大觉者"的文案台；翠屏峰——莲花山西南部连绵起伏的青山，是"大觉者"的绿色屏风；将军壁——位于莲花山西北部，山峰石壁高大威武，宛如将军把卫；文曲壁——位于莲花山西北部，山峰石壁平直如书，宛如天书启凡；叠罗峰——位于莲花山北部西侧，山峰石壁层层叠叠，形似十八罗汉围绕；金刚峰——位于莲花山北部东侧，山峰高耸挺拔，形似金刚护法。

【山门】

现在请大家随我走进山门，寺庙清净地，大家切记不要大声喧哗、不要击打里面的法器。因"天下名山僧占多"，佛寺一般多建造在山林僻静处，远离"红尘"，故寺庙的门称为"山门"。它通常为三间，所以又叫三门，中间为空门，右边为无作门，左边为无相门。空门表示诸事无常，一般是在诸山长老、有德行的和尚或是重大事情才打开，所以大家请往偏门进去。

【将军石、神女石】

大觉岩寺门口矗立的这座高大的岩柱，好似一位英俊威武的将军，叫将军石；东侧山崖边伫立着一座亭亭玉立凝神眺望的石柱，叫神女石，又叫西施望月石。传说它们是春秋时期越国谋士范蠡和美女西施的化身。

相传范蠡辅佐勾践复国后，为躲避勾践的追杀，携手西施浪迹天涯，最后到了大觉山，逃过了勾践的追捕，在大觉山过着安宁的生活直至终老，死后化为两座高高的岩石——将军石和神女石，守护着大觉岩寺。

后来，观音娘娘就把神女石移到了山巅东侧、南天门下，面朝西北方，范蠡的化身将军石还留在原处。

【天王殿】

我们来到的第一殿是"天王殿"，中间这座大腹便便的佛像便是弥勒佛，俗话说"大肚能容，容天下难容之事；笑口常开，笑天下可笑之人"！讲的就是弥勒菩萨了。还有一说，就是"拜大肚弥勒，笑口常开，烦恼无踪"，大家不妨拜一拜。这左右两侧的是"四大天王"，是佛教的护法神，分别是东方持国天王、南方增长天王、西方广目天王、北方多闻天王。四大天王，俗话叫"风调雨顺"，保佑我们国泰民安，百姓生活安居乐业。

弥勒佛背后这位少年武将形象的便是寺庙里的另一位护法神——韦驮，

又称韦驮将军。他双手合十将杵搁于肘间,表明该寺是允许外来僧人在此吃住的。

【大雄宝殿】

出了天王殿我们现在所到的便是寺庙的正殿——大雄宝殿,又称大殿。大雄,是大智慧、大无畏的意思,是对佛祖的尊称。大雄宝殿就是供奉佛祖的地方。这里供奉的是横三世佛(也叫三方佛)。正中这位为娑婆世界(即我们人类现住"秽土","娑婆"为"堪忍"之意)教主释迦牟尼佛,右侧为东方净琉璃世界教主药师佛,左侧为西方极乐世界教主阿弥陀佛。大殿周围是罗汉。

大家有没有发现,这根石柱,像中流砥柱一样支撑着这座岩洞,它像不像一棵树呢?不错!就是菩提树,也叫"无忧树",相传佛祖就是在菩提树下诞生的,也是在这棵树下悟道成佛的,所以,它也是佛教的"圣树"。

【地藏殿】

大家请随我往这边走(左边),这里就是地藏殿了,正中这位是地藏菩萨,在佛教四大菩萨中,地藏菩萨的愿力最深,所以也叫"大愿菩萨",因其发愿"地狱不空,誓不成佛,众生度尽,方证菩提"!所以其实地藏王目前还是菩萨。地藏王左右两位是他的侍从——闵公和道明。下面这四位就是四大判官。这左右是十殿阎罗,我们通常所说的阎罗王指的是这第五殿阎罗包拯!

大家看,在地藏王身后的这位是达摩祖师,仔细看看,在达摩祖师额头正对着的那里,是不是像一位老者的脸,下面白色部分为袈裟,手中还持有锡杖,这正是地藏王,相传他是活了99岁的。殿堂的顶部还布有九条龙纹图案,而这座佛龛本身就是一条龙。

【伽蓝殿】

伽蓝殿,供奉的伽蓝神即关羽。在儒、释、道三教都有供奉他。在孔子创造的儒教里面被誉为"仁、义、礼、智、信"的践行者和化身;在中国土生土长的道教里被尊称为北极中天紫薇大帝,掌管天地经纬,同时也被中华儿女尊奉为武财神;在佛教里被尊奉为佛教龙天护法中的伽蓝菩萨之一。

【观音殿】

观音殿,正中供奉的是观音菩萨,左右为龙女和童子。龙女是二十诸天之一婆竭罗王的女儿,自幼聪明异常,八岁的时候已经智慧通达,善根成熟。她常听文殊菩萨讲说《法华经》,就在法华会上,当众修成了正果。善财童子是福城长者五百童子之首。他出生的时候,有种种珍宝涌现,所以取名"善财"。文殊菩萨路过福生城,看出善财有慧根,就指点他去南游110城,拜访53个善知识,最后将会遇到普贤菩萨,得成正果。当善财童子"第27参"遇到观音菩萨时,得成正果。于是,做了观音菩萨的胁侍。

大家有没有看到这边的孙悟空,他正虔诚地向观音菩萨朝拜,在《西游记》中,孙悟空和唐僧他们师徒四人,历经九九八十一难后,最终取得真经,孙悟空也被观音菩萨感化,皈依佛门。

其实,大家仔细观察,会发现这洞龛中其实原本就有孙悟空,观音菩萨也在此。

大家请往这边看,这里供奉的是送子观音,"送子观音"的形象,是由中国佛教信徒们创造的。据说,中国晋朝有个姓孙的益州人,年过50,还没有儿女。景平年间(423~424年),一位和他相熟的和尚对他说:"你如果真想要个儿子,一定要诚心念诵《观世音经》。"孙氏接受了和尚的建议,每天念经烧香,供养观音。过了一段日子,他梦见观音菩萨告诉他:"你不久就会有一个大胖儿子了。"果然不久,夫人就生了个胖乎乎的男孩。大觉岩寺的送子观音很灵验,相传我们资溪的大文豪——李觏的父亲婚后多年无子,于是便来到这里求子,结果真的就求到了,他就是李觏。

【斋苑】

斋苑在大觉岩寺广场下方,往下一层就到了。

斋苑是大觉山"九天"景观中的过渡部位。您梦寻九天历经艰辛,最后抵达大觉者身边,参拜了大觉者。现在回到大觉岩,来到了斋苑,还要通过斋食表达一心向佛的坚定意志。

斋苑的饮食为纯天然绿色素食,用水全部来自山顶泉水。在这里您可以一边欣赏美景,一边尽情享用大自然献给人类的最原始、最天然的各种食品,既充饥,提增能量,也洗涤脏腑,让您一身轻松,以便稍事休息,下山挑战峡谷漂流。

【天泉(聪明泉)】

在大觉岩寺地方神殿里面的岩壁下有一眼泉,原来叫油泉和米泉。

传说，观音菩萨曾在大觉岩寺修行，朝拜者络绎不绝。寺庙远离人家，食宿不易，观音用手一指，洞中便出现两个泉眼，一个出米，一个出油，以朝拜的人数为限，没有富余，所以称为天泉。

观音走后，一个和尚起了贪念，趁大家睡后，偷偷地挖这两眼泉，想挖大一点，出更多的米和油，偷去卖。谁知这一挖连一点米和油都不出了，只出清泉，供人解渴，直到如今。千百年来这股清泉一直涓涓流着，传说喝了此泉水，人会变得更聪明。因此，"天泉"又叫聪明泉。家中有读书人的香客，不顾路途艰难，都要求一杯聪明泉水回家给读书人喝。

【八仙阁】

大觉岩的左手边有条小道，前行约百米即到神仙读书洞，又叫八仙阁。洞口矗立着八座石峰，石峰顶部是八仙的头像。他们是怎么来的呢？

原来，喜欢清净的观音菩萨特别钟爱大觉山这方人间净土。她在这里开凿了一个石室，作为藏经密室。观音每天早晚坐在小耳洞下，面朝西方极乐世界诵经打坐。

到了唐朝，观音来得少了。八仙中的韩湘子云游到大觉山，喜爱观音藏经洞，就选择这里避世修行。后来，韩湘子邀请八仙中其他七仙来这里谈经论道，饮酒作诗。慈悲为怀的观音菩萨知道八仙喜爱藏经洞后，就把这个洞给了八仙，要求八仙好好爱护藏经洞，爱护大觉山和大觉山的子民。

八仙各自的头像立在洞外的石峰上。天长日久，头像都坍塌了。如今，景区复原了八仙的头像，就是大家现在看到的。

【神仙足印】

大觉岩寺东侧50米处的路边崖壁上，有一个很大很深的足印，是关公的赤兔马成仙后留下的足印。

传说关羽死后，赤兔马绝食而亡，它的忠烈精神感动了一位天神。天神吹出一口气，让赤兔马复活了。赤兔马偷走了关羽的首级，来到大觉山，累得气喘吁吁，晕倒了。天神来到跟前，将关羽的首级掩埋在一个秘密岩洞下，再吹出一口仙气，恢复了赤兔马体能。神仙骑上赤兔马，神鞭一打，赤兔马两只前足跃起，右足踏在了山崖上，留下一个深深的印痕，左足腾空而起，跃上了山顶，腾云驾雾而去。赤兔马成了一匹仙马，在天庭活上千年。

大觉岩建寺后，关羽一直都是大觉岩寺供奉的一尊天神，被誉为"三界伏魔大帝""神威远镇天尊关帝圣君"。但关帝的首级到底埋藏在哪，成了一个永远的谜。

另一传说是：这只脚印是一千多年前大觉禅师修成正果时留下的脚印。禅师在大觉岩寺修行四十九年，修成正果后，成为一代禅宗，具备了超凡的法力，成为大觉者。莲花峰犹如一朵硕大的莲花，大觉岩寺离山顶还有一百米，禅师右脚一步跨到了半山腰，用力一蹬，在崖壁上蹬出一个深深的脚印，左脚一步跨出了天外，腾空而去，仙化了。这就叫"半山留脚印，一步登天庭"。

【不老松】

在大觉岩寺东侧百米处悬崖上，有一棵屈曲盘桓的苍劲古松，人称"不老松"，又叫"万年松""迎客松"。

传说这株不老松是太白金星的化身。太白金星云游到大觉山，发现了这处美景，只可惜周围都是光光的岩石，一绿不挂，一物不生。太白金星就用佛帚向南海一招，一对美丽的朱雀仙鸟就从南海南山上采下九十九颗松子，不远万里飞到大觉岩。按太白金星的指点，朱雀们把松子撒落在了大觉山山顶。南山松子本身就有灵气，再加上朱雀口中含过，沐浴了仙鸟的灵光，一撒下去马上颗颗发芽生根，挺立在美丽的大觉山顶上。这株万年松就是其中最奇特的一棵，奇妙地在岩缝中发芽生长，长了上千年，长到了四米多高，也不粗壮。

【镜石】

神女石的下方，有一块两平方见方平整的岩石，传说是西施梳妆打扮的镜子。

西施跟随范蠡来到大觉山，就此长居，一为躲避追杀，二是很喜欢大觉山这方僻静的人间仙境。夏天，她每天到天湖沐浴；冬天，她也用天湖的水洗漱，每天对着镜石梳妆打扮。

大觉山的善男信女很崇敬西施这位非凡的爱国女子，更为西施隐居大觉山几十年而倍感荣耀。在他们心里，西施是永远的美女，西施没有死，永远活在人们心中。

【天台（南天门）】

出寺庙，在五颗星难度的登山天梯上攀爬，筋疲力尽之际，但见头顶汉白玉打造的一座大型平台在阳光下熠熠生辉，离天三尺三的南天门便已来到了眼前。

天台海拔1100米，位于大觉岩寺的东方，意为太阳升起的地方，是拜祭天地的重要场所。它依照"天圆地方"的中国传统文化元素规划设计，由四根方形汉白玉图腾立柱组成，四周是汉白玉栏杆。

南天门是天界的大门，是人界和神界的分水岭，直通天庭的灵霄宝殿。有数十位镇天元帅，外加四大天王值守把关。

传说大觉山的狮子精是个妖法无边的恶神，八百罗汉奈何不了他，镇守南天门的四大天王也斗不过狮子精。最后，如来佛祖来到大觉山制伏狮子精，把狮子精压在了南天门下。

【天界（大觉者）、天坛】

在天台往北眺望，海拔1228米的大佛山，高耸入云，气势恢宏，它是大觉山风景区"九天"中的"天界"，即大觉者。

大觉山景区规划在大佛山自然山体上稍加人工修饰，显现出高108米的"大觉者"的头像，神威壮观，气势恢宏。"大觉者"是"大地之子、元始天尊"，是天人合一、天人和谐、佛传百世的祥瑞之兆。

景区还将在大佛山下方的一个山头平地上修建一座天坛，距大觉者约300米，是礼拜大觉者的场所。天坛也采用天圆地方的古建筑风格，由多个小正方形拜佛台通过步阶连接起来，朝向大觉者的方向。

【天街】

跨过南天门这座天界的大门，您就可以"一步登天"，到达"天街"了。"天街"地处大觉者（天界峰）和莲花峰之间，是传说中观世音菩萨施法搬来南天门、姻缘亭镇压狮子精的地方，狮子尾巴便形成了天街，天街后来成了神仙聚会之所。

天街既有民间闹市般的繁华，又有仙境般的美好与空灵，让您真切地感受到大觉山是人类梦寻回归的家园。

【水帘洞、神仙床】

大觉岩对面有一座高峰，高峰下有一个"水帘洞"。水帘洞整日流水哗哗不断，轰鸣之声响彻整个大觉山。

这个美丽的水帘洞原来是孙悟空和他子孙们的家。孙悟空护送唐僧赴西天取经，猴儿们才各奔四方。水帘洞每到春夏之际飞流不断，瀑布高数十丈，非常壮观。

【神龟问天】

在发财泉下方不远，仰头往山崖上看，能看到一座高高的岩石，仿佛一只巨大的神龟仰起脑袋，伸长脖颈，作仰天长啸状，仿佛向天叩问着什么。这座岩石叫神龟石，又叫神龟问天。

各位游客，大觉山，有看不完的风景、讲不完的故事、品不尽的文化、尝不尽的美食、思不够的花开花落、想不够的云卷云舒。今天，我们的大觉山之行就要暂告一段落，希望大家可以把大觉山的佛气和灵气带回家，也期待与大家的再次相聚。

十、龟峰景区导游词

（一）龟峰景区概况

游客朋友们，欢迎来到江西龟峰景区！

龟峰，又称圭峰，位于江西省弋阳县城南信江南岸，东距上饶市 60 千米，西距鹰潭市 35 千米，地处三清山、龙虎山和武夷山之间。龟峰是世界地质公园龙虎山—龟峰地质公园和世界自然遗产"中国丹霞"的组成部分，是国家级风景名胜区、国家 5A 级旅游景区、国家森林公园、全国爱国主义教育示范基地。因整座山体就像一只硕大无朋的昂首巨龟而得名，主峰为骆驼峰，海拔 486.3 米。这里峰奇石巧、形象独秀，集自然精华、纳人文风采，聚天下名山之幽、奇、险、秀为一体，融五千年历史、宗教、民俗、养生文化于一炉，是人与自然和谐相处的典范。龟峰由两大景区构成：一景区为龟峰景区，是自然地貌景观游览区，以千姿百态的龟形丹山称奇；二景区为南岩景区，是佛教文化游览区，以源远流长的洞穴佛龛文化称奇。其中老鹰戏小鸡、神龟迎宾、南岩寺、清水湖、天外来客、天女散花、老人峰和八戒峰八个景点，是人们最喜爱的龟峰八大景，龟峰有"三十六峰七十二景"之说，集"奇、险、灵、巧"于一身，素有"江上龟峰天下稀"和"天然盆景"誉称。

龟峰"无山不龟，无石不龟"。龟峰以其千姿百态的龟形峰石闻名中外，景区内石巧峰奇，象形独秀，享有"江上龟峰天下稀""东方龟乐园"等美誉。据《弋阳县志》记载："最高一峰四面削成,上有层累三石,皆作龟形,号三叠龟,此龟峰之名由来也。"龟峰名字的由来就是和此三叠龟有关。龟峰以前是乌龟的"龟"字,明代有位大理寺少卿李奎认为那时龟峰形象有些粗俗化了,而"三叠龟峰"整体看上去像皇帝、大臣用的圭璋玉器,因此把它改名为两"土"相叠的"圭"字。1998年,弋阳县大力开发旅游,专家来做旅游整体规划时,认为龟峰以龟形山石为胜,应该"名副其实",所以又重新更名为乌龟的"龟"字。

龟峰丹霞奇秀。龟峰发育于距今1.35亿年的白垩纪晚期,是雨水侵蚀型老年期丹霞峰林地貌的典型代表,以发育丹霞洞穴群为特色,奇洞成群,共有大小28个岩洞,如始建于晋代的"中华第一佛洞"南岩石窟、"禅宗古寺"双岩、"飞来禹迹"龙门岩等。龟峰是世界地质公园龙虎山—龟峰地质公园和世界自然遗产"中国丹霞"的组成部分,享有"中华丹霞精品"的美誉。明代地理学家徐霞客游览龟峰后发出"盖龟峰峦嶂之奇,雁荡所无"的感叹。

龟峰佛教文化浓厚。龟峰风景名胜区的二景区(南岩景区)内,其三面红岩环绕,寺随岩架立,不瓦而栋,不檐而藩,可置千余人。据中央美院金维诺教授和中国社科院世界宗教研究所丁明夷教授所考,该洞为我国最大的在自然洞窟中开凿的佛教石窟,被誉为"中华第一佛洞"和"南方敦煌"。南岩寺,始建于晋代,寺内现存造型精美的石龛40余座;龟峰卧佛全长416米,肩高68米,"山是一尊佛,佛是一座山",是迄今为止发现世界最大的天然山体卧佛,向人们展示着一幅栩栩如生的"如来涅槃图"。

龟峰以其"峦嶂之奇、景观之绝、佛窟之雄、人杰之魂"而享誉海内外,吸引着自古至今络绎不绝的中外游人、文人墨客、名流志士,如唐代大诗人李益,著名词人温庭筠,宋名相陈康伯,大理学家、教育家朱熹,诗人辛弃疾等,成为众多名家名剧的推荐景点。

各位朋友,请跟随我的脚步深入了解龟峰景区。

(二)龟峰景区主要景点

1. 龟峰景区

龟峰景区位于弋阳县城南10千米处,为自然地貌景观游览区,以千姿百态的龟形丹山称奇。地貌形态以峰林、陡崖、方山、石墙、石柱、石峰为特征,自古就有"三十六峰八大景"之说。山石的造型千姿百态、形象生动,如人、如物、如禽、如兽,被誉为"东方天然迪士尼乐园",是集"奇、险、灵、巧"于一身的"天然盆景"。

【双龟迎宾】

人们靠近龟峰,首先映入眼帘的是一左一右两只巨大石龟,它们昂着高高的龟头,伸出长长的脖子,屹立在公路两侧,犹如一双迎宾礼仪龟,故称"双龟迎宾"。此景之外是碧波荡漾的龟峰湖,一道拱桥横卧湖颈,与双龟相互映衬,倒映在湖中,与蓝天白云一起形成一幅极臻优美的湖光奇画。这道景观于1960~1965年,由江西省原省长邵式平提议,经周恩来总理同意,在北京人民大会堂江西馆厅内以国画的形式展出。

【天狗吃排骨(仙犬峰)】

大家看神龟迎宾左侧的神龟,它头部前方的石峰顶上,四周都已风化剥蚀,只在边缘处残留一块小石块,呈S形孤立突出,好像一只前腿弓立,后腿蹲坐,昂首狂吠的小狗,因此叫仙犬峰,它和对面那扁形的石柱连在一起,称作"仙犬守天柱",又叫"天狗吃排骨"。

大家再看神龟迎宾中间的两座石峰,一左一右又像一位老公公和一位老婆婆背对着背在赌气,而仙犬峰左侧的石柱您看是否又像一只头上戴花,爱打扮的河马呢?这就是龟峰景观的奇特之处:分看是一景,合看又一景,景景相连,惟妙惟肖。

【孔雀开屏】

这是龟峰的一对情侣峰,紧紧相依,亲密无间。在这里看仙犬峰,已经成了一只美丽优雅的孔雀,后面那布满一道道黑褐色条带的椭圆形岩壁,就是它展开的尾屏。那崖壁上的黑褐色条带是雨水沿崖壁冲刷形成的流水线,因生长的藻类枯死后呈黑褐色,崖壁上还布满了蜂窝状洞穴,似孔雀羽毛上的伪眼。孔雀开屏象征着吉祥如意,祝各位来到龟峰的朋友事事顺心,天天开心!

【锁春洞】

我们现在要经过的山洞是为了方便游客进入龟峰主景区而挖掘的人工洞,洞长77米、宽16.2米、高8.2米,穿过此山洞才算真正进入了龟峰。由于龟峰四周山壁环绕,森林覆盖率高,形成独特的小气候,夏无酷暑,冬无严寒，年平均气温为17.9℃。因此，非常适合休闲疗养，一直是周边省市人们度假的首选地。正是"奇岚如画广招天下客，佳景宜人囊括四方春"。

穿过山洞，大家是不是感觉眼前一亮，仿佛进入了另一个洞天？这里的树木郁郁葱葱，一年四季都是常绿的，有人说是这个山洞把春天留在了龟峰，所以把它称作"锁春洞"。

【展旗峰】

请大家往回看刚才穿过的这座山峰，您看，它高110余米，山体博大，东高西缓，像一面迎风招展的巨旗，我们称它为展旗峰。据国家园林专家、清华大学教授朱畅中鉴定，展旗峰完整无缝，形色俱佳，是全国最大丹霞岩巨石之一。

红色崖壁上布满了大大小小的蜂窝状洞穴，就像战旗上的累累弹痕。为什么表面会有这么多大小不一的洞穴呢？因为这里的紫红色砂岩和沙砾岩中有碳酸钙，它们将沙和砾石胶结在一起，在长期雨水的冲刷下，碳酸钙很容易溶解流失，因此，崖壁上的砾石逐渐破碎脱落，留下凹坑。随后在风的吹扬和雨水的冲击与溶蚀下，凹坑进一步扩大形成众多形状各异的岩孔洞穴，直径3~15厘米，深2~10厘米。由于砾石受红色岩层控制，小洞穴常顺层密集分布，形成蜂窝状洞穴。蜂窝状洞穴在龟峰丹霞地貌景区都有形成，但以龟峰景区的展旗峰最为突出。

【桂花园】

我们现在来到了桂花园。这里是龟峰景观最集中，也最具代表性的地方。桂花园的名字源自这株多干四季桂花树，每年开花时间长达10个月之久。据《江西古树志》记载，此树属唐桂，是全省六处八株唐桂之一，距今也有1120多年。不用我说，您就知道这是龟峰"三老"之三了（其余二老分别是百岁龟皮松和千年古香樟）。此树又称为八仙桂，因为树的主干刚好为八根，相传是八仙慕名到龟峰游玩，被这美丽景致所吸引，从月宫折了桂枝插在这里而长成，这八根主干就代表了八仙。传说虽神奇，但这棵四季桂千年不老，四季芳香，迎着八方游客，温馨人间，世间少有。

【三叠龟】

三叠龟最佳观景处在桂花园服务点，在桂花园处瞭望有一山，峰顶突起的部分像三只乌龟重叠在一起。最上面一只乌龟胖乎乎的，伸长脖子向前眺望，中间的居然是只绿毛龟，背上长满了青草，最下面一只就可怜了，被压得扁扁的，仿佛透不过气来。这就是三叠龟峰了。

仔细瞧此龟昂首翘尾，栩栩如生，正如当年位居宋朝宰相的弋阳县人陈康伯在《龟峰》诗中所云："形势如龟秉赋奇，昂首曳尾向溪湄。石色蒸霞红甲润，苔痕湿雨绿毛垂。恍如献瑞在官日，犹似呈书出洛时。千年矻立层霄表，寿比乔松可等齐。"

【老人峰】

三叠龟峰左侧是老人峰。山峰看上去像一位精神矍铄的老人，穿着宽大的衣袍，端坐在树丛中。老人峰身首匀称，头额颈背比例协调，如雕似刻，神形兼备，栩栩如生。古代有位叫邹荫龙的诗人赞老人峰诗曰："山回路转见奇峰，迭坐危崖一老翁。几度沧桑眼底过，低眉瞑目听秋风。"

在地质原理上，它属于丹霞崩塌残余造型地貌，由于山体的主体部分经长期流水侵蚀发生崩塌后退，残余的小部分山体、岩块在风化溶蚀等作用下被塑造成千姿百态、栩栩如生的造型。据地质专家考证，该峰已有30多万年的历史，是名副其实的老者。我们在这里看着像老人，还有二看、三看、四看，在不同方向能显示多种精美造型，是丹霞景观中的珍品。

老人峰和三叠龟峰合在一起形成了"老人、神龟互祝长寿图"，老人神态自若、慈眉善目，三只小龟憨态可掬、万世长存，给人以吉祥之感。每到明月夜，银光洒落在此景上，更添无限祥和。许多情侣都把老人当作"月老"，在这拍摄婚纱照，有的甚至在这举行婚典。每一位来龟峰旅游的朋友都爱在这留张影，把龟峰的美好祝福永远留在身边，感兴趣的朋友也不妨在这留张靓影。

【金线吊蛤蟆】

在锦屏峰上有一处非常有趣的景观。请看，我们把流水线从左往右数，在第三条比较短的那条线下端，有一块三角形深褐色的石头，形状像只蛤蟆半蹲半匍，向上张着嘴，与流水线相接，构成一处奇妙景观——金线吊蛤蟆，这是龟峰八大景之一。

【振衣台】

拾级而上的平台为振衣台，为不规则长方形大石平台，长10米，宽3米，面积约30平方米，唐代中叶人工开凿而成。传说是东海龙王公主梳妆打扮的地方。古往今来，人们在此观景览胜，抒发情感，写下了许多赞美龟峰的诗篇，这石壁上方方块块的题刻，就是证明，它记载了龟峰的悠长历史。

【无声泉】

无声泉，相传由宋代僧人开凿，泉池直径50厘米，深70厘米。一泓清泉无声无息常年流淌，水质清澈甘洌，据说能清火明目，祛除百病，用来泡茶口感很好。池上方刻有"无声泉"三个字，字体为篆书，由浙江西泠印社原副社长、中国美术学院教授刘江所书。

【摩崖石刻】

振衣台观景台的后崖壁上共计有摩崖石刻200多品，是龟峰千百年来丰富文化沉淀的重要体现，被江西省人民政府列为省级文物保护单位。从目前的史料记载看，以唐代大历四年（769年）进士、官居礼部尚书的李益首开先河，他在展旗峰石壁上刻写了一个大大的"佛"字，并撰诗一首刻在"佛"字的左侧。自唐代以来，崖刻达到200多品，形成了一处精美的石刻艺术长廊。字体有篆、隶、楷、行、草，刀技精湛，艺术风格各有千秋。

请看左侧这方石刻，明万历四十五年（1617年）十月二十四日清代文学家李开芳所题：万历丁巳年、孟冬、二十四日、铅山费元禄、莆田吴泛同游爱玩丹霞、有终老之志、书此、以告山灵庶、他年入山不为生客也。和我们现代人刻"某某人到此一游"是不是有些相似呢？上方"龟峰"两字是明万历三十三年（1605年）八月十一日，由江西布政使陈火烛书、弋阳知县胡士相刻，字体小篆，阴刻，每个字长0.8米、宽0.3米，笔力苍健，气韵秀丽。

下面请看邵式平书写的毛泽东的诗词《清平乐·六盘山》：天高云淡，望断南飞雁，不到长城非好汉，屈指行程二万。六盘山上高峰，红旗漫卷西风。今日长缨在手，何时缚住苍龙？

【老鹰戏小鸡】

请大家往正前方看，为老鹰戏小鸡。左侧那尖的石峰叫鹰嘴峰，形似老鹰，伸着长长的脖子，虎视眈眈；右侧石峰叫"金鸡峰"，形似小鸡，面对老鹰吓坏了，时时刻刻得高度警惕，扑腾着翅膀，恨不得能飞起来。两峰一左一右，形象逼真，妙趣横生，有"画中乾坤"之称。这些小石峰都是由于红色岩石经过长期风化崩塌后,残余在石峰顶部的造型石。这样的造型石在龟峰景区比比皆是。

【童子拜观音】

"老鹰戏小鸡"右边为"童子拜观音"。请往右前方看,石壁下有一座似人头的石峰,像一跪着的童子,故名童子峰。童子峰对面有一高大石峰,形似观音,叫观音峰。两峰一上一下形态逼真,惟妙惟肖。你看,观音显得庄重、慈祥,童子则显得虔诚、认真,它正在给观音老母叩头作揖,十分有趣,构成龟峰一绝景,名曰"童子拜观音"。该景主次分明,错落有致,布局恰到好处,观音的庄重和慈祥,童子的虔诚与执着,相得益彰。正如王朝闻先生所言,龟峰一山一石、一景一观,内在的价值是语言难以表达的。

【四声谷】

此景左面青崖万丈,上刻"渊默雷声"四字。明代游人王思任题"四声谷"三字凿于石上,字大如斗,醒目异常。立于此处,面壁高呼,四声连连,余音袅袅,仿佛地动山摇,整个山谷都为之沸腾。

【驼峰天险】

骆驼峰高大雄峻,为龟峰景区最高峰,海拔 486.3 米,方圆数十里均可见,以险峻、峭拔、雄伟、象形称雄整个龟峰。在主游道上有七道天险:一是鲫鱼背,两面是万丈绝壁;二是登云梯,此梯悬空架于绝壁上,是登骆驼峰的唯一通道;三是"一线天",以狭窄、险峻而著称;四是飓风峡,此处"山高月小,狂风如电",虽风光无限,却令人胆战;五是"壁虎崖",就是说无壁虎游墙的绝技,莫想上得去;六是断魂沟,上得了骆驼峰,过不了这个天然裂缝,也难窥见骆驼峰极顶的无边秀色;七是绝胜坡,此坡倾斜度达 45°,要想看到整个龟峰及其周边县市非小心走过此处不可。所以游人们说,"无胆莫上骆驼峰,上得驼峰真英雄"。

【望郎峰】

在望郎峰上,一块数丈高的条石斜立在龟峰半山腰上。石形似一位罗裙系腰的年轻女子。远望,只见她身材窈窕,小腹微鼓,似有身孕,正在双目眺望远方,盼郎归来。

【百年道】

首先我为大家介绍一下百年道,"百年道"三个大字由江西省著名画家、工艺、美术大师傅周海先生所题写。何为百年道呢？因在这二座巨石中间留有一条长长甬道，宽处不足50厘米，狭处仅20厘米，能容一人而过，极须各位掌握好技巧，而且必须身材适中，过于胖者，极易卡住，故在此走上一遭，胜似人间百年。也有另一种说法，谁能过去，可活百岁，故有"百年道"之称。此处的"道"，为路也，可理解为长寿之路，所以又有人戏称它为"大自然标准身材测量仪"。百年道又被寓意为百年好合。有一位作家写了一本以龟峰为背景的爱情长篇小说，小说书名为《约定龟峰》。书中的故事说，在十年前一对年轻男女在百年道相遇，由于他俩进入百年道后，有点紧张，竟然"卡"在其中，两人在百年道中互相鼓励、互相加油，并在百年道内约定，十年后再来龟峰相逢。十年后，物是人非，虽然他们都按约如期来到了龟峰，但还是经受了一番曲折，龟峰的灵气不但成就了这一对年轻人，而且还撮合了这一对年轻人。所以这百年道又是一处爱情百年的通道，作家赋予了百年道为百年好合之意。

百年道在丹霞地貌景观中属于丹霞错落体，它是岩块沿裂隙面从山体岩壁上发生整体崩塌下落，但不倾倒，形成与主岩体分离的直立错落体。

好，介绍完百年道，有追求健康长命百岁的朋友，有追求爱情百年好合的年轻人可进去亲身体验一下。

【清水湖】

清水湖始建于2000年，总库容99.99万立方米，占地19万平方米，水位最深处达40余米，湖面碧波荡漾，湖水质地纯净。诠释着"山因水而美，水因山而秀"，弥补了游圣徐霞客"盖龟峰峦嶂之奇，雁荡所无，但诎水观耳"之遗憾。

2.南岩二景区

南岩景区位于弋阳县城信江河南岸，景区核心面积约8平方千米，为佛教文化旅游区，以绵延起伏的丹霞山体和星罗棋布的天然岩洞而独具特色，居高远眺，整个山景犹如一朵永盛不败的巨型莲花，巍峨万千、气势壮观。该景区以"奇洞"为主要特色，奇洞成群，"中华第一佛洞"南岩石窟、"禅宗古寺"双岩、"飞来禹迹"龙门岩，像三颗明珠镶嵌在清丽、柔媚的龙门湖畔，古代洞穴文明遗迹随处可见。南岩景区属于典型的丹霞地貌壮年晚期发育阶段，分为两个景群：一是南岩寺景群，以南岩寺为中心；二是双岩寺景群，以龙门湖为中心。

【南岩石窟】

说到"佛"，早在1600多年前的晋代北魏时期，就有僧人利用南岩的天然洞穴修行建寺。南岩寺这大自然的神工之作开始成了佛教徒们的朝拜圣地。天造地设的自然丹霞洞穴，既省去了僧人们的耗费土木的费用，又反添了别具一格的质朴特色，达到了天人合一、佛与大自然融为一体的境界。南岩寺的设立，为中国佛教史添了一页新的篇章。这座随崖架立，不瓦而栋，不檐而藩的洞穴寺庙，在唐、宋几代僧人的作为下，用生命的余力，在这江南一隅，营造着佛像的永恒，营造着自身的永恒。他们以一个苦行僧的顽强毅力，坚韧不拔，近乎蚍蜉撼大树般地在大山腹中操起了锤凿，"叮叮当当"声响满了山麓。并终于在南宋嘉定年间（1208～1224年），用智慧、用汗水、用心血、用几代人的辛劳请来了如来大佛、观世音菩萨、文殊菩萨、普贤菩萨、地藏菩萨、十八罗汉等众佛，还有那龛龛玲珑剔透的宝塔、祥云、莲花等。从此这里被誉为"自然天地"般的佛教圣地，也成就了今天全国重点文物保护单位的石龛瑰丽国宝。

南岩石窟是公元8世纪后期的中国石窟艺术的代表之作，有着鲜明的民族化、生活化特色，其雕琢的人物形象温和、衣着朴素，形体上力求美而不妖、丽而不娇，各造像都颇似现实人物的真实写照。南岩石窟历经唐宋两代，造像由唐代的"丰硕壮实"至宋代的"瘦骨清秀"。其开凿融多种工艺手法为一体，整座造像气势恢宏，所塑造像人物栩栩如生，神态逼真。采用高浮雕、透雕相结合的手法，整龛造像群协调和谐，渗透着艺术之美，是我国古代石窟具有极高美学价值的遗存。

【南岩寺】

南岩景区的南岩寺，始建于晋代，随岩而立，不瓦而栋，不檐而藩，寺内现存造型精美的石龛40余座，是国内最大的在自然洞穴中开凿的石窟，被誉为"中华第一佛洞"和"南方敦煌"。大家请看，这寺门上端"南岩寺"三字是由中央美院教授、我国著名书法家吕国璋先生题写。讲到南岩寺，必须讲到它的颜色。赤壁丹崖，它的一岩一壑一洞，都是宗教崇尚的主色调。它自然的形成，要追溯到9600万年前的晚白垩世。南岩寺所在的弋阳县，处于扬子与华夏两大古板块碰撞的接合部位，形态是盆地。每逢雨季，洪流携带大量泥沙、碎石倾泻而下，形成了以块状砾岩为主的红色岩层。后来经过几千万年的历史，经历不同的演化进程，这里的丹霞地貌就成了石峰、岩洞等不同特征的区域。

　　大家请往南岩寺门楣上方看，是不是看到至今仍有一个浅色圆印？那在之前其实是一只白瓷碗，曾经高高正正地粘贴在南岩寺门楣上方的半空绝壁上，下距地面约四五丈高，上距崖顶也有三四丈高，可谓上不着天、下不着地，而且恰在悬崖中间凸起处（至今仍有一个浅色圆印）。碗口朝外，碗底牢牢地粘在高高的绝壁上，真不知古代工匠是如何粘上去的，又是何种物质具有如此高效长久的黏性？谁也不知悬崖上安放那只碗的用意。但从碗的安放位置来看，似乎与风水镜之位相同，估计这只碗大约是起着凹面风水镜的作用，用于镇寺、化煞、吸财。所有风水物品要根据实际地形来摆放，而南岩寺地处丹崖环抱之中，地势较低洼，寺前方又恰有两口水池，符合挂凹镜的条件。古时凹镜难求，以碗代镜也是很有可能的。这只神秘而珍贵的"风水碗"，在绝壁上已不知待了多少年，忠实履行着吸收风水的职责，成为南岩寺一个神秘的亮点，令人遐想无限。直到1999年，南岩寺开始修复工程时，脚手架搭到悬崖上，有个民工站在架上，见绝壁上凌空悬着一只碗，觉得好奇，闲来无事竟将碗打着玩。碗被打下来后，有文物爱好者辨其为古代官窑瓷，如获至宝，将破碗瓷片卷而溜之。等工作人员闻讯赶到时，连破瓷片都没了。南岩寺从此留下一个永远的遗憾。

　　这里罕见的岩穴奇观，陆续引来高僧道人修行。历史上记载，晋代即有大师驻寺。唐天宝年间（742~755年），南岩寺迎来了一个中国佛教史上非常重要的人物，他就是高僧神会。神会是禅宗六祖慧能在晚年收的关门弟子，荷泽宗的创始者。胡适先生称他为"南宗的急先锋，北宗的毁灭者，新禅的创立者"。当时的唐玄宗皇帝听信谗言，将神会"敕黜弋阳"，这位被后世尊为神宗的七祖德大法师神会，一到弋阳便被南岩寺这独特的洞穴寺庙所吸引，不顾已近七旬的高龄在这深山的洞穴之中传教。一时间，南岩寺香火盛极一时，寺名远播。神会大师扎扎实实为南岩禅寺添了一把旺火。因此，南岩寺也顺理成章地成为南禅宗的传播发源地之一。并且唐代禅寺经僧释神曜开始在岩石的石壁上凿出石龛。到了宋代，王长元建殿门、佛堂、钟楼及庑房。

南岩寺历代香火绵延，至1951年后，南岩寺空寂十年。1960年，国家为军备的需要，选中了南岩山的23个天然洞穴为战备军用品的仓库。一时间，南岩山成为壁垒森严的军事禁地。荷枪实弹的解放军战士日夜守护着这方神圣的禁地。

"文革"期间，佛像遭受严重破坏，34座珍贵石佛全遭断头之厄，砸下的佛头佛臂被随便扔到门外水池里、崖下草丛中，唯有释迦牟尼头像完好。

直到30多年后的1999年，弋阳县人民政府对这座千年古刹进行了整体修复，所幸的是，在修复期间，清理南岩寺放生池时，一下子找回了32尊南岩寺内的佛头，并请民间石雕修复大师按原貌精心修复，这座曾经有过辉煌历史的名刹得以再现昔日的辉煌。

2000年后，南岩寺又新添了许多佛教设施，主要有"中华第一佛窟"石牌、十二生肖石雕群、接引佛、天王广场、佛传洞、佛史洞、观音洞等。其中佛传洞、佛史洞、观音洞拥卫南岩石窟，继承和发扬古代石壁刻佛的传统艺术，采取先进的雕刻手段，分别将释迦牟尼成佛前的历史、弋阳县古老佛教历史以及观世音菩萨七十二身变造像镌刻在洞内的石壁之上，整体上的浮雕呈现出一种丹霞石的美韵，用石雕加洞穴的形式表现佛教艺术、佛教文化和佛教历史，让人身临其境，有一种美的享受。

【龙门湖】

"宏深可列三军阵，高广能撑百尺竿，鸟韵花香无限趣，风摇秋竹似鸣峦。"这首古诗生动地描绘了南岩景区龙源峡谷的幽、奇、险、峻。小溪在其间缓缓流动，涓涓细流积蓄、汇集成一汪秀丽的龙门湖。

龙门湖为国家级水利风景区，整体呈W形，蜿蜒在丹山绿荫之间，更像一条巨龙盘绕在南岩山涧，水因山而秀，山因水而奇。南岩的群峰倒映湖中，成为一幅美丽的国画。湖水漫浸着山坳，水到之处，尽是弯弯曲曲。

龙门湖是一座具有极高观赏价值的风景湖。空中俯视龙门湖，像一巨大的海珊瑚，枝节丛生，美丽动人，呈现勃勃生长的趋势。而在龙门湖左侧尽头清澈的湖底，映着六眼圆形天然石池。石池大小不等，大的直径有两米多，小的只有一米左右，洞很圆，仿佛神工精雕细琢而成，六眼圆池排成一线,均匀分布在水底,在清澈的水面上一眼可望到底,其状态精巧至极,妙不可言。湖的两岸群峰争奇,有巨大的、长长的象鼻峰,有雄踞在龙门湖畔、中部似湖中半岛的骏马峰,有似螺似钟似雄狮的海螺峰。骏马峰左侧有一崖壁,似天工斜之劈削,形成了一个天然的避风港湾,呈弧形石壁弯弯,犹如弯月状,被称为月亮湾。置身其中,仿佛巨大山峰将倾,峰壁上,条条静静的长年流水形成的痕迹,犹如静瀑,默默无声地流泻,形成了千姿百态的图案。

龙门湖畔,山峰、沟弯之间,人工仿生栈道和仿生桥相连接,亭台楼阁水榭零落分布,点缀着美丽的丹山碧水。

【龙门岩】

南岩景区的龙门岩,环境优雅独特,由龙门湖环绕,山形雄浑,外观气势不凡。景区面积19平方千米,其中湖面240万平方米,主要由莲花码头、出家台、降魔谷、悟道台、度生台、佛祖涅槃(卧佛)山体,以及双岩古寺等主要景观景点所组成。山顶名为"法乳泉"的雨花从崖顶常年飘洒,在阳光的照射下,如七彩珍珠从天而降,景观奇美。龙门岩与佛教文化有着深深的缘分,不仅体现在洞内,而且整座山体是一座世间罕见的巨型大卧佛。

【"卧佛山"卧佛】

龟峰天然卧佛坐落在龟峰的中部、美丽的凤凰山下、蜿蜒的龙门湖畔。2000年8月,十世班禅画师、全国政协委员、国画大师尼玛泽仁先生应邀来此地考察,无意中发现龙门岩山体是一幅活生生的天然"如来涅槃图",后经过进一步认证设计,对山体稍加修饰,一尊长416米,身宽68米的,举世罕见的世界上最大卧佛便诞生在这丹山碧水之中。这尊天然佛整个体态静谧,神态安详。更为称奇的是,一个豁然开朗的跨度为30米的天然拱桥将卧佛的头部与肩部分开,形成脖颈;从桥孔深入其中,又是一番洞天,洞中有洞、天外有天、景中有景,岩石环绕成一个圆形如巨龙盘绕,让人更觉巧夺天工,精妙绝伦,无不拍手称奇。

2002年4月30日,根据尼玛泽仁先生的设计,卧佛修饰工程顺利开工。2004年10月1日第一期工程竣工并对外开放,巨大的如来涅槃形式的山体展现在世人面前。经过修饰雕琢的卧佛雄伟壮观,卧佛身上的自然形成的裂裟褶皱犹如曹衣出水,紧贴着身子,露出非常匀称的体态。守护卧佛的两个天神,分别被雕刻在卧佛的头部和躯体中部。头部为帝释天神,躯体中部为密迹金刚天神,又称大力神,两神捍卫如来涅槃,越发衬托出佛陀的尊严。卧佛的一只大佛脚靠近龙门湖,似乎非常优美地浸润在碧水之中,使卧佛的整体与大自然的风光浑然一体。

"山是一尊佛,佛是一座山",龟峰卧佛是迄今为止发现的世界最大的天然山体卧佛,向人们展示着一幅栩栩如生的"如来涅槃图"。正所谓:"盘龙护佛陀,佛陀卧莲花。"从空中俯瞰南岩景区中央,龙门岩景区四周,是曲折的龙门湖和连绵的丹霞山体,好比巨大的莲花,正是"佛陀卧莲花";而若是从空中俯瞰整个景区,则可以看到景区内丹霞山体连绵起伏,如多条巨龙盘卧,围护龙门岩,好似"盘龙护佛陀"。因此,龟峰以其"峦嶂之奇、景观之绝、佛窟之雄、人杰之魂"而享誉海内外。

弋阳县龟峰卧佛体现了它的自然之美、造型之美、雕琢之美。有着庄子所赞颂的那种"磅礴万物""挥斥八极"的气势和力量,这尊大佛的雕琢和设计过程无疑受到了庄子美学思想的影响。龟峰卧佛自然山体展示着令人震撼的释迦牟尼涅槃群图的艺术神韵,集自然景观和人工造像艺术之大成,兼取两者之美,依托山势之形、造像之神奇,可谓巧夺天工。是一个将神性和人性完美结合的典范,称得上是佛像造像艺术史上的瑰宝。

各位游客,集"奇、险、灵、巧"于一身的龟峰,给我们留下了千姿百态、惟妙惟肖的奇景,在山间的清风、溪水和悠远的钟声里,龟峰景区是人间少见的世外桃源,它以一方洁净神圣的净土的姿态,迎接着世人的到来。今天,我们的龟峰之行就要暂告一段落,希望大家可以把龟峰的佛气和灵气带回家,也期待与大家的再次相聚!

十一、三百山景区导游词

(一)三百山景区概况

游客朋友们,欢迎来到江西三百山景区!

三百山位于江西省赣州市安远县境内,是安远县东南边境诸山峰的合称,地处赣、粤、闽三省交界处,是东江的源头,粤港居民饮用水的发源地,也是一处对香港同胞具有饮水思源意义的旅游胜地。三百山景区是国

家5A级旅游景区、国家级森林公园、首批全国"保护母亲河行动"生态教育基地、中国天然氧吧、江西省级森林康养基地。景区总面积达197平方千米,核心景区面积58平方千米。主峰海拔1169米,最低处海拔320米,高低差达800多米。三百山凭借其独特构造,将清幽、奇秀、雄险、古朴等特色融于一身,塑造出了"三百山六绝"的景观,即"源头群瀑、三百群峰、峡谷险滩、高山平湖、原始林海、火山地貌"。三百山国家级风景名胜区由福鳌塘、东风湖、九曲溪、尖峰笔和仰天湖五大景区组成,另外还有东生围及东江源温泉这两个独立的景点,景物景观156处。三百山名字的由来,有两种说法:一种说法是,它是属于武夷山脉东段余脉交错地带,这一带山峰众多、连绵不绝,据长辈们讲它是由三百三十个山峰组成的,所以称作三百山;另一种说法是,东风湖有座庙叫三伯公庙,也叫陈杨胡公庙,相传在晋朝,有陈杨胡三公应用撒豆成兵之术帮助当地百姓免受土匪和强盗的侵扰,深得百姓拥戴,在他们得道成仙之后,为了祭奠他们,在山中建庙一座,取名为"三伯公庙",将山名也改为"三伯公山",又因为在当地方言中的"伯"和"百"读音相同,所以叫"三百山"。

三百山被誉为"东江之源"。"江西九十九条河,只有一条通博罗",这条河,就发源于三百山。源头在安远三百山的镇江河经定南县九曲河,流经龙川、河源汇入珠江的支流东江,直至深圳东深供水工程,成为粤港居民饮用水的供给源。因此,东江有着"生命水"之称,而三百山作为其东江水源头,又有"东江之源"的美誉。

三百山自然资源丰富。三百山林海,由三百多座山头构成,群岭逶迤,重峦叠嶂,雄峻秀美。由于山高谷深,人迹罕至,很好地保存了中亚热带常绿阔叶林生态系统,保持着一种原始的山野景象,森林覆盖率98%。动植物资源十分丰富,这里未受第四纪冰川的侵袭,是世界孑遗植物的生长天堂,是我国生物多样性保护的重要节点,是我国南方的重要生物基因库。其中高等植物有271科1702种,珍稀植物有300余种。例如,突托蜡梅为我国特有的珍稀濒危物种,全世界只在中国赣州安远县国营葛坳采育林场大脑河流域有零星分布。为保护这一珍稀濒危物种,安远建立突托蜡梅保护区,2017年申报突托蜡梅种植资源保护项目,投资2600万元,保护区位于蔡坊乡蔡坊村大脑河水库周边,面积达20平方千米。目前,突托蜡梅由刚发现时的

1000余株增长到4万余株。野生动物1361种，属于国家重点保护的高等动物38种。三百山年均气温15.1℃，空气中负氧离子最高值达每立方厘米10万个，被誉为"避暑胜地、天然氧吧"，是国家级森林公园。

三百山拥有江西独有的火山地质景观。三百山有保存完好的古火山口、火山湖和遍布的流纹岩柱状节理，是江西独有的火山地质景观，在全国风景名胜区中，保存如此完好的火山口构造十分罕见。火山地貌主要位于东风湖两岸、福鳌塘一带的裸露区域，其分布有垂直而密集的柱状节理天然石质景观，是较为明显和具有代表性的火山地貌遗迹。火山口外环位于景区中南部东风湖、福鳌塘一带，由呈弧形展布的流纹岩、流纹质晶屑凝灰岩、流纹质熔结凝灰岩等构成。

（二）三百山景区主要景点

1. 福鳌塘景区

福鳌塘又称"火山瑶池"，为三百山的中心地段，总面积约20万平方米，海拔约900米，是一个天然的山间小盆地。在8亿多年前，这里是一个古火山口积水成湖，形如一只龙头鱼身的鳌鱼，所以称之为"福鳌塘"。福鳌塘景区主要景点有福鳌塘、东江第一瀑、九曲十八滩、三叠瑶池、知音泉、天印奇松等40余处。

【护源石】

各位朋友，现在看到的这块石碑就是护源石，它位于三百山风景名胜区入口处，大家请看，它是不是像一个人的手掌？寓意着源头人民用双手呵护这一汪清水。大家再请看，纪念碑上题写有"一定要保护好东江源头水"这几个大字，这是周恩来总理的深情嘱托。在1963年，香港遭遇了60多年来最严重的一次干旱，市民每四天供水一次，每次只供四个小时，350万人的生活顿时陷于困境。当年12月，周恩来总理拨专款3800万元，用了11个月在深圳快速建成了东深供水工程，把东江的水引到香港，从此结束了香港长期缺水的历史。大家可要知道，1963年，正是国家刚刚脱离三年严重困难的时期，3800万元在当时无疑是一笔巨款。

半个多世纪以来，安远县始终牢记周恩来总理"一定要保护好东江源头水"的嘱托，始终把保护好香港同胞水源地作为首要任务和光荣使命，在东江源区域实施最严格的生态环境保护制度和措施，严把企业准入关，企业在立项之前,要通过环保部门的严格审批,达到环保标准,才准许开工。截至目前,先后关闭对环境有破坏、有污染的企业和淘汰落后生产工艺企业130家;拒绝320个对环境有破坏、有污染或不符合产业政策的投资项目。安远县投入巨大的人力、物力、财力,竭尽所能呵护东江源区域、保护东江源水。

与此同时,该县每年拨款5000多万元专门用于东江源森林资源保护、环境综合治理、生态建设和水土保持。以世界环境日、植树节、世界地球日等节日为契机,每年开展义务植树造林、古树名木冠名认养等活动。如今,呵护东江源头绿水青山成为广大安远人自觉的行动。

请各位游客随我到护源石的背面看看一汪清水是如何流到香港的。上面刻的是东江流域图。《明史》记载:"安远府南有三百坑水下流广东龙川县。"从这张图上我们也可以清楚地看到东江起源于安远县三百山,自东北向西南流,在东风水库汇集,由镇江河出境后,流经定南的九曲河,进入广东的龙川县,汇成了珠江的支流——东江,成为广东人民和香港同胞的饮用水。泉汇东江通博罗,水越千山入香江,所以三百山享有"东江源头"的美誉。在景区开发建设中,安远县始终遵循习近平生态文明思想和"两山"理念,坚持保护优先、合理利用的原则,大力发展生态旅游,保持一江清水长流不断。

【福鳌塘(三叠瑶池)】

在8亿多年前,这里是一个古火山口积水成湖,形如一只龙头鱼身的鳌鱼。火山剧烈喷发,导致火山口下方深处的岩浆房被掏空,无法支撑上方山体的重力,造成以火山口为中心的部分火山锥体向下塌陷,形成了一个巨大的环形坑口,雨水和周围的森林缝隙水汇集到这里,形成了我们现在看到的这个湖。相传有一只鳌鱼镇压着火山,保护着周边村民安居乐业,并留下了"鲤鱼仙子跳龙门,化身鳌鱼镇火山"的美丽传说。湖水常年保持一定的水位,从不枯竭,所以我们也叫它"源头火山湖"。火山口造就了三百山丰富的地热资源,我们在山麓开发了一个温泉度假区——虎岗温泉,属于比较罕见的水火同源的温泉,也是全省第二大天然温泉群,源头水温可达到79℃。根据地质队的探测,虎岗温泉水日流量有2500多吨,泉水中含有硫、氟、铁、硒等30余种对人体有益的矿物质微量元素。泡温泉有很多好处,它可以缓解风湿,还具有美容功效。三叠瑶池三瀑三潭,远绝尘寰,真正人间仙境。

【福鳌塘瀑布】

气势恢宏的福鳌塘瀑布被称为"东江第一瀑",位于福鳌塘中心区北隅500米处。瀑布落差120余米,气势雄伟,飞瀑两侧峭壁凌空,古木参天,镌刻在摩崖上的石刻"东江源"是2000年3月由全国政协副主席叶选平所题,每字有10余平方米。

【望天瀑】

望天瀑位于福鳌塘东北4千米处,是东江的源头,在深山峡谷中飞流直下。站在瀑布潭边仰望瀑布,犹如从天边飘动彩绸,实为壮观,故名"望天瀑"。

【漫云栈道】

三百山的漫云栈道全长共3166米,其中玻璃栈道120米,远远望去,如同一条蜿蜒曲折悬挂于山间的腰带。以福鳌塘为起点,经过天台、天印奇松、剑尖峰,到达竹林停车场,总投资约4923万元,是纵横山内的核心景点。行走在漫云栈道,三百山西北侧的自然风光尽收眼底,可览群峰、赏奇树、观云海、闻瀑声。站在玻璃眺台上不仅可以体验别样的刺激,还可以俯瞰观赏三百山美景。

【玻璃天桥】

玻璃天桥是江西最长的玻璃索桥,也是江西省第一惊险索桥,全长330米,宽2.5米,高差200米,总投资2300万元。山间云雾缭绕,横跨两山的玻璃桥仿佛横架云端,恰似人间仙境。漫步其上,可将三百山群山尽收眼底。

【九曲十八滩】

九曲十八滩是由三百山千百条溪涧汇聚而成的,浩浩荡荡注入东风湖。以浅滩、深潭、流泉、飞瀑而闻名。九曲十八滩滩潭密接,步移景换,双瀑对鸣,实为天下绝景。

【思源宝鼎】

各位朋友,在大家左侧的是思源宝鼎。2007年香港回归十周年时,由赣州、广东、香港三地共同捐资所建。思源宝鼎是仿西周大克鼎所铸,鼎高

4.65米,重4.65吨,寓意着香港到三百山距离465千米;直径330厘米,是三百山的谐音。有人好奇,天下名鼎那么多,为什么要仿制大克鼎呢?这是因为大克鼎有着特殊的意义,它是爱国的象征。我们赣粤港三地仿制大克鼎在此立鼎,正是为了表达我们忠贞的爱国心。取名"思源",寓意着三百山是东江的发源地,是香港同胞饮用水的源头,表达了安远和香港血脉相连、一衣带水的情谊。

【知音泉】

知音泉位于福鳌塘瀑布下游约2.5千米处,面积2.32平方千米。伯牙、子期曾谱唱高山流水遇知音的佳话,与伯牙一般,知音泉也擅"鼓琴"。知音泉与前端密林相接,若是有缘者进入密林深处,便不难发现深处掩映着的巨大石屏巧似竖琴。石屏两侧各有一瀑布,北侧的瀑布落差10余米,三坎三曲。南侧的瀑布五叠,落差百余米。高低大小不同的两个瀑布从石屏两侧相向汇入石屏前的深潭,刚好组成了竖琴的高音与低音。在危崖耸立的知音泉旁,喝上一口甘洌的泉水,似乎也给你牵起了一个知音的缘分。

【天印奇松】

天印奇松景点位于福鳌东侧岩脊上,面积2.75平方千米,海拔500~1169米。山顶有裸石突兀成台,台上四个方形石柱高低大小各异,颇似图章,称之为"天印"。旁边石缝中一棵松树倔强地生长其间,生机勃勃,谓之"奇松"。站在石台上,视野开阔,可遍览林海风光。

2. 东风湖景区

东风湖景区位于三百山西部入口处,跨东风湖及两岸山地,总面积11平方千米,被誉为南方小三峡。两岸青山滴翠,绿树掩映其中,主要景点有高峡飞虹、将军椅、将军岩、三伯公庙、观音送子、旱峰滩、王婆牧马、情侣树等。游客乘船入山,饱览山光水色,犹如进入世外桃源,感受"舟行碧波上,人在画中游"的诗情画意。有诗为证:"五两竿头风欲平,长风举棹觉船轻。柔橹不施停却棹,是船行。满眼风波多闪烁,看山恰似走来迎。仔细看山山不动,是船行。"

【东风湖】

东风湖是东江流域的一个重要枢纽,为东江源头的一座中型内弯式水库。建于1966年,坝高47.4米,坝顶弧长113.8米,东西长约5千米,南北宽 50~120 米，库容量 1100 万立方米。这是安远县最早建成的大型电站，其发电量曾经占到整个县用电量的 1/3，至今都发挥着灌溉和发电的作用。

【高峡飞虹】

每逢春季，水涨过坝飞泻而下，形成近百米的银练，犹似万马奔腾发出震耳欲聋的巨响，气势一泻千里，不时映现一弯彩虹，横亘在高峡之间。

【将军椅】

将军椅位于东风湖景区西部坳背山顶，海拔 460 米，有一天然巨石，形如座椅。传说古时有位将军，带兵打仗驻此，将军每天晚上坐在椅上，思谋战略，后人称之为"将军椅"。古代人讲究格物，以自身来观物，又以物来观己，以人的品格来要求这座椅子，又以椅子来反映这人，日新月异、日积月累，"将军椅"便被赋予了将军身上的气势与品德，留与后人体悟。

【将军岩】

位于东风湖景区北岸武士山的山腰中，从湖中上岸至该处约 400 米，岩石俨然像一位身穿铠甲，带兵即将出征的将军屹立在武士们的面前，目光炯炯有神。那身岩石覆盖的铠甲，无不是在告诉人们将军生前"百战沙场碎铁衣"日日夜夜屹立在山腰上英勇威武的形象。

【三伯公庙】

三伯公庙又称"三仙庙""陈杨胡公庙"。相传明代有陈、杨、胡三人结拜为盟友，拥有撒豆为兵的法术，保守一方平安。其时贼乱四起，三公奋起反击十余年，终因法术被识破，败退至此山，三人被迫吞金而死。后人为纪念三公，就在他们殉难处设神坛祀奉，至今这里仍香火鼎盛，善男信女络绎不绝。

"伯公"是客家人从中原带来的原始信仰，有客家人的地方就有伯公庙，"伯公"原意指的是祖父的兄长，在这里是客家人对土地神的尊称，其他地方叫作"土地爷""土地公"，而我们客家人叫作"土地伯公"，使之与自己祖宗以兄弟相称。

【天桥山寺】

我们当地人供奉两座观音，一座是滴水观音，另一座是送子观音。在我右手边这座山，叫作天桥山，这里建有一座观音寺，叫天桥山寺，当地人一到二月十九、六月十九日、九月十九日就会来这里祭拜，用心朝拜就能心想事成，喜得贵子，所以香火不断。正所谓，"水不在深，有龙则灵"。

【旱峰滩】

河滩裸石突兀，怪石嶙峋，高低错落有致，水在石丛中哗哗流响，悦耳动听，木板桥、石板路、木栏杆，使人置身于"小桥流水人家"的情景中，被誉为"东江第一滩""江西第一滩"。

【王婆牧马】

位于东风湖景区中段南侧石屏上。当水位下降到一定程度时，便呈现一幅王婆牧马的天然画卷，可以看到一群剽悍的骏马，有的站立、有的静卧，神态各异，旁边还有一位笑容可掬的王婆端坐在石头上，仪态雍容慈祥。

【情侣树】

两树相距50厘米左右，一松一荷，臂膀相缠，合抱相拥几十年，犹如一对相亲相爱的情人，在热烈地拥吻。根，紧盘握在地面；叶，相交在云里。到了开花的季节，荷散发艳丽，松依旧翠绿，交相成趣。

【观音送子】

山峰形如观音娘娘，四周青烟弥漫，如浩瀚、如仙境。相传只要是膝下无子、乐善好施的人去朝拜，心诚则灵、有求必应，都可喜得贵子。正所谓山不在高，有仙则名；水不在深，有龙则灵；故香火不断。

3. 九曲溪景区

九曲溪景区是一条由地壳上升与侵蚀构造下切形成的深切火山大峡谷，面积5.18平方千米。因为峡谷内适宜各类蝴蝶繁衍和栖息，已知的蝴蝶种类有近300种，其中包括喙凤蝶、中国宽尾凤蝶、金裳凤蝶等十余种珍稀种类，所以又名蝴蝶大峡谷。峡谷内水系发达，随处可见火山流纹岩柱状节理。内含九曲溪，总长约6千米，是三百山千百条溪涧汇集的小河，注入东风湖前的一段河滩，河道曲曲折折，山环水绕，浅滩和深潭一个接一个。两岸山峰夹峙，森林茂密，视觉空间越向里越封闭，常莫辨水之去来。景区内主要景物景观有双乳峰、犁尖峰、师椅飞泉、钓钩潭、铁板岩、巨蚌出水、仙指峰、神鳄游潭等。

【双乳峰】

双乳峰距福鳌塘中心区8千米处。两座高耸的山峰并肩而立，恰似少女丰满的乳房，人称"双乳峰"。如遇雨天，还有恰似乳浆的泉水汩汩流出。

【师椅飞泉】

师椅飞泉距福鳌塘中心区 6 千米处。该处瀑布三坎三叠，形如太师椅，落差 50 余米，潭面宽阔，水清见底，气势恢宏。

【钓钩潭】

钓钩潭距福鳌塘中心区 8.5 千米。状似钓钩，潭面积约 50 平方米，深约 4 米，四面青山叠翠，倒影沉碧。

4. 东生围景区

赣南围屋产生于明末清初，如今尚存 500 余座（原来共 700 余座），主要分布在龙南、定南、全南、信丰、安远、寻乌六县，成为中国传统建筑艺术的瑰宝，客家围屋的外形大致可分为圆形和方形，不管是哪种形状的围屋，它都外观宏伟、结构坚固，且集防御、防火、防水、防盗、居住、生活于一体，具有安全防卫、防风抗震、调节阴阳、冬暖夏凉等功能。而我们今天游览的东生围始建于清朝道光二十二年（1842 年），距今已有 180 多年的历史了，它是方形客家围屋的代表。

【九龙山】

我们现在站的地方就是东生围的外大门，大家请看前方这座山就是"赣南采茶戏"的发源地九龙山了。九龙山位于安远县中南部，由西向东，绵延数十里。九龙山的最高峰九龙嶂海拔 1099 米，北方南下的冷气流和南方的暖气流在这里交汇，带来了丰沛的降水量，同时也形成了安远的两大河流，一条是濂江河，它向北汇入贡江属于长江水系；另外一条是镇江河，它往南汇入东江，是香港同胞生活饮用水的源头，属于珠江水系。这也造就了安远得天独厚的地理条件，虽然这里以丘陵地带为主，但是镇岗乡地势平坦开阔，自古以来就是"鱼米之乡"，南北交通便利，是内地通往广东地区的交通咽喉要道。很早以前，这里便设有盐驿。自古以来，这里盛产茶叶、烟叶、桐油等农产品，特别是茶叶，在清朝雍正五年（1727 年）作为贡品进贡给皇帝。

东生围的建造者陈朗庭就是从事茶叶、烟叶、食盐生意发家的。他虽然出身贫寒，但是他头脑灵活，善于发现商机，也勇于开拓进取，他把安远的特产茶叶、烟叶等农副产品通过镇江河往南贩卖到广东，同时也从广东运来我们这边生活急需的食盐、海产品等日用品，贩卖到安远和安远周边的寻乌、会昌等县，赚取了大量的利润差额，成为当时安远的首富。

陈朗庭有了钱之后做的第一件事，就是在这里建造一座房屋。当时正值第一次鸦片战争结束，中国国内局势动荡，外有帝国主义列强侵略，内有农民起义，可谓是风雨飘摇，而安远这里也不安宁，匪患横行，为了更好地保护自己和族人的生命财产安全，1842年冬陈朗庭开始兴建东生围，东生围的建设周期比较长，一共3期，历时26年。东生围里三层，外三层，有199间房，耗资9万两白银，所花费的人力和物力在当时是不可想象的，毕竟在那个年代，更多的人居住的是茅草房。

这个围屋中部自上而下看像一个"面"字，外部像"口"字，看起来就像"口中有面"，原意是衣食无忧。但是"面"又有"局面"的意思，而口字形围屋把"面"字围在其中，有"围困的局面"之意，也就是"困局"。寓意不祥！所以，陈朗庭请高人指点，在正门两侧开发两排屋，象征"打开局面"。这样一来，就化解了困局。经此一改，此屋变吉屋，后来在历年战乱中多次保护当地百姓，陈朗庭也因此成为当地首富。

客家人盖房子是比较讲风水的，它的外大门朝向是很有讲究的。它坐南朝北，面朝九龙山，因为九龙山的轮廓看起来像一个大笔架，所以也被称为九龙笔架山。按照风水学来说，是围屋的主人希望他的子孙后代能够勤奋读书，考取功名，出人头地。那么，另外一个意思就是说客家人的祖先当年是从中原地区由北向南迁居到这里，而大门朝北，是有北归不忘祖之意，同时也告诫子孙后代不要忘本。

【古井】

大家现在看到的这口古井，是当时全村人的饮用水源，井水终年不干，大家有没有看到井里还养了鱼？那么为什么要在井里养鱼呢？首先鱼的寓意非常好，代表年年有余，井里养鱼还有一个重要的作用，就是当时的社会局势很动荡，为了饮水安全就在井里养鱼，如果有人在井水里投毒，鱼死了，就证明这个水不能喝了，由此可见，我们的前辈有着高超的智慧。大家可以看一下，这口井的井口是圆的，像一个太阳，和前面月牙状的水池互相呼应，有日月同辉、天人合一之说。

【外大门】

现在我们迎面看到的是东生围的外大门，中间的宝葫芦有镇宅辟邪的作用。两边各有两个龙头鲤鱼身的装饰，相传它是龙王的第九个儿子叫鳌鱼，喜欢站在高处吸食火焰，放在这里是用来辟火的，也包含了围屋主人期盼他的子孙后代们能跃龙门的美好愿望。而"光景常新"四个字的意思是说每天都是一个新的开始，"光照清淑景，长浇物华新"。由此可以看出围屋的主人是一个非常乐观，积极向上的人。

走进东生围我们可以看到很多这样的对联，在这里我要说的是安远是全国有名的楹联之乡，自古以来文风鼎盛，会写对联的人很多，据说当年陈朗庭能娶到他的夫人也是因为自己高超的对对子水平得到了老丈人的认可。

这里有一排鹅卵石排列成"人"字形，寓意了围屋的主人希望他能够人丁兴旺、多子多福的意思。

走进外大门，就可以看到左边墙壁上东生围的参观线路图。

【禾坪】

现在我们所站的地方就是东生围的禾坪，它的面积2000多平方米，当时社会局势动荡、匪患横行，围屋的青壮年就会在这里习武操练，农忙的时候用来晾晒农作物，也是重大节庆和娶妻嫁女时大摆筵席的地方。

【风水池】

前面这里有一方水塘，对着围屋的正大门，这是一个风水池。它有三层作用：第一，围屋的排水系统非常好，整个围屋的水最后都汇集在这里，水为财，起到聚财的作用；第二，它可以调节整个围屋的小气候；第三，这个风水池也是一个消防蓄水池。而正面这面墙叫照壁，可以遮挡外面的视线，起到保护围屋隐私的作用，也包含"有财不外露"的意思。

【正大门】

我们现在处在东生围的正前方，大家请看东生围的七扇正大门。东生围呈方形，它的正大门坐东朝西，面朝九龙山；外大门坐南朝北，也是面朝九龙山，整个围屋就像一个聚宝盆镶嵌在九龙山脉中间，紫气东来、旭日东升。而陈朗庭的陈字又有东方生万物、繁荣旺盛之意，所以陈朗庭把这个围命名为东生围。还有一层意思：陈朗庭是一个非常懂得感恩的人，他人生的转折点是在娶了他的夫人孙锦招之后，他的老丈人对他不管在资金和人脉上都大力扶持，经过他自己的不懈努力，最终成为当时安远的首富。而他的老丈人叫孙东升，所以他把围屋命名为东生围可谓是一语双关，非常完美。

大家仔细看这七扇正大门，会发现门上深浅不一的沟壑，都是岁月的痕迹。

抬头看围屋正面的屋檐都是用木头封檐的，也称为风火檐。另外三面是用火砖封檐，起到很好的防火作用，古人的武器大多是弓箭，如果有火箭射进来是烧不起来的。

往下看围屋的外面，除了正面，其他三面墙角下都修建了宽3米、深1米的壕沟，里面常年水流不断，就像京城里的护城河一样，可以很好地近距离阻挡敌人。

【墙体】

我们从正大门进里面参观，可以看到整个围屋是集居住、祭祀、防御于一体的军事堡垒，它的防御非常好。大家看一下这个墙体的厚度，足足有1.3米！第一层和第二层由河石夯筑，并用桐油、石灰、糯米灌缝，坚硬如铁，180多年过去了，至今连刀片也插不进去。

【阴阳井】

在这里我们可以看到有两口水井，有个很奇特的现象，大家可以过去看一下，这两口井的距离非常近，但是却一阴一阳，一个清澈见底，一个水质浑浊，它们的作用各不相同，一个是饮用水，一个是消防用水，当地有人称它们为阴阳井。这边门额上题写的"礼耕""义种""树基""敦本"，说明陈朗庭非常重视农业和教育，客家人讲究耕读传家，读书则要求子孙珍惜光阴，勤奋刻苦，求为名士；农耕则要求子孙早出晚归，不怕辛苦，求为上农。

【铜钱状图案】

往前，大家可以看到一个外圆内方的铜钱状图案，古人认为天是圆的，地是方的，人生活在天地间，无规矩不成方圆，一个大家族居住在这个围屋里，要遵守一定的礼法和制度，才能家族和睦。这里也是以前娶妻嫁女花轿落地的地方，非常吉祥，今天来的都是非常尊贵的客人，我们从这里走进去，祝大家步步高升、财源广进、心想事成！

东生围里面模仿中国古代宫廷的前朝后庭布局，采用均衡对称方式，我们现在所在的位置包括前面的上中下厅为中轴线，左右两边对称。下厅是平常处理日常事务的地方，中厅是议事厅，就像今天的会议室。

【天井】

天井起到了采光和通风的作用，同时也可以把天上来的雨水接到自己家里，水为财，起到聚财的作用，最终这些水都会流入我们刚刚所看到的风水池里。左右两边是茶房，来了客人，可以在里面品茶议事。

大家请看这副对联"朗室美高华，形势巍巍悬斗宿；庭中论常识，文章赫赫振中华"，对联把陈朗庭的名字都镶进去了。

【上厅】

现在我们所在的地方是围屋的上厅，以前是家族女眷烧香拜佛的地方，也叫观音厅。大家请看这块金匾，上面写着"金母长生"，金母是身份尊贵的意思，长生是长命百岁之意。这是光绪二年（1876年）朝廷派江西大主考、钦点翰林院庶吉士陈存懋作为特使赐给孙锦招祝寿的。说到这块匾的来历，是陈朗庭在晚年的时候，他看清了当时社会的时局，认为光有钱不行，还要有权才能保得住自己的万贯家财，所以不惜黄金万两去捐官，给自己捐了个二品武官（武功大将军），同时他的夫人也被封为二品诰命夫人。他的五个儿子也分别捐官，一家人都在朝为官，所以说孙锦招的身份是非常尊贵的。每个成功男人背后都有一个聪明贤惠的女人，孙锦招把整个家族打理得井井有条，而且她为人特别善良，乐善好施，经常帮助乡邻和灾民，所以"金母长生"这块匾赐给孙锦招可谓是实至名归。这边的对联写着"开基百世声名朗，月傍九霄照后庭"，陈朗庭的名朗庭、字开月都镶嵌进去了。

大家看到整个围屋只有我们刚刚进来经过的那七扇大门，另外三面都没有门，如果来了外敌，他们的族人可以拖家带口躲在围屋，关上门之后围屋里就可以自成一个小社会，里面也有粮食、井水和生活配套设施，非常安全。每个房间都有独立的进出通道，自成一个小空间，居住在里面非常方便。

【陈朗庭卧室】

接下来我们去参观一下陈朗庭的卧室。古人讲究以左为尊，陈朗庭的卧室就在围屋的左边。大家都知道在封建社会时期男人三妻四妾是很常见的，陈朗庭在当时虽然是安远的首富但是却非常专一，他一生只娶了一位夫人，没有纳过妾，他的夫人也为他生了6个儿子，而长大成人的有5位：长子步峰、三子步高、四子步青、五子步丰、六子步升。

【穿越街】

前面这条长约百米的街叫穿越街，我们的目光从下往上看过去是不是有种穿越时空的感觉，这里也是整个围屋拍摄视角最好的地方，中央电视台曾多次不远万里来到这里取景拍摄，大家可以在这里合影留念一张。

【围屋外围】

围屋的外围，一楼是放置粮食、柴火和杂物的地方；二楼是供客人和族人使用的；三楼的房间非常有特色，它的每个房间都是相通的，在上面可以绕着跑一圈，俗称"跑马楼"，在楼上可以很好地观察敌情，和一楼二楼相配合。对面那个角是炮楼，围屋的四个角各有一个炮楼，可以360°无死角观察围屋外面的情况，以保证围屋的安全。

【龙厅】

这个厅叫龙厅，它在整个围屋中轴线的最末端，按照风水学来说这里是整个围屋来龙的地方。门上有一对卦，三横的是乾卦，代表天；中间断开的是坤卦，代表地。天地分别代表男女，阴阳协调、男女搭配，家和万事兴，整个家族才会繁荣兴盛。

【学堂】

龙厅前面的就是学堂，我们知道陈朗庭虽然出身贫寒，但是十分勤奋好学，在他小的时候，没有钱念书，他的邻居在私塾里读书，他就通过帮助他的邻居做事，从他邻居那里偷师、学文识字。由此可以看出，陈朗庭是个非常重视教育的人，他深知读书的重要性，所以他在围屋里修建了学堂（私塾），并花了大价钱请了最好的教书先生来教他的儿子和族人，目的就是希望他的子孙后代和族人可以更好地接受良好的教育、并重视教育。

【陈朗庭儿子的房间】

我们在前面介绍过，陈朗庭的夫人为她生了六个儿子，但是长大成人的有五位，老二在幼年不幸夭折。但我们可以看到这里的卧室还是有六间，可以看出来陈朗庭非常想念他夭折的孩子。

【斗窗】

接下来我们参观一个特别有意思的窗户——斗窗。围屋一楼二楼装的都是这种里面大外面小的斗窗,从外面看里面基本什么也看不见,但是从里面就可以很清楚地看清外面的情况。我们知道当时的社会局势很动荡,匪患横行,如果有敌人入侵,就可以多角度地拿起武器站在我们的斗窗处进行防御攻击。

我们在围屋走了一圈,不知道大家有没有留意到脚下所走的路,它们都是用镇江河的河石和鹅卵石铺就而成,它的渗透力非常好,不管下多大的雨都不会有积水,古人大多是穿布鞋的,所以住在围屋里的人,是晴天不暴晒、雨天不湿鞋。

景区里面的围屋大都是他们一家人所建,互为犄角,相互守望,一围有难其余三围可以立马相救,从而形成了较为完善的家族防御体系。

各位朋友,东生围的参观就圆满结束了,感谢各位对我工作的支持,祝大家旅途愉快。

各位游客,将清幽、奇秀、雄险、古朴融于一身的东江源头——三百山我们就参观到这里了,相信三百山的峡谷险滩、原始林海、火山地貌给大家留下了深刻而又美好的印象。祝大家生活愉快,旅途顺利,也期待与大家的再次相聚!

十二、明月山旅游区导游词

(一)明月山旅游区概况

游客朋友们,欢迎来到明月山旅游区!

明月山位于江西省宜春市西南,主要由太平山、玉京山、仰山等十几座海拔千米以上的山峰组成,主峰太平山,海拔 1735.6 米,因整个山势呈半圆形,恰似半轮明月,故称明月山。明月山共有五个景区和一个度假区,即以云谷飞瀑、千丈崖绝壁为主要特色的潭下景区;以太平山日出、高山草甸、奇峰怪石为主要特色的太平山景区;以乌云崖绝壁及乌云崖气象奇观为主要特色的青云崖景区;以禅宗文化、民俗风情为主要特色的仰山景区;以珍稀植物、丛林野趣为主要特色的玉京山景区以及以温泉疗养、度假、休闲、娱乐为主要特色的温汤温泉度假区。景区融山、石、林、泉、瀑、湖、竹海为一体,集雄、奇、幽、险、秀于一身,拥有"世界温泉健康名镇"和七项国字号桂冠:国家级风景名胜区、国家 5A 级旅游景区、国家级旅游度假区、国家森林公园、国家地质公园、国家自然遗产、中国温泉之乡，也是全国自驾游示范基地、中国最具影响力森林公园、中国首批自驾车旅游统计信息数据采集点，是一个"以月亮情吸引人，用生态美景留住人"的集生态游览、休闲度假、科普教育、宗教旅游为一体的山岳型风景名胜区。

月亮文化唯美浪漫。明月山以月为名，因月扬名。月亮文化，是明月山之灵，是明月山之魂。明月山将月亮文化景观和自然景观有机融合，形成了"山上有个月亮湖，山下一个月亮湾，沿途都是月亮景，处处体现月亮情"的情景交融格局，从月亮湾到月亮湖，可全程体验浪漫月亮情怀，享受着独特的"月在山中行，山在月中明"的绝妙意境：明月广场相遇、荷塘月前相识、咏月碑林相知、竹林月影相约、晃月桥上相牵、抱月亭中相恋、浸月潭边相印、月下老人相系、拜月坛上相誓、梦月山庄相拥，明月处处有，此山月最明。

自然风光秀美迷人。明月山旅游区属亚热带湿润季风性气候，气候温和，年平均气温在 12℃～15℃，平均年降水量为 1800～2000 毫米，适应各种动植物生长，素有"天然动植物园"之美称。因为原始风貌保护良好，植被茂盛，所以空气中负离子含量高达每立方厘米 7 万多个，是国家标准的 35 倍，堪称"天然氧吧"。明月山景观优美，走在山间，万顷竹海，郁郁葱葱。这里有落差 119 米"江南第一瀑"之称的云谷飞瀑、有蜿蜒峭壁之上"中国最险的七大悬空栈道之一"的青云栈道、有光怪陆离的星月洞、有亚洲落差最大的奔月滑索、有恬静迷人的高山湖泊——月亮湖，还有中国大陆第一、世界第三的高山观光小火车。

禅宗文化历史悠久。唐会昌元年（841 年），我国佛教禅宗五派之一的沩仰宗创始人慧寂禅师在明月山之仰山创建栖隐寺（太平兴国寺）。自此一千多年佛事活动绵延不息，沩仰宗风遍传天下，成为中国古代佛教丛林胜地，印度、新罗国（今朝鲜半岛）、日本等海内外僧人前来参学问道，游览观光者数不胜数。过往名贤往往慕名造访，在此留下了众多碑碣及摩崖题刻。古寺旧址上依旧生机勃勃的千年古银杏树与周边一百多座唐、宋、明、清时期禅僧的舍利塔见证了那一段历史。为了修整和恢复栖隐寺，再造佛界生机，在中国佛教协会原会长一诚大师的发起和主持下，栖隐禅寺于 2011 年 9 月重建落成，祥云绕宝刹、钟磬答晨暮的景象，重现于深山幽谷之中。

国际温泉禅修中心的建成,使仰山成为游人用温泉洗涤尘埃,用禅宗净化心灵的旅游胜地。

农耕文化古朴厚重。明月山农耕文化源远流长,"梯田"一词最早就源于明月山之仰山。被誉为17世纪百科全书的《天工开物》是一部中国古代农业科技的百科全书,作者宋应星是宜春奉新人,现在明月山下建成的天工开物园,将宋应星的《天工开物》这本书建成了一个融古代农耕科技展示、传统手工制作参与、中国农耕文化陶冶为一体的体验性乐园。天工开物园采用现代方式演绎古代农业、手工科技文明,旨在充分挖掘宜春厚重的农耕文化,结合现代旅游,让游客寓教于乐、寓教于游。

各位朋友,请跟随我的脚步,一起近距离欣赏明月山旅游区的美景。

(二)明月山旅游区主要景点

1. 潭下景区

潭下景区是明月山唯一的山下景区。该景区以云谷飞瀑、千丈崖绝壁为主要特色,这里有"生肖闹月"的明月广场、有"清风送香"的荷塘、有咏月碑林、有幽静的竹林,还有遍布桂花树的"蟾宫丹桂园"和纪念朱熹的朱熹诗亭等景点,景区最出名的是云谷飞瀑。

【明月广场】

各位游客,我们所在的广场叫明月广场。该广场建在数山围成、气势恢宏、呈半月形起伏的坡地形态的大空地上,十分开阔豁亮,灰瓦白墙的类徽派建筑,大气而稳重,明秀而不失风韵。

广场中心的这个雕塑为铜铸像,由弯月、云姑、清泉、原石基座四部分组成,它有一个很美的名字:云姑沐月,这是全国唯一一尊背迎游客的雕像,云姑张开双臂,面向明月山,表达了人们对回归自然、返璞归真的向往。"云姑沐月"是依据南宋孝宗皇后被选入宫前的村姑形象雕塑而成。夏云姑(1133~1167年),明月山夏家坊人,小名明月,天生娇美,善良聪慧。雕像丰姿绰约、身材高挑、体态秀颀、面容端庄、气度高雅,真有"母仪天下"的皇家气象,与这广场天然融为一体。

【五叠瀑布】

各位游客,现在我们来到了五叠瀑布的第一瀑布"云谷飞瀑",它是江南第一高瀑,也是宜春古八景之一。峭壁上刻的"云谷飞瀑"四个大字是由中国书法家协会名誉主席沈鹏先生题写。作为明月山五叠瀑布之首，该瀑布落差高达119.6米，其山顶长年处于云雾缭绕之中，瀑布之水如从云层中喷泻而出，因此得名"云谷飞瀑"。清代诗人江为龙的七律诗："轻烟漠漠锁山腰，一道泉流玉屑飘。气吐白虹晴欲雨，瀑飞翠壁夜闻潮。终年匹练寒幽谷，尽日银河泻紫霄。我欲振衣千仞上，饱餐灵液涤尘嚣"贴切地表达了观瀑的感受。据说当年夏皇后夏云姑入宫前上山砍柴也常在此处观瀑，流连忘返，因此村民就用云姑的谐音为瀑布命名。站在观景台，大家看，瀑布之水如一条白龙从天而降，落入潭底的水溅起无数水花，每当太阳出来的时候，瀑布中部就显现出一道美丽的彩虹。

第二瀑布为玲珑瀑，小巧玲珑，像一位害羞的山中少女，微微侧着身子，躲在大树与山石之后。第三瀑布为鱼鳞瀑，从平坦的斜壁上缓缓流下来，像一片片洁白的鱼鳞。第四瀑布为玉龙瀑，是五瀑中最长、水量最大的一个瀑布，它像一条温顺的白龙蜿蜒游走于明月山间，迷恋着这里的一草一木、一山一水，千年万载不舍离去。第五瀑为飞练瀑，站在瀑布前面，看瀑布之水好似一条白练，先是狭窄瘦长地被两边石壁挤压下来，等到了中间，那块突兀的大石头将所有的水四溅开来，令人产生一种被释放的快感。

【七彩溪】

前面我们看到的这条小溪叫七彩溪，据说是夏皇后少女时沐浴的地方。大家可能很好奇，这夏皇后是何许人也？据说明月山脚下有个夏家坊，这里群山环抱、阡陌纵横、小桥流水、芳草萋萋。南宋成恭夏皇后夏云姑就出生在这里。云姑小时候家境贫寒，靠打柴种田维持生计，但她漂亮聪慧、心灵手巧。一天，云姑上山打柴，忽闻一股异香，循着香气，她来到潭水边，抬头望望四周，只见奇花异草古木参天，自然形成了一道天然屏障。于是，她解开衣裙，跃入潭中，一股妙不可言的舒坦顿时渗透全身，顿感浑身通泰舒畅。云姑在这潭中沐浴的时候，水潭上空腾起了七色的彩虹，把这水潭遮掩得严严实实。后来人们常说，这是上天为庇护皇后娘娘沐浴而派天神特意施放的一道屏风。从此以后，云姑便经常来这里沐浴。

在云姑16岁那年，恰逢皇帝派人到全国选秀，派到宜春的是位张公公。选秀途中，张公公骑马往明月山方向走来，经过夏家坊的一座石拱桥时，马突然跪在桥上，张公公差点跌下马来，用鞭子抽，马依旧不起。公公纳闷地自言自语道:"莫非这里有皇后娘娘?如果真有,你这死马赶快给我站起来,且要长嘶三声。"说来也怪,话音刚落,马一下站了起来,并且仰天长嘶三声。这时,张公公发现河边有一位放鸭子的姑娘,十分清秀美丽,张公公上前问道:"请问姑娘叫什么名字?"云姑笑着回答:"我的小名,有时落在山腰,有时挂在树梢,有时像面圆镜,有时像把镰刀"(答案:明月)。张公公见这姑娘不仅清新俏丽,且机智伶俐,便带入宫中。一进宫中,云姑就被皇太后看中,选作贴身侍女。在太子赵昚登基前一年,皇太后做主,把云姑嫁给了太子。次年,赵昚登基称帝,云姑随即成为正宫娘娘,被封为成恭皇后。

后来家乡的人们把成恭皇后曾沐浴过的那条小溪叫作七彩溪,并与陕西临潼的华清池相媲美。因为,不管什么季节,只要是天晴,游人来到七彩溪,定能看到一潭被阳光照射得七彩斑斓的清泉。

到了七彩溪,就像到了一个十字路口,往左可以看"神蛙跳涧""金鸡报晓""神龟探海""十八排"等景点,往中间可以上狮子峰观云海以及看"南方铁杉""花溪""棋盘石""千丈崖瀑布"等景点,往右可以看"骆驼峰""风帆石""海狮盼月",直到与"鱼鳞瀑"相接。

现在,就让我们短暂停留下,与溪水来个亲密接触吧。

【晃月桥】

各位游客,现在我们马上就要跨上一个特殊的桥——晃月桥。晃月桥是一座悬索桥,桥的名字来源于桥上行人走动时,桥会随之晃动,仿佛月亮也在随着桥动,因此得名"晃月桥"。该桥建于2001年,全长66.8米,桥上两边的铁索环环相嵌,一共有5999个,寓意相恋永久。走在桥上,不仅可以欣赏到美丽的自然风景,还能感受到桥身晃动带来的乐趣。这座桥也是"月亮情之旅"的第五站,名为"晃月桥上相牵"。

现在,就让我们牵起手,一同走过这座桥吧。

2. 太平山景区

游客朋友们,太平山景区欢迎您!在这里您将有幸领略到大自然的鬼斧神工和人文历史的厚重底蕴。首先,让我们登上明月山,这里是太平山景区的主峰,俯瞰群山环绕、云雾缭绕的壮丽景色,登顶后您将感受到壮丽山川的气势和自然之美。明月山景色,贵在天然。茫茫云海、山野天池、猕猴出没,有"绝壁惊人、怪石争奇、苍松斗妍、山花织锦"四绝,以峰、瀑、洞、石闻名。景区层峦叠嶂,怪石林立;山花吐艳,苍松傲然。处处飞禽走兽,花香鸟语;满目石径苍苔,流泉飞瀑,身临其境,如入仙境,有"酷似黄山"美称。

这里,春天一片翠绿,夏天浓荫遮天,秋季满谷金黄,严冬则处处玉树银花。山上不仅有岩参、石耳等药材,麂、獐、蛇、野猪、猴、野鸡、兔子、狐狸、娃娃鱼等动物,而且还有以"明月山"命名的明月山全缘叶红山茶、明月山杜鹃、明月山木莲、银鹊、青线柳等花木。其中起源2.3亿年前的南方红豆杉富含紫杉醇,是国内珍稀植物;而中华落叶木莲则是世界珍稀植物,现全世界仅存两棵,为明月山特有。

接下来,我们将游览龙泉洞,这是中国最大的石灰岩洞穴之一。洞内有各种奇特的石钟乳和石笋,形态各异、奇妙无比,令人叹为观止。同时,洞内还有清澈见底的地下河流,可以乘船游览,让您仿佛置身于神秘的地下世界。

现在,我们将前往太平寨,这座古老的山寨至今仍保存着完好的民居建筑和古老的街巷,展现了江南山区独特的风貌。在这里,您可以感受到古老文化的韵味和乡村生活的宁静。

当然,除了自然景观和人文遗迹,太平山景区还提供丰富多样的户外活动,包括徒步、登山、观鸟等项目,让您尽情享受大自然的乐趣和挑战。其中,在太平山顶看日出是一件非常浪漫的事,大家可以试试。

3. 仰山景区

仰山坐落于武功山脉的一条支脉上,距离宜春城约40千米,因其山势"高耸万仞,可仰不可登"而得名。这里重峦叠嶂、树木葱郁、溪流纵横、飞瀑不断。春天杜鹃花盛开,如红云漫山,蔚为壮观;夏日流泉飞泻,群峰氤氲,宛若仙境;至秋季层林尽染,山野间流光溢彩,令人觉醉;而一进入冬天,微阴即雪,每当雪停云开,海拔1034米的集云峰一带,皓雪晶莹,经久不化,形成绿野之上瑰丽的雪顶,令人赏心悦目,人们把这一江南胜景称作"仰山积雪"。

【到访名人】

仰山的神奇幽美,引得历代文人墨客纷至沓来。唐宋八大家之一的韩愈，在这里写下了《祈雨告仰山神》的祭文，表达了他对仰山的敬畏。中唐名相李德裕，为它写下了《山凤凰赋》的华章。名僧慧寂，把仰山的云蒸雾掩、古木苍郁视作天赐，在集云峰下选择了佳峰怀抱、形似莲花的宽敞谷地，兴建起太平兴国寺，创立了后来被称为"中国禅宗五派之一"的沩仰宗。到了宋代，诗家词人更是纷纷造访。"江西诗派"的鼻祖、大书法家黄庭坚，在游历仰山神庙之后，写下了《赠仰山简老太师》的诗句："简师飞锡地，天外集云峰。挈石松根瘦。欹窗竹影浓"，倾吐出他对仰山奇伟的由衷感叹。南宋"中兴四大诗人"之一的范成大，不顾天气寒冷、道路崎岖，冒雨登山，他站在太平兴国寺楼上，极目远望，"层层而上至顶"的仰山梯田，苍翠秀美，仰山雪峰，尽收眼底，不禁感叹道："谁开仰山云，此岂吾力及。日兴千丈豪，弹指众峰立。"一腔激情喷薄而出。南宋朱熹老夫子，在遍游仰山胜迹之后，难舍这里的人文之盛，干脆设席于太平兴国寺的四藤阁，开坛讲学，使仰山一时成为士子云集之地。

【栖隐禅寺】

仰山是沩仰宗的发源地，自唐代建寺，至今有1000多年的佛教历史，虽历经沧桑，但香火不断，佛事延绵不绝，著名的僧人有慧寂、光涌、佛印、希陵等，沩仰宗是中国禅宗五支中极具影响力的一支。沩仰宗祖庭仰山栖隐禅寺，其遗址就位于宜春市袁州区洪江乡东南村殿上组，该寺始建于唐朝会昌年间（842年），距今已有1100多年的历史，开山祖师为慧寂法师。仰山栖隐禅寺鼎盛时期有殿、堂、楼、阁28座，僧人逾千。在仰山的崇山峻岭间，散落着100多座僧人墓塔，形成南国少有的佛教塔林。中国共产党早期领导人之一的李立三少年时在太平兴国寺有过几乎出家为僧的经历，至今还在仰山一带流传。

现在我们看到的寺庙是2011年在原址恢复重建的。寺院的整体风格为明清建筑样式，与四周幽静竹林环抱的自然山水融为一体。精心的布局使寺院空间开阔宏大，高低自由错落，建筑有横有竖，屋檐有高有低，廊墙有进有退，院落有分有合，界面有实有虚，空间体量大小合宜，通过廊庑的联结，组成了宁静、亲切的闭合空间。整个寺院都融化在大自然的山泉丘壑之间，成为特定风光的重要组成，加上风声雨声、钟声鼓声、日影月影还有朗朗的诵经声和袅袅的香火，使得建筑美、自然美、人文美融为一体，渗透着山水诗、山水画、山水散文的意趣。

仰山国际温泉禅修中心的开业，使"月下讲禅法以明心、月下悟禅道以宁心、月下听禅乐以静心、月下品禅茶以清心"的养心理念植入我们的生活之中，吸引了大批海内外游客前来参禅悟道、休闲养心。

今天，人们到仰山，已不仅是为了体验"仰山积雪"的壮美和飞瀑峭岩的奇绝，徜徉于山林梯田间，也为了能领略一份都市所难寻觅的原始生态美和至真至深的文化触动。

4.青云崖景区

【星月洞】

星月洞长150米，是一天然石洞，上下错落，水溪潺动，迂回曲折，充满神秘感；其内部犹如大冰窖，夏天进洞特别舒服，到了冬天却很温暖，具有四季恒温的特点。出星月洞，见山面水，豁然开朗，林茂山秀，别具洞天。站在观景平台上，俯瞰群山，可感造化万千。从观景台走玻璃钢桥至青云栈道，如履薄冰，心惊肉跳，刺激异常。

【青云栈道】

穿过星月洞，各位游客，我们现在来到了青云崖景区的一大亮点——惊险刺激的青云栈道。青云栈道位于海拔约1500米的明月山山顶，全长约3100米，因其长期云雾缭绕，行走之上，有平步青云之感，故名"青云栈道"。它起于梦月山庄，穿星月湖而出，止于月亮湖，其中1700米的悬空栈道横亘于乌云崖峭壁之上，下面是"万丈深渊"，被称为"中国最险的七条栈道"之一。栈道如盘云的游龙，蔚为壮观，崖壁的迎客松和各类灌木点缀左右，沿途弯弯绕绕，转过每个拐角总有惊喜，因此这里成为明月山最受游客喜爱的景点之一。

各位朋友，大家现在请跟着我走。在这段令人心跳加速的旅程中，有几段特别具有挑战性的路段，它们不仅考验大家的勇气，更考验警觉性和平衡感。在这些高耸入云的悬崖峭壁之间，栈道有时变得异常狭窄，几乎只能容下一人小心翼翼地前行。每一步都需要全神贯注，小心翼翼，仿佛在与风云共舞，与天地对话。尽管这样的行走过程充满了紧张与刺激，但它也带来了前所未有的成就感。当你成功走过这些险峻的路段，回望来时的路，那种克服困难后的喜悦和自豪将油然而生。

【月亮湖】

游客朋友们,我们现在看到的这个湖叫月亮湖。该湖位于海拔1530米的明月山山顶盆地之中,原为一山顶凹地,四面群峰环绕,仅北面有一垭口,后来为了充分利用水资源,在垭口处修建了一座拦水坝,于是就形成这一月亮形状的景观湖。站在湖边,环视周围,群峰环抱,湖面宽阔平静,不时一阵雾飘过,让人宛入仙境。整个湖水色澄绿,月出时分,月与水相映,宛如镜花水月。月亮湖里有大批浸在水里的水杉树,水中的水杉在湖面形成的倒影,非常适合拍照打卡。木质的环湖栈道如嵌在湖上的项链,幽雅别致。明月山的月亮湖如庐山的如琴湖一般,是明月山的核心景区,这里有一个星级酒店,也是明月山唯一的一个酒店。

【妙音寺】

妙音寺,在古袁州府时期被萍乡人、安福人称为月山寺,宜春人称明月庵,始建于晚唐,距今1100余年历史。据《安福县武功山志》记载,清乾隆九年(1744年),进士桂继良游历过明月山,写了篇《明月山记》,篇中记述了山顶的这座寺院,曰:"乃至其山,旷然平地中有梵宫……传说有姓白者至此得道为神,四方运材兴土,建立寺宫,遂成丛林,祈祷辐辏。自和尚贞呆如灿至今,相承累代,可谓后继有人。"此文说明有三:一是建寺之前,此地原是一个姓白的道士的修炼场所;二是寺院开山之祖是一个法名"贞呆如灿"的和尚;三是自开山以来直至清乾隆年间,香火不曾断过。

晚唐著名诗僧齐己住湖南衡山东林寺,与袁州仰山来往甚密,多次途经明月山下,留有题咏明月山诗作,其《寄明月山僧》诗云:"山称明月好,月出遍山明。要上诸峰去,无妨半夜行。"从他的诗作中,我们可以推断出至少在唐代明月山上已有禅寺。

还有,宋朝诗人袁洪有《游明月山寺》诗云:"石径苍苔入远山,烟霞深处隐禅关;五更梵语闻天上,六月秋声满树间;洞口龙归云漠漠,岩前虎卧水潺潺;昨来因结东林社,也得僧家一日闲。"诗里面描述的也是明月山的禅寺和周边的景致。

现在我们看到的这座寺庙为重建建筑,其前身就是始建于晚唐,距今约一千一百余年历史的"明月寺"。"明月寺"在中国南禅历史上发出过耀眼的光辉,也是我国宋朝时期佛教丛林圣地,现"明月寺"遗址附近有着普同塔等僧人石塔墓冢多座。

接下来，让我们驻足，慢慢地感受历史的沧桑。

【天工开物园】

天工开物园是中国农耕文化主题乐园，也是江西省青少年科技教育基地，中国农耕健身基地，更是一个融古代农耕科技展示、传统手工制作参与、中国农耕文化陶冶为一体的体验性乐园，旨在挖掘宜春厚重的农耕文化，使游客在观光中增长知识，在参与中亲近自然，在劳作中体验和谐安乐的农耕情趣。园内设陈列展览区、体验游览区、农耕文化竞技区和文化休闲区四个馆区，真实再现传统村镇的生活方式和工艺技术。

（1）陈列展览园区是天工开物园的精华。主要展示了宋应星的生平、耕作制作技术和农副产品制作技术等。

（2）体验游览区是天工开物园的主体。其中可供游客直接参与的、农业文明时代的项目有50多个，如文房四宝、打草鞋、弹棉花、剪纸、刺绣、织夏布、织染、纺纱、打铁、造纸、榨油、风车扇秕、钓鱼捞鱼、脚踏水车、手摇水车、石磨碾米等，一应俱全。

（3）农耕文化竞技区是天工开物园的亮点。竞技项目设置合理，妙趣横生，包括手工制砖、稻田抓鱼、车水抗旱、取水盆灌、买余粮、锯木头、抛接秧苗等。游客参与项目，品味先民们的生活艺术，乐在其中。

（4）文化休闲区是天工开物园的卖点。由古戏馆、特色风情街、农家客栈和农家餐饮组成。古戏馆风格古朴，可容纳200余名游客休息、观看戏曲表演，表演的戏曲独具宜春地方特色；特色风情街有各类手工艺及特色美食等待游人品鉴；制陶、木器、篾器、歙砚、笔墨、竹编、竹雕、根雕、木雕工艺精湛；麦芽糖、袁州米面、丰城冻米糖、米酒麻糍等地方美食口味纯正；磨豆腐、包粽子、打麻糍、煎糖粑、炸爆米花等体验项目令人回味无穷；农家客栈的复式套房，农家餐饮的独立院落、餐饮包间在桃园式的亭台楼榭之间错落有致，置身天工开物园青山水绕的自然中，远离城市的喧嚣、琐事的困扰，带给您的是一份久违的宁静与释怀。

5. 温汤温泉度假区

温汤温泉度假区位于宜春城区西南的武功山北麓，明月山脚下的温汤镇，距市区15千米，四周群山环绕，风景秀丽，气候宜人。温泉分布在温汤镇 0.8 平方千米范围内，泉水从地下 470 米深处花岗岩中涌出。温泉区内纵横交错着 50 多泓形态各异、功能有别的特色温泉浴池，宛如山间一条玉带。温泉露天区共分为十大区域，中草药系列的太极调养八汤与天沐特色池，美容养颜系列的四大美人润肤汤，SPA 水疗系列的 SPA 水疗馆、温泉桑拿、温泉无边泳池，天地五行区，历史文化系列的竹林泡区、明月溪畔区、山水丛林区、动感水上乐园区，以及天体浴区。

  现在由我来为大家介绍一下温汤温泉的特点。第一是水量大，在温汤温泉范围内，有原始温泉数处，主要集中在镇中间的小河边，流量虽很小，但开发了多口人工自流泉井后，目前每天的出水量达 3700 吨，而只要再继续进行一些开发，日出水量能达到 8000 吨，属于大型温泉。第二是水温高，温汤温泉水温常年可达 68℃～72℃，中国东部地区达到这么高温度的温泉很少。过去当地杀鸡，只要把鸡浸泡在温泉水里，不出五分钟，就能拔毛自如；现在也有小孩子将鸡蛋装入塑料袋中，用绳子扎好扔到水底，不出 15 分钟，鸡蛋就熟了。第三是历史悠久，北宋地理总志《太平寰宇纪》在其《袁州宜春县》中记载："《郡国志》云，南乡有温泉，以生卵投之即熟，水中尤有鱼焉。"《郡国志》是后汉地理志，可见温汤温泉之历史，已有近 2000 年历史；能涌流上千年而不枯竭、不降温的温泉中国都不多。第四个特点，也是它最特别的地方，就是该温泉以"硒"为贵，高硒低硫，也正是这"高硒低硫"的特点成就了它世界级的美名。目前所开发的泉水中，属"高硒低硫"泉的只有两处：一处是法国的"埃克斯"矿泉，它属冷泉，在法国一瓶"埃克斯"矿泉水可以卖到 25 欧元，相当于人民币 200 多元；另一处"高硒低硫"泉就是温汤温泉，也开发出了"江特牌"矿泉水，无论是口感还是水质都相当不错，但一瓶水零售才一元钱，批发就几毛钱；所以，很多人到了温汤都要喝江特矿泉水，离开时还要带上一些，给亲朋好友品尝。

  硒是对人体非常有益的一种矿物质。温泉里的高硒也让这地方长寿的老人很多，人均寿命比宜春其他地方高出 5～10 岁。说到这里就有这样一个传说，传说江西历史上第二个状元——易重，六岁左右差点病死了，幸亏有一天晚上他父亲做了个梦，梦见一位白须仙翁告诉他："要救人，到温汤坪。"小易重就被送到了这里，每天泡半天温泉，经过几个月的调养，小易重好像完全变了一个人，不但病好了，人也显得特别有灵气，最终高中状元，名扬天下。

低硫温泉好疗养。温泉一般都含"硫"，只是多少的问题，如果温泉含硫太多，水就会有一种难闻的味道，而且对皮肤有刺激，不适合旅游开发。温汤温泉属低硫温泉，水无色无味，可饮可浴，所含的这点硫又非常适量，刚好起到杀菌消毒的作用。温汤温泉除了"高硒低硫"外，还含有20多种对人体有益的微量元素。从20世纪六七十年代开始，省市许多单位陆续在这里建起了疗养院。近几年，随着旅游的升温，这里更是车水马龙，游人如织。

有一位湖南游客这样说道：他泡过加拿大北部的温泉，泡过北欧地热王国——冰岛的温泉，也泡过日本富士山脚下的温泉，但真正让他感觉最好的还是温汤温泉。所以说，温汤温泉是难得一遇的好温泉，大家一定要去好好感受一下，享受这大自然对我们的恩赐。

各位嘉宾，今天有幸陪伴大家游览了明月山景区，欣赏了景区的秀丽风光，领略了景区的独特美景，希望此次明月山之行给大家留下了美好的回忆，欢迎大家再次光临，我在宜春明月山等着您！

十三、庐山西海风景名胜区

（一）庐山西海名胜区概况

游客朋友们，欢迎来到江西庐山西海风景名胜区！

庐山西海位于九江市西南部，跨永修、武宁两县，是国家5A级旅游景区、国家级风景名胜区、国家水利风景区、国家森林公园、亚洲最大土坝水库。庐山西海原名云居山—柘林湖风景名胜区，因为位于庐山西边，且有着海的磅礴气势，故又名"庐山西海"。西海面积有495平方千米，由西海湖区和云居山两个板块组成，水域面积308平方千米，近50个杭州西湖那么大，千岛落珠、碧波万顷。西海有8000多个岛屿，是名副其实的"万岛湖"，其中包括爱心岛、云居岛、女神岛、沧海岛、箬溪岛、明珠岛、桑田岛等；岛相依、桥相连、舟相伴，幕阜、九岭山脉，重峦叠嶂，碧波万顷，绿岛拥翠，犹如颗颗翡翠落玉盘。西海湖区平均水深45米，能见度达11米，是"水中大熊猫"桃花水母全国最大的栖息地。云居山有着1200多年的历史，是佛教曹洞宗发祥地，六任全国佛教协会会长中有四任来自云居山，这里是"中国佛教协会领袖的摇篮"。

庐山西海自然资源得天独厚。庐山西海在当地也称柘林湖，属于鄱阳湖生态经济区的重要组成部分。它位于鄱阳湖的上游，20世纪五六十年代完全通过人力建造的亚洲最大土坝——柘林大坝，把江西五大水系之一的修河拦腰截断，蓄水成湖，才形成了我们现在所看到的碧波万顷、千岛若珠的壮美景象，其中面积2000平方米以上岛屿1667个，3000平方米以上的岛屿有997个，且岛岛植被繁茂、翠色欲滴，再加上那些时隐时现、形态各异的无名小岛，环湖峰峦叠翠，古木参天，满目葱茏。云居岛上，具有东方禅意的荷花水榭、西海阁可赏诗画；女神岛上，美丽的西海女神、风格各异的西海龙桥、九曲桥、九孔桥让人流连忘返。

庐山西海水多，总库容量80亿立方米；庐山西海水深，平均水深45米，最深75米；庐山西海水好，能见度高达9～11米；庐山西海空气是甜的，负氧离子含量每立方厘米15万个，大家都说西海是"一级水质一级空气"，是最大的天然氧吧。庐山西海，是天人合一的杰作，"东方山水美学、人间仙境西海"就是她的写照。多位党和国家领导人到访过庐山西海，2007年温家宝总理在视察庐山西海时欣然说道："全国像这样的地方已经不多了，你们要建设好、要保护好。"2015年吴邦国委员长视察景区时曾题词"天上云居、诗画西海"。

庐山西海人文厚重。庐山西海原名云居山—柘林湖风景名胜区。柘林一直可以上溯到公元前21世纪的商朝艾侯国，隶属海昏。几千年前，这里曾是一片柘树林。柘树，又叫"黄桑"，与紫檀齐名，人称"帝王木"，古人用柘树的汁液来为龙袍染色。柘树成林，始称柘林。北宋诗人、书法家黄庭坚，从小就由外婆照顾，生活在西海边，在三溪桥辛勤求学；故宫、颐和园、天坛等清廷皇宫建筑设计师"样式雷"雷发达就是西海人；现代著名史学大家陈寅恪饮着修江水长大，他父亲陈三立是著名的"清末四公子"之一。陈宝箴、陈三立、陈衡恪、陈寅恪、陈封怀四代五位杰出人物，后人称之"陈氏五杰"。云居山自古就有"云岭甲江右，名高四百洲"的美誉，是全国佛教样板丛林，虚云、赵朴初、一诚大师等多任全国佛教协会会长在此住持，道膺、佛印、虚云、海灯等历代高僧大德曾在这里开坛说法，这里奉行"一日不作，一日不食"的农禅并重的古朴严谨禅风，台湾省星云大师称之为"千年来仅存的'禅门仪规'",也是世界坐禅中心。世界佛教徒联谊会主席瓦纳密提、柬埔寨国王诺罗敦·西哈莫尼、第十一世班禅额尔德尼·确吉杰布先后慕名前来参访。

庐山西海拥有优质的美食资源。庐山西海生态绝佳,拥有国家一级水质,水产丰富,西海鱼制品纯天然加工,美味健康。西海鱼类共有118种,深受游客喜爱的有石斑鳜、银鱼、白鱼、棍子鱼、胖头鱼、鳡鱼等,其中银鱼、石斑鳜出口日韩,棍子鱼被列为北京奥运会指定产品。云居禅茶自古留名,既具高山灵气,又浸佛禅灵性;易家河柑橘获"中华名果"称号,享誉全国;景区植被繁茂,地貌类型多样,可食用的山野特产如罗汉菜、蕨菜、茶薪菇、竹笋等,数不胜数。西海美食精致典雅,风味独特,主要以西海湖区天然鱼鲜、当地农家特色绿色无公害菜肴为主,用料天然,口感极佳,地方特色鲜明,深受游客追捧。

各位朋友,请跟随我的脚步,一起近距离欣赏庐山西海风景名胜区的美景。

(二)庐山西海名胜区主要景点

1. 桑田岛

游客朋友们,这里就是"文化西海"的桑田岛,这是秀美庐山西海岛屿游的入口,它就像是一场精彩电影的序幕,拉开了游览西海的壮阔画卷,这里也是西海旅游观光的核心,完美地体现了东方文化的博大精深。桑田岛主要展示和再现的是江西修河流域文化和传统特色的农耕文化。"七百里修河,激情扬波,滋润着赣西北沧桑大地;五千年文化,厚重深远,彰显出山与水的无穷魅力。"

【样式雷】

提到修河文化,不得不提"样式雷"。"样式雷"是对清代200多年间主持皇家建筑设计的雷姓世家的誉称,第一代"样式雷"的开创者雷发达,就是从如今的永修县梅棠镇雷家庄走出去的,进而铸就了中国建筑史上辉煌的一页,他和他的家族被誉为"永修八代样式雷,中国半部古建史"。这个雷氏家族祖籍在西海边上的永修县,祖上几代木匠传承,加上其家族丰厚的文化底蕴,又受到江西建筑流派的艺术风格的熏陶,而且肯用心钻研,对技术精益求精。既善于继承前人的经验,又善于吸取别人的长处,综合众家之长，甚至外国的艺术特长，加以大胆创新，从而形成自己的独特风格。进入北京宫廷建筑队伍后，就大显身手，技艺出众。作为清初宫廷"样式房"的掌案，相当于现在故宫总设计师，故宫三大殿：太和殿、中和殿、保和殿就是"样式雷"的惊世扛鼎之作。从雷发达开始的第一代到第七代都精于设计图样，人称"样式雷""样房雷"，他们参与设计的建筑除皇宫外，还有四园（圆明园、颐和园、静宜园、静明园）、三山（万寿山、玉泉山、香山）、三海（北海、中海、南海）、二陵（东陵、西陵），以及恭王府等。

【五色福台】

亲爱的游客朋友们，我们现在来到的这处景点叫农耕文化主题广场。前面有一个五色福台，这五色分别是青、红、白、黑、黄，它指的是土壤的颜色，东青、南红、西白、北黑、中黄的五色福台，大体反映了我国土壤在这五个方位上的分布情况。我国东临大海，又有很多江河的入海口，所以土壤长期被水淹，其中氧化铁被还原成氧化亚铁而呈灰绿色，所以是青土。而南方闷热潮湿且多雨，大量易溶于水的土壤物质受雨水冲刷而流失，最终剩下氧化铁和氧化铝，因而土壤呈现红色，我们江西就是我国红壤最多的省份。西部气候干旱，土壤以盐土和碱土为主，这类土壤中富含碳酸钙、石膏等白色矿物质，加上可溶性盐在土壤表层聚集，所以土壤变成了白色。东北地区气候湿润而寒冷，黑色的腐殖质在土壤中大量积累，而且降解缓慢，经年累月，黑色不断加深，因此称作黑土。黄土则主要分布于我国中部的黄土高原，黄土颗粒细腻，适宜耕作。五色土代表各色土壤所衍生出来的不一样的农耕文化，这表明我国地域辽阔，农业文明多姿多彩、灿烂辉煌，也寓意着各位游客朋友们的人生绚丽多彩和灿烂辉煌。有人可能会问，为何五色福台祭祀的是土而不是其他元素呢？这是因为土地就像空气、水和阳光一样，在维系人类生存方面起着不可替代的作用。土地聚财，是财富之母，它能给人们带来希望。

【西海宝鼎】

大家请看，五色福台上方屹立着一座青铜鼎，上面是用篆书镌刻的"西海宝鼎"四字。大家都知道鼎是我国青铜文化时期的代表，是文明的见证和文化的载体。但很多人不知道的是，最初的鼎却是用来烹制食物的，它是由远古时期陶制的食具演变而来，相当于现在的锅。据说禹铸九鼎，鼎才从一般的炊具演变为传国重器，变成了国家和权力的象征。曾有人说，古代青铜器与青铜工艺的演化，不仅是中国人的物质进化史，也是中国人的精神进化史。所以直到现在，中国人仍然有一种鼎崇拜的意识，"鼎"字也被赋予"显赫""尊贵""盛大"等引申意义，考考大家，大伙能说出几个和"鼎"字有关的词语或成语？一言九鼎、大名鼎鼎、鼎足而立、鼎力相助、人声鼎沸、问鼎中原、扛鼎之作、三足鼎立、香火鼎盛。大家面前的这座"西海宝鼎"是由中国鼎王、青铜铸造技艺非物质文化遗产传承人韩书清先生铸造。宝鼎是政权、财富、身份、地位的象征，它凝聚西海的灵气，蕴藏鼎都的底蕴，体现诚信之本、鼎新之魂、问鼎之心、包容之身、稳健之足和合作之路。"西海宝鼎"立于五色福台之上，融金木水火土于一身，是祈求风调雨顺、五福临门之宝器。宝鼎方形，代表有容乃大，寓意海纳百川，广纳八方之财，满足腰缠万贯之愿；鼎足稳健，代表稳如泰山，寓意走阳关大道，达光明未来，满足未来平安稳健之愿；鼎耳高耸，代表乾坤宜定，寓意心想事成，满足纳财祈福之愿。

桑田岛是一座以农耕文化体验为主题的岛屿，大家看，这是什么？对，是一个背景墙，我们可以隐约地看见绵延起伏的山水、层层叠叠的梯田，还可以看见农夫在田间勤劳地耕作，其寓意是耕作于山水之间，该背景墙展示了修河农业文明的源远流长，也展现了西海人淳朴、勤劳和自强不息的精神。

【农耕文化园】

大家请看，在宝鼎的后面有一座木枋，上面篆书繁体书写着"返璞归真"四字。大家往前走，这就是农耕文化园。有记载以来，农耕文化就已经成为我们中华优秀传统文化的主体，博大而精深。而传承农耕文化也是维系田园风光与乡村旅游的基石。这些年，越来越多的人从都市喧嚣中回归到自然，在空气清新、环境幽静的乡村中享受充满田园情趣的休闲生活。下面我们就来开启一段传统农耕文化体验之旅，一起来享受农耕文化的精神陶冶吧！西海农耕文化历史悠久，农业农具丰富多样。农耕过程中的农具展示博览和参与体验，是文化园农业文明展示的重要组成部分，大家可以欣赏和汲取古人的智慧，也可以体验农耕的种种趣味。重温农业时代的美好回忆，也会让我们倍加珍惜当下的生活。

2. 沧海岛

各位游客，我们现在来到了沧海岛。在咱们中国有个成语叫"沧海桑田"，沧海岛以九江非物质文化遗产为题材，是一个集观赏性、参与性为一体的综合性区域，可以领略修河流域的传统文化。

【品茗轩】

名曰"可语"亭。在茶楼，您可以和三两好友"对眺倚虹瀑，静饮西海茶。怡然忘江湖，可语自在游"。这里可以品尝到菊花茶、宁红、庐山云雾等特色茶饮，是一个文化氛围雅致、观景视野绝佳的休憩品茶空间。

【人生漫步】

走过台阶，这就叫作"人生漫步"，又叫作"人生路"。从桑田岛一路看过来，大家也了解到农耕文化覆盖了中国社会的方方面面，是中华优秀传统文化的主干成分，成为五千余年中华文明的一颗璀璨明珠，不断推动着人类文明的进步，也由此催生了色彩斑斓的人生之路。大家看，这条"人生路"用大理石铺就而成，长165米，共设有365块踏步，您仔细看，会发现每一块踏步代表着一个生日，一圈下来正好是一年。很有意思的是，在每块踏步右边的石块上刻着同样生日的历史名人的资料，365块踏步就组成了一场人生的印记。"漫漫人生路，短短几个秋。"踏上这条人生路，就像是进行了一场人生的旅行，一边欣赏着沿途的风景，一边品读着百味人生。大家感兴趣的话，您仔细找找，看看您和哪位名人同一天生日。

【"石"来运转】

大家现在看到的是二十四节气罗盘，占地面积约16平方米，从里到外共分为三层。中间为第一层，最中间的是大家非常熟悉的"太极图"，就是两条黑白的"阴阳鱼"。白鱼表示为阳，黑鱼表示为阴，白鱼中间一个黑眼睛，黑鱼之中一个白眼睛，表示阳中有阴，阴中有阳之理。道家常说道生一、一生二、二生三、三生万物，把太极图放在最中间，代表着生生不息。太极图四周这一圈数字代表着太阳黄经度数，总共360°，分成24个数字，这代表着地球在轨道上运行的二十四个不同的位置，刻画出一年中气候变化的规律。每个数字之间相差15，大家看第二层有24个节气的名字，也就是说每15天就有一个节气，在二十四节气名字的外圈，还有一组该节气所处的日期数字，第三层对应地刻着每个节气的气候、物候的变化。二十四节气最早出现于战国时期，起源于黄河流域。由于中国农历是一种"阴阳合历"，也就是根据太阳和月亮的运行来制定，因此，不能完全反映太阳运行周期。但中国是一个农业社会，而靠天吃饭的农业需要严格了解太阳的运行情况，所以在历法中又加入了单独反映太阳运行周期的"二十四节气"。二十四节气的划定是我国古代天文学和气象学的伟大成就，两千多年来，它在安排和指导农业生产过程中，发挥了重大的作用。2016年11月30日，二十四节气被正式列入联合国教科文组织《人类非物质文化遗产代表作名录》。在国际气象界，二十四节气被誉为"中国的第五大发明"。大家都知道，我们中国有个非常吉祥的成语叫"时来运转"，意思是指时机来了，命运也有了转机。由于"时"间的时与"石"头的石同音，为了沾时来运转的喜吉之气，于是，有人就把与石头有关的很多物品，比如石狮、石球、泰山石等摆放在门庭馆所之处，以期盼"石"来运转。

【农韵大舞台】

游客朋友们，我们现在来到了一个大舞台前。在舞台之上，有一块匾额，上书"农韵"二字，是的，您所在的就是农韵大舞台。舞台的中间是西海的美丽画卷，上面写着"诗画西海，人间仙境"。我想，在这仙境一样的西海看上一场表演，岂不像当年瑶琳仙境举行蟠桃盛会一般惬意。大家看，这里古朴的中式戏楼、各式亭台和连廊都凸显了修河文化的历史底蕴。四周用中式园林造景的手法作为布局，更是突出体现了修河文化与城市文化相结合的浪漫主义风格。这里每天定时对游客进行西海本地具有代表性的节庆活动表演，包括《梦幻鱼灯》《渔歌唱晚》等特色表演，不同节庆还会有不同主题，包括舞草龙、采茶戏等，那么现在请大家找好座位，我们一起来欣赏精彩的演出吧。

3. 明珠岛

各位游客朋友们，庐山西海千岛落珠，山水交融，我们即将前往的是明珠岛，它是赣鄱大地一颗熠熠生辉的明珠，它以展现和体验西海民俗文化——"渔文化"为载体，成为活力西海画卷里最为灿烂的一笔。

【九曲桥】

从明珠岛至沧海岛由九曲桥相连，此桥全长355米，顾名思义，九曲九折曲径通幽之中连接江湖楼，是不是让您想起了朱熹先生所写的"半亩方塘一鉴开，天光云影共徘徊"？人行走在白云绿水中，定会有心旷神怡之感。

大家都知道江西山清水秀，素来是江南的"鱼米之乡"，初唐四杰之首的王勃在其千古名篇《滕王阁序》中，就曾称赞江西"物华天宝，人杰地灵"。在人类悠久的历史发展过程中，勤劳的江西人民创造了光辉灿烂的赣鄱文明、影响深远的农耕文化和独具特色的渔文化，由此诞生了极为丰富又绚丽多彩的江西民俗文化。这些丰富多彩的民俗文化，就像是耀眼夺目、璀璨绚烂的明珠，而修河文化就是江西民俗文化中个性鲜明、气质出众的一颗明珠，这也是此岛得名"明珠"的真正内涵。明珠岛以景观艺术创意为手段，以多元化的民俗艺术展演为吸引，将秀丽的九江风景和迷人的修河文化遗产，以鲜活、多元的方式呈现给天南地北的游客，令各位朋友们仿佛置身于艺术长廊里，穿越时间、跨越空间，在领略秀美自然风光的同时，去找寻修河人民自强不息的文化精神。

【江湖楼】

在桥上有一楼，名曰"江湖楼"。"江湖"一词出自《庄子·大宗师篇》：泉涸，鱼相与处于陆，相响以湿，相濡以沫，不如相忘于江湖。

江湖可以理解为大江大湖。从尧舜起始，大江大湖孕育了世界上最优秀的文化，留下了深邃的思想和智慧；围绕大江大湖也经历了频繁的战事，造就了名垂青史的英雄和史诗。自古至今，不少朝代是以江、湖做依托成就伟业的，在庐山西海的附近，有大江——长江、大湖——鄱阳湖，朱元璋能得天下，也因为在鄱阳湖入长江之口打败了陈友谅。大江大湖孕育了璀璨的江西文化，也使江西成为中国历史有名的鱼米之乡。修江与柘林湖，也是大江大湖，它们造就了美丽多姿的庐山西海，为江西的水域景观增添了绝妙的一笔。江湖也可以理解为远离朝廷与统治阶层的民间，江湖儿女，豪情万丈。在许多武侠小说中，江湖时而令人向往，时而大侠又退隐江湖。

有人的地方，就有江湖。古龙先生在他的小说里表达了他对江湖的理解：人在江湖，身不由己。此刻，大家来到了江湖楼，我们要忘却"江湖"，在徐徐清风中，享受"归隐"田园的乐趣。江湖楼里陈列了著名北宋诗人、书法家黄庭坚的对联、书法、诗词等作品，他是我们九江市修水县人，就在修河流域、西海周边长大。黄庭坚曾写下"桃李春风一杯酒，江湖夜雨十年灯"的著名诗句。别人和他说："你现在是太史，家里有那么多仆人，白天要处理那么多事情,晚上干吗不好好休息,让仆人来照顾你的母亲呢?"黄庭坚说:"即使仆人再多,也不能代替我向母亲尽孝呀,不管我做什么事情都一定要先把父母孝顺好,这是为人子女的本分。"

在中国传统文化中,提倡"百善孝为先"。黄庭坚的故事告诉我们,为父母尽孝道,与身居高位没有什么关系,孝事父母是为人子女应该做的事。现在,很多人以工作太忙等为理由,对父母不尽孝道,让年迈的父母心怀一份思念,过着物质虽然丰足,但内心凄凉的生活,实属不该。对任何人来说,孝敬父母之事都应不分大小,唯有出自本心的恭敬,方能做得圆满。所以,我们要力行孝道,给父母一个安康幸福的晚年。

【水上牧歌】

这是庐山西海的特色景观之一,由画舫、水上栈道构成了鱼形的区域。包括"牧渔区"与"乐园区"两大板块。牧渔区不仅展示了庐山西海的特色鱼,包括鲫鱼、雄鱼、鲢鱼、银鱼、乌鱼、棍子鱼等,还有鳊鱼、鮰鱼、鳙鱼、鸭嘴鲟、日本锦鲤等,是庐山西海风景区全国青少年研学实践基地之一。

大家看,各色鱼种,一群群、一簇簇,恣意闲适地生活在这片优质的水域里,能有这样的好水"伺候",这些鱼也算是有"福"了。这里还有不少是颜色各异的锦鲤,现在网上转发锦鲤已经变成了常态,大家纷纷转发以求好运。那么究竟锦鲤寓意着什么?能给我们带来什么呢?

首先,锦鲤寓意希望。随着近年来锦鲤养殖和锦鲤文化的传播,锦鲤作为风水鱼也越来越受到大家欢迎。每逢农历新年,人们最常说的一句话就是"年年有余","余"字谐音"鱼",这里的鱼,指的就是锦鲤鱼。锦鲤鱼体色彩鲜艳,无论是喜庆的红色,还是象征丰盈的金黄色,都给人以希望和盼头。锦鲤还寓意长寿。您知道吗,锦鲤是一种非常长寿的鱼,平均寿命在70多岁,目前有记录的最长寿的锦鲤有200多岁,比我们人的寿命都长。另外,它可以与人一起成长,非常具有纪念意义,这也是人们选择喂养锦鲤的原因,所以养锦鲤代表长寿,能为人们的健康祈福。

锦鲤还能留住好的风水。锦鲤被誉为"水中活宝石",自古在中国就被称为吉祥之物。首先,锦鲤具有很高的观赏价值,放在池塘或鱼缸中色彩斑斓,赏心悦目,就像宝石一样璀璨,夺人眼球。再有锦鲤对于改善水质,清除污垢也具有相当重要的作用，它们可以使水干净清冽，富有生气，而留住了好风水，就能给主人带来好运气，因而备受国人青睐。所以，锦鲤就成了通行的"风水鱼"，这下大家知道为什么国人喜爱转发锦鲤了吧！大家可能会有些疑问，锦鲤和金鱼是不是同一种观赏鱼呢？大家统称的金鱼分为两大类——金鱼和草金鱼，是古代宫廷遗留下来的观赏鱼，在我国绝大部分地域都可饲养。金鱼的分支相当多，草金鱼则包括锦鲤和锦鲫两大类。所以，金鱼不是锦鲤。

这里是水上乐园区，西海的平均水深45米，最深的地方75米，在这么深的水域进行水上活动是比较危险的。但是我们聘请专业的厂家进行设计，在水上娱乐设施底部采用生态密织进行安全托底，保障大家可以安全下水。乐园区包括水上蹦床、水上悠悠球、水上划艇、水上乐园等内容。

大家都知道，我们西海的水质是"国家一级"水质，那么来到西海，在欢乐海洋中与西海清澈湖水亲密接触，大人与孩子们一起在纯净的大自然尽情撒欢。在这里，大家可以欣赏修江世代相传的捕鱼表演，矫健的鱼鹰、黝黑的渔夫、清澈的修水、形态各异的岛屿，构成了一幅完美动人的和谐画卷。而为了满足众多垂钓爱好者的需求，游客还可以进行垂钓、品鱼等活动，每年我们庐山西海会举办中华垂钓大赛，感兴趣的朋友不要错过呀！

【渔舟桥】

一说到渔舟，大家一定会想到"渔舟唱晚"这个成语，您知道它出自哪篇文章吗？这位朋友说对了，它出自初唐四杰之首王勃的《滕王阁序》，他在序文中写道："渔舟唱晚，响穷彭蠡之滨，雁阵惊寒，声断衡阳之浦。"这是多么美的一种意境啊，您知道吗？每当夕阳西下，西海呈现给您的也绝对是这样的一幅美景。

大家请看，这渔舟桥的桥墩也为渔舟形状。走到桥边，我们就可观赏到这里养殖的西海特色鱼种，以及表现西海"渔文化"的水上牧歌。您看，这里的渔船错落有致地漂浮在水面，而如果从高处俯瞰的话，整个水上牧歌状似鱼形，十分贴切地把"渔文化"融于景中。

唐代诗人李颀在《宿香山寺石楼》中描述浔阳故地"渔舟带远火，山磬发孤烟"，大概就是这样的意境吧。走过渔舟桥，请大家随我逐渐进入"自然朴实、返璞归真"的绿野仙踪童话实景——木屋小镇。

4. 云居岛

游客朋友们,我们现在抵达的就是诗画西海、东方意境板块中的最后一个岛屿——云居岛。它由云居塔、西海阁、仙指湾等建筑和自然景观组成,是一片静谧悠然的东方秘境。

【西海阁】

眼前的这栋建筑就是云居岛的西海阁。阁名则取自"天上云居、诗画西海"。西海阁下方还有荷花梯田、金色沙滩等景点,让广大游客在我们西海可观可玩,美哉、乐哉。

【荷花梯田】

大家请看,这些象征着圣洁、清纯的荷花,朵朵娇艳。荷花梯田寓意从万象纷纭中走出,步步生莲。荷花,又称为莲花,是圣洁、清净的象征。人们认为荷花从淤泥中长出,不被淤泥污染,又非常香洁,寓意菩萨在生死烦恼中出生,又从生死烦恼中开脱,故有"莲花藏世界"之意。所以,大家可以看到菩萨是以莲花为宝座的。

【云居塔】

游客朋友们,前方就是云居岛的标志性建筑云居塔,一共 700 平方米,塔高 7 层,37.67 米,位于云居岛至高处,登塔向东远眺,似乎隐隐约约可以望见气势雄伟、林壑清幽的云居山,尽览竹林深处的"冠世绝境,天上云居"。而每当黄昏时分,一边是渔舟唱晚的意境,一边是夕照映塔的美景,微风轻送,禅音阵阵,这里是相忘于江湖最好的选择。西海阁与云居塔,一塔一阁遥相呼应,尽显东方建筑的神韵。

整座塔用简洁的元素呈现出东方建筑质朴的美感,能够感受"闲看花开,静待花落,冷暖自知,干净如始"的意境,以达到"不恋尘世浮华,不写红尘纷扰,不叹世道苍凉,不惹情思哀怨"的素养。云水禅心,是自我的修行;杯盏人生,是灵魂的落定;茂林修竹,是清净的追求;依山傍水,是无为的境界。

【滑索】

目前云居岛和女神岛互通有两种方法:一种是沿台阶信步而行,这是免费的,只是您要爬山,稍微有些辛苦;另一种方法是乘坐滑索,但这是收费的项目。滑索起初是一种渡河工具,常见于山地、河谷,古代称为撞,最早用于高山自救和军事突击行动。在我国一些偏远地区，因为交通不便，溜索还是一些少数民族的主要交通工具和运输物资渠道，是少数民族地区的人民改造和战胜自然的象征，是他们不畏艰险、勇猛顽强性格的写照。它以一条钢索或粗绳，连接山谷两侧，一头高，一头低，借助高差从高处以较高的速度向下滑行，可跨越草地、湖泊、河流、峡谷。近几年，滑索已经从单纯的交通工具，发展为一项具有挑战性、刺激性和娱乐性的体育游乐项目，是磨炼意志、体验速度与激情、感受超越与心跳的游乐项目，所以，您够胆量的话，来吧，挑战自己一回。

【荷花水榭】

各位游客朋友，我们的右手边就是荷花水榭。一说到荷花，大家是不是想起了杨万里所写的"小荷才露尖尖角，早有蜻蜓立上头"，又或者他的另外一首诗作"接天莲叶无穷碧，映日荷花别样红"。但是关于荷花的古文，杨万里在另外一位文化大家的面前也得竖起大拇指，他就是著有《爱莲说》的北宋理学家周敦颐，他虽不是九江人，但是他对九江却情有独钟，辞官后归隐定居在九江庐山莲花峰下，并永远安眠于九江，周敦颐的精神早已融入了他所喜爱的这片土地，成为九江及庐山文化的重要精髓。所以，九江的市花就是周敦颐笔下的莲花。

大家请看，荷花水榭的整体建筑造型营造出了东方园林意境，置身其中，在蓝天白云的映衬下，一切都显得那么怡然自得。没有了城市的喧嚣，没有了汽车的轰鸣声，催促的喇叭声，没有此起彼伏的手机电话铃声。回归自然，我想许多人的愿望亦是如此。

我国古代建筑文化，可谓博大精深，亭、台、榭、楼、阁。每一种建筑样式不同、功用自然也不同，其中原理有文化、有讲究。这些建筑有哪些特点和区别呢？

亭是一种汉族传统建筑，源于周代。亭就是"停"也。道路所舍，人停集也，多建于路旁，供行人休息、乘凉或观景用。亭一般为开敞性结构，没有围墙，顶部可分为六角、八角、圆形等多种形状，多以木材、竹材、石材、钢筋混凝土为主。因为亭子的结构简单、造型轻巧、选材不拘、布设灵活而被广泛应用在园林建筑之中。

台是最古老的园林建筑形式之一，我国古代将地面上的夯土高墩称为台,后泛指高平的建筑物。早期的台是一种高耸的夯土建筑,古代的宫殿多建于台之上。古典园林中的台后来演变成厅堂前的露天平台,即月台。现在的称呼跟古代的台相差不是很明显,如火车站站台、舞台等,都符合古代的定义的解释。

榭多与台合在一起,台上的木构房屋称为榭,两者合称为台榭。最初的台榭是在夯土台上建造的有柱无壁、规模不大的敞厅,供眺望、宴饮、行射之用。榭还指四面敞开的较大的房屋。唐朝以后又将临水的或建在水中的建筑物称为水榭,但已是完全不同于台榭的另一类型建筑。到了现代,又成了园林建筑中供人们倚栏赏景的观景平台,平台一部分架在岸上,一部分伸入水中,有的也设于花间,常与廊、台组合在一起。

楼是指两层和两层以上的房屋,亦指建筑物的上层部分或有上层结构的。《说文》中有云,"楼,重屋也"。古代时期多用作卧室、书房,还有一些实用价值。但现在古建筑的楼在园林中常见,两到十层,用来观赏风景,也常常成为一处景观。

阁在古代是放在门上用来防止门自合的长木桩。后来慢慢改变发展成为中国传统建筑物的一种,类似楼房的架空小楼。大部分是两层,四面有窗,四周设有隔扇或栏杆回廊。可以供人远眺、游憩、藏书和供佛。有时,也特指女子的卧房。在《木兰诗》中有这样的诗句:开我东阁门,坐我西阁床。

【明月桥】

千百年来,中国石拱桥遍布祖国山河大地,随着经济文化的发展而建造着,它们是中国古代灿烂文化中的一个组成部分,在世界上曾为祖国赢得荣誉。隋朝的赵州桥是中国第一座石拱桥,也是当今世界上第一座石拱桥。唐代文人赞美桥如"初月出云,长虹饮涧"。我们现在看到的桥似半月,倒映在水面就像一轮明月,故名:明月桥。跨水架桥,意境优美,雕琢装饰,千姿百态,也是体现我国审美观的一种民族传统。

各位亲爱的游客朋友,壮丽的庐山西海之行到此就圆满结束了。今天,我很荣幸能陪伴大家一起欣赏西海秀美的风光,一起了解庐山西海的古典传承,感受西海生态湖岛胜境的绝妙,庐山西海是东方山水美学的典范,也是休闲度假的最佳选择!"一生西海天下情",欢迎您再次莅临西海,在这人间仙境,再做一回"人间神仙",朋友们,再会!

十四、滕王阁旅游区导游词

（一）滕王阁景区概况

尊敬的游客朋友们，大家好！欢迎来到江南名楼滕王阁参观游览。

说起南昌，人们就会想起滕王阁；来到南昌，必然要登临滕王阁。正如一位学者所云："南昌有滕王阁，乃一省之徽；犹如北京有天安门，为一国之徽。"滕王阁是一座声贯古今、誉播海内外的千古名阁，现为全国文明单位，国家5A级旅游景区，坐落在南昌老城区以西，赣江与抚河故道交汇处，依城临江，面对西山，与湖北黄鹤楼、湖南岳阳楼并称为江南三大名楼。它不仅是以"西江第一楼"的盛誉闻名中外，而且是中华民族灿烂文化和古建筑艺术的象征，同时又是文化古城南昌的重要标志。它始建于唐永徽四年（653年），为唐太宗之弟"滕王"李元婴任洪州都督时所建，因初唐诗人王勃所作《滕王阁序》而名传千古。唐代大文学家韩愈在《新修滕王阁记》中曾赞颂道："愈少时，则闻江南多临观之美，而滕王阁独为第一，有瑰玮绝特之称。"故又素享"西江第一楼"之美誉。滕王阁自初唐兴建到民国十五年（1926年）损毁，一千多年以来，迭经兴废达二十八次之多，直至20世纪80年代，才按古建筑大师梁思成先生所绘，仿宋式《滕王阁重建计划草图》重新设计，组织施工，第二十九次重建之阁于1989年10月8日重阳节落成并对外开放。

滕王阁瑰玮绝特。滕王阁建筑在赣江东岸的冈峦之上，碧瓦丹柱，雕梁画栋，飞檐翘脊，高耸云天，巍峨壮观。登阁远眺，可见西山叠翠，南浦云飞，鸥鹭翱翔。其气势之磅礴，令人叹为观止。凭栏俯视，又见赣江与抚河在此汇流后浩荡北去，江面渔帆点点，令人心旷神怡。千百年来，滕王阁引来无数文人骚客，皆以登临游观一睹"落霞与孤鹜齐飞，秋水共长天一色"的瑰玮景色为快事。重修后的滕王阁是一座仿宋式建筑，建筑面积达13000多平方米，主体净高57.5米，共有九层，其中下部是象征古城墙的12米高底座，底座以上部分为七层，采用"明三暗七"的格式。滕王阁东西宽80米，南北长140米。台座两边有两座辅亭，分别为"压江亭"和"挹翠亭"，取"南观大江之雄，北揽西山之秀"之意，与主阁组成"山"字形结构。从飞机上俯瞰，又像一只展翅欲飞的巨大鲲鹏屹立在赣江之滨。

滕王阁历史悠久。滕王是一位很有才情的艺术家,他通音律、晓歌舞、擅丹青,然而一生之中,东奔西走,在许多地方都当过不大不小的官,似与其亲王、皇弟、皇叔的身份不符,遭遇极不平凡。永徽四年转任洪州都督,其时南昌是比较偏远的地域,是安置贬谪官员的地方。滕王被贬谪到远离京都的地方,郁郁不乐纵情山水。据传,滕王爱好狩猎,有一次逐猎到了赣江东岸,见此地江南美景,流连忘返。后来,滕王带着一班幕僚和歌舞伎,来到章江门外的冈峦上,远眺近观,心旷神怡。然而城外的丘冈上,乱石遍布、杂草丛生,歌舞伎们实在难以施展才艺。随行幕僚提议在临江的丘冈上建一座楼阁,既可揽山川之秀,又可享歌舞之乐,这正合滕王心意。几个月后,一座瑰玮绝特的高阁就在滨江的丘冈上落成了。

唐上元二年(675年),洪州都督阎公重修此阁,并于九九重阳节在滕王阁大宴宾客,为新修滕王阁作序,恰逢王勃路经洪州,在宴席间留下一篇即席挥毫的千古绝唱《滕王阁序》。滕王阁自初建以来兴废达二十八次之多,其中唐朝五次、宋朝一次、元朝两次、明朝七次、清朝十三次。无数文人墨客登阁挥毫、题诗作赋,名气大者唐代除了"三王诗人"(王维、王勃、王昌龄)、韩愈,还有白居易、杜牧;宋代有欧阳修、曾巩、王安石、苏辙、朱熹、辛弃疾、文天祥;元代有虞集、吴师道;明代有杨士奇、胡俨、李梦阳、汤显祖;清代有蔡士英、钱谦益、朱彝尊、蒋士铨、刘坤一等。

滕王阁融自然美、人文美于一体。滕王阁的自然美与人文美,堪称珠联璧合。自王勃作序后,历朝的官绅、文士常以此阁作为雅集之地。无论是博雅君子,或是附庸风雅的俗客,对这座江南名楼都有不同程度的兴趣,体现了滕王阁自然与人文的感染力。

滕王阁诗文是宝贵的文化遗产,陆续有人将前人遗作编辑成书,给我们留下了各种版本的滕王阁文集数十卷。如明朝董遵首创编辑自唐至明的诗文,成《滕王阁文集》十卷,刊行问世;李嗣京广求明代中叶以来诗文,遴选编成《滕王阁续集》十九卷;清朝蔡士英为重建滕王阁亲撰《征诗文檄》,广征当时名人诗文460余篇,编为《重建滕王阁集》,此后又将自唐代到明代的滕王阁诗文编为《滕王阁全集》凡十三卷。滕王阁上历来楹联诗文佳作如林,历代绘画、书法、篆刻、碑拓也都留下了大批艺术珍品。此外,国内工艺美术、陶瓷、雕塑、装饰品等以滕王阁为题材的也为数不少。

滕王以歌舞创阁的流风,一千多年来绵延不绝。几乎所有的洪州地方长官们,每逢庆典、接官、送客、宴宾、会友等事,均要在滕王阁举行歌舞盛会。尤为值得一提的是,明万历二十七年(1599年)重阳节,新修滕王阁落成,江西巡抚王佐在阁中大摆宴席,并由王有信领班演出《牡丹亭》。当朝大学士张位和剧作家汤显祖及大小官员们同观此戏,开创了在阁上演戏的先例。自2016年以来,滕王阁景区设置了"滕王宴乐"这一夜游节目,与赣江两岸灯光秀、滕王阁主阁裸眼3D秀等表演一起深受游客喜爱。

各位朋友,请跟随我的脚步让我们深入了解滕王阁景区。

(二)滕王阁景区主要景点

阁楼主体建筑共九层,为重檐歇山式大屋顶,净高57.5米,采取"明三暗七"仿宋建筑风格。整个建筑根据中国建筑学家梁思成先生于1942年所绘的草图,并参照"天籁阁"所藏宋画《滕王阁》及宋朝李诫《营造法式》一书重新设计,采用钢筋混凝土仿木结构建造。主阁碧瓦丹柱、斗拱重檐、雕梁画栋、绣户绮窗,保存了唐朝阁"层峦耸翠,上出重霄;飞阁流丹,下临无地"的雄伟气势。

1. 滕王阁太极广场

游客朋友们,现在我们进入了滕王阁的正大门,看到的阁前东广场名为太极广场。在广场正中,展示的是远古先天八卦,也叫伏羲八卦。请看,这中心的"S"形阴阳鱼就像两个首尾相连的"9"字,其外围则为八个卦位,"8"与"9"正合滕王阁是1989年竣工的年份之数。在广场两边有"双廊四亭",设计精巧而古雅。四亭分别名为"腾蛟""起凤""紫电""青霜",取自于王勃《滕王阁序》中的用语。南北各有长廊,北边长廊为《滕王阁诗词集锦》青石碑,历代名家的81首诗篇镌刻在81块金星石上,其中有王勃、白居易、杜牧、苏轼、王安石、朱熹、辛弃疾等人的佳作。南边长廊则是用汉白玉雕刻的《滕王阁序印谱》,该印谱构思巧妙,有"天下无双序,江南第一碑"之誉。双廊和四亭的斗拱梁枋采用宋氏碾玉装彩绘。在枋的中间部分,绘有与滕王阁历史相关的江西名人故事及民俗等,如张若谷在滕王阁设宴款待少年王安国;辛弃疾于谷雨时节在滕王阁中会诗友等,这些彩会及其内容都充分展示了滕王阁丰富的文化内涵。

滕王阁不仅是一座文化殿堂,还是一座书法艺术的宝库。主阁飞檐下有16块巨大牌匾,其中有9块九龙匾,共九九八十一条龙,很有皇家气派。滕王阁最高层东、西两面有两块蓝底牌匾,其上"滕王阁"三个大字,是北宋大文豪苏东坡的手笔。第五层飞檐下东、西两面分别是"东引瓯越""西控蛮荆",取自王勃《滕王阁序》中的"控蛮荆而引瓯越",是指江西的地理位置东面与浙江、福建相连接,西面与湖南、湖北接壤。南、北两面分别是"南溟迥深""北辰高远",暗寓王勃遭贬,离朝廷越来越远了。第三层飞檐下东、西面分别是"江山入座""水天空霁";南、北面分别是"栋宿浦云""朝来爽气"。第一层抱厦前,这块九龙匾是唐代书法大师怀素的狂草——"瑰玮绝特",号称"天下第一草书匾"。它出自韩愈的《新修滕王阁记》,盛赞了滕王阁瑰丽、雄伟、奇绝独特。西面是"下临无地",南面牌匾是画家启功所书"襟江",北面是吴作人所书"带湖"。滕王阁对称的两个亭子分别取名"压江"和"挹翠"。

2. 主阁一楼

现在让我们拾级而上,来到入阁的抱厦前,您可以看到一副长联,"落霞与孤鹜齐飞,秋水共长天一色",这是《滕王阁序》中最经典的名句,是毛主席在1964年9月17日亲笔书写的。

【序厅】

我们现在进入滕王阁的第一层,此层称为"序厅"。首先映入大家眼帘的是一幅大型的汉白玉浮雕,名为《时来风送滕王阁》,它是根据明代小说家冯梦龙的《醒世恒言》中的《马当神风送滕王阁》所改编的,描绘了王勃借神力日行七百里赴滕王阁盛会,即席挥毫写下千古名篇《滕王阁序》的神话故事。

王勃,山西河津人,当年他从老家出发,前去看望在交趾为官的父亲。一路逆水而上,当经过长江边的马当山时,忽遇风浪,船只无法前行,于是王勃便傲立于船头吟诗作对。恰遇中源水君马当神,这位水神十分欣赏王勃的才华,便化身为一位白胡子老者,对王勃说:"明日是九九重阳,你若能赶到洪州,参加都督阎公举办的滕王阁盛会,写下一篇文章,定能名垂青史。"可当时王勃离洪州还有六七百里水路,一夜之间根本无法到达,于是这位老者便邀神风相助。霎时,王勃所乘的船就像一支离弦的箭一样向洪州驶去。第二天，王勃登上了滕王阁，在宴会上，他即席挥毫写下了千古名篇《滕王阁序》。画面的右下方是水神相助的情景，左边是王勃作序的场景，整幅画面呈巨浪掀天状，有乘风破万里浪之势。

【东厅】

东厅南北两面，设置了用铜板做的六块屏风，铜板上文稿为繁体仿宋字体，分别是唐·韩愈的《新修滕王阁记》、唐·韦悫的《重建滕王阁记》、宋·范致虚的《重建滕王阁记》、元·虞集的《重建滕王阁记》、明·罗钦顺的《重建滕王阁记》、清·蔡士英的《重建滕王阁自记》。

【西厅】

接下来请游客朋友们进入西厅参观。西厅展示的是真人硅胶像，再现了王勃参加滕王阁宴会时的场景。公元 675 年，滕王阁第二次重修完成，时任洪州都督阎公决定重阳之日在滕王阁上大宴宾客，为新修的滕王阁作序。王勃前往拜见，阎都督早闻他的名气，便请他参加宴会。阎公原本想向大家夸耀其女婿吴子章的才学，于是让女婿事先准备好了一篇序文，以便在席间当场即兴作文。宴会上，阎都督让人拿出纸笔，假意请诸人为这次盛会作序。大家知道他的用意，都相互谦让，而神童王勃竟不推辞，接过纸笔，当众挥笔而书。阎都督不悦，拂衣而起，转入帐后，命人去看王勃写些什么。听说王勃开首写道"南昌故郡，洪都新府"，阎都督觉得不过是老生常谈；又闻"物华天宝，人杰地灵"，阎都督沉吟不语；当听到"落霞与孤鹜齐飞，秋水共长天一色"，阎都督不得不叹服："此真天才也，当永垂不朽"，当即打开帘帐接见王勃。王勃的才华得到了大家的欣赏，从此，滕王阁也因王勃一序而名传千古。

3. 主阁二楼

游客朋友们，我们进入了滕王阁第二层，称为"人杰厅"，取意王勃序中的"物华天宝，人杰地灵"。厅内大型丙烯壁画《人杰图》描绘了江西从先秦到明末的八十位名人，其中有张道陵、陶渊明、黄庭坚、欧阳修、王安石、曾巩、朱熹、汤显祖、解缙、夏言等。下面我简单介绍一下张道陵等江西名人。

【人杰图】

张道陵：道教正一派创始人，在江西龙虎山开始炼丹修道，龙虎山被称为"中国道教第一山"。陶渊明：东晋田园派诗人，九江星子县人。陶侃：陶渊明的曾祖父，东晋时期著名的开国大将军。董源：南方山水画鼻祖，进贤人，代表作就是画面中的这幅《潇湘图》，现被收藏于北京故宫博物院。黄庭坚：修水人，江西诗派的创始人，他和苏轼、米芾、蔡襄并称为"北宋书法四大家"。杨万里：吉水人，中国高产诗人，一生作诗2万多首，但迄今保存下来的仅4000多首，"小荷才露尖尖角，早有蜻蜓立上头"就是他的代表作。欧阳修：庐陵人，《醉翁亭记》中的"醉翁之意不在酒，在乎山水之间"大家非常熟悉。欧阳修两侧分别是曾巩和王安石，都是"唐宋八大家"之一。王安石被称为"中国十一世纪的改革家"。朱熹：江西婺源人，著名的教育学家、理学家，程朱理学的集大成者。汤显祖：江西临川人，明代戏曲家，被誉为东方的"莎士比亚"，一生主要作品为《临川四梦》，其中《牡丹亭记》是其得意之作。解缙：江西吉水人，明代《永乐大典》的主编。严嵩：分宜人，明代首辅，在文学上和书法上都有着很深的造诣。夏言：江西贵溪人，官至首辅，对严嵩有栽培提拔之恩，后同朝为官，意见相左，严嵩恩将仇报，将其害死，所以画面上的夏言正用仇视的目光注视着严嵩。这八十位名人穿着不同的服饰，有着不同的姿态，他们跨越时空的阻隔相聚在这里。《人杰图》对面墙上悬挂有我们江西历代文、武状元榜，从南唐至清代共有48位状元，其中武状元有4位。

【内厅】

来到二楼内厅，我们看到中间陈列的是明末清初时的门楼砖雕，上面雕刻了滕王阁的外景和王勃来滕王阁作序的场景。

砖雕后面墙壁上是用樟木板雕刻的《滕王阁序》全文，雕刻手法为阳刻，工艺非常精湛。南边橱窗内陈列有《滕王阁序印谱》，原石为晚清丁峻所藏。丁氏，江西南昌人，著名画家，富收藏，曾任浙江按察使。此套印石乃丁氏为官安徽时所获，辛亥革命中散失一二，后由方梦松购藏，并补刊残缺，得成完璧。该印谱构思巧妙、匠心独运，堪称篆刻巨制，是研究清代篆刻艺术的宝贵资料。世事沧桑，原石今已不知所终，幸有上饶人氏胡润芝先生藏印谱之铃片。1989年10月8日，重建滕王阁落成之日，此印谱由江西人民出版社首次出版发行。滕王阁管理处将印谱复印放大，镌刻立碑，并建廊以护之。此套新刻《滕王阁序印谱》印石，共一百五十二方，乃新建人氏方贤波先生耗时五个月复刊完成,其功力深厚、雕工精湛。后由原滕王阁重建工程负责人、省社会科学院特约研究员、楚调唐音传人宗九奇先生购下后,将此全套印石捐给滕王阁,以作永久珍藏。

4. 主阁三楼

游客们,这是滕王阁第三层,因古人常在阁中设宴,故将此层设计为"古宴厅"。歌舞宴乐,自然离不开各式各样的古代乐器。

【南厅】

我们看到南厅陈列有十几种中国古典乐器,如弹拨类乐器、吹管类乐器、拉弦类乐器、打击类乐器。丝竹管乐之声伴随着滕王阁的珠歌翠舞,不绝于耳,无怪乎滕王阁被称为"歌舞宴乐的殿堂"。

【北厅】

我们看到北厅展出的是昆曲戏服。昆曲是我国传统戏曲最古老的剧种之一,2001年被联合国教科文组织列为首批"非物质文化遗产代表作",传统的昆曲服饰在布料选择、图案色彩、刺绣工艺等方面,要求精美考究,任何细节都力臻完美无瑕。汤显祖的《牡丹亭》经昆曲艺人的修改完善,已成为昆曲经典曲目,一直流传至今。

【前厅】

前厅四面墙壁上悬挂有磨漆画《豫章四季图》,分别是《徐亭春月》(徐亭,是为纪念徐孺子而修建的孺子亭,位于南昌市内西湖中)、《东湖夏华》(南昌东湖夏日美景)、《滕阁秋风》以及《梅岭冬雪》四景。正前方这幅丙烯壁画是汤显祖的《临川梦》。汤显祖是江西临川人,是明代著名戏曲作家,代表作有《临川四梦》——《邯郸记》《南柯记》《紫钗记》《牡丹亭》。这幅《临川梦》讲述的就是汤显祖首次来到滕王阁上,排演牡丹亭的故事。在画面的右上方,描绘的就是《牡丹亭》的故事情节,说的是官宦之女杜丽娘与书生柳梦梅的爱情故事。杜丽娘在春日游园,良辰美景之时在梦中与柳梦梅相识相恋,醒来后发现是一场梦,害了相思病,抑郁而终,死后她的家人就将她葬在梅花观内。三年后,柳梦梅进京赶考,途中病倒,借宿在梅花观,有一天偶然拾得杜丽娘的肖像,感觉似曾相识,如痴如醉。于是杜丽娘每晚化作鬼魂与柳梦梅相聚,并令他开棺掘墓,之后杜丽娘起死回生。整幅画面选用了蓝灰色作为基调,画面中的每位人物都紧闭着双眼,突出了《临川梦》的主题"梦"。

【西厅】

西厅展示的是古代的青铜祭器。厅内陈列的编钟是湖北随州出土文物的复制品。编钟兴起于西周，用青铜铸成，有一钟双音的特点，按照音调高低的次序，悬挂于巨大的钟架上，若按曲谱敲打，能演奏出美妙的乐曲。展厅陈列有数件青铜祭器复制品，其中最有名的是牛虎祭案，1972年出土于今云南省江川区，春秋时代的器物。另外，还有牛头鼎、三足鼎、四足人面鼎等。

5. 主阁四楼

游客朋友们，我们来到了第四层"地灵厅"，与二层的"人杰厅"相对应。眼前这幅大型的丙烯壁画荟萃了江西的大庾岭、三清山、圭峰、龙虎山、井冈山、庐山、鄱阳湖、石钟山八大著名自然景观，充分表现了江西钟灵毓秀的山川景色。

大庾岭，因盛产梅花，故称"梅岭"。它位于赣州的大余县，江西与广东交会处。在两山之间有一条梅关古驿道（在古驿道有一个关隘，此处叫"南粤雄关"），这条古驿道是唐朝宰相张九龄奉唐玄宗李隆基的诏令而修建的，是唐宋时期江西唯一通往广东的道路。1934～1936年陈毅元帅奉命留守苏区，在这里打了三年游击战，1936年在这里被敌人重重包围时，他写下了著名的《梅岭三章》。

拐角处云雾缭绕的是位于江西上饶的"三清山"，它有着"江南第一仙峰"之称。三清山，因三座主峰像道教的三位仙人而得名。又因其景色形似黄山，故有"小黄山"之称。

三清山旁边形似龟状的山峰，是位于上饶弋阳的"圭峰"，因山体层叠像一只只乌龟，无山不龟、无石不龟、无岭不龟，故得名"龟峰"。

两峰对峙的是丹霞地貌——龙虎山。位于江西贵溪的龙虎山，是中国道教的发源地之一。龙虎山主要有三看：一看上清宫，了解源远流长的道教文化；二看丹山碧水，坐竹筏顺芦溪河漂流而下，欣赏两岸美景；三看岩墓悬棺，在两岸的崖壁上，您会发现有许多2600多年前的春秋时期古越族留下来的棺木。在科技落后的古代，古人是怎样将棺木放到那么高的悬崖上去的？这至今还是一个未解之谜。

从左边一直蜿蜒过来的青绿色的山峰,就是中国革命的摇篮"井冈山"。井冈山有五大著名的哨口,画面中描绘了黄洋界和朱砂冲两大哨口。"黄洋界上炮声隆,报道敌军宵遁",现在的黄洋界也是井冈山观看云海日出的最佳地点。朱砂冲哨口是五大哨口中最为险要的一座。井冈山主峰——五指峰,海拔1583米,第四版百元大钞上的图案便是五指峰,所以它又被称为"中国最值钱的山峰"。

庐山,是江西在国际上最有影响力的名山,是一座荣获了世界自然、文化双遗产的名山,也是中国最佳的避暑胜地。"庐山之美在山南,山南之美在秀峰",李白笔下的"飞流直下三千尺,疑是银河落九天"描绘的就是这里的美景。在庐山的牯岭镇,分布着六七百栋别墅,这些不同风格的别墅大多数是1896年到中华人民共和国成立前建成的,有"万国建筑博物馆"的美誉。其中有蒋介石和夫人宋美龄住过的"美庐别墅"。

鄱阳湖是中国最大的淡水湖,画面中间有一条明显的界线,那是鄱阳湖与长江的分界线。鄱阳湖湿地不仅是鱼米之乡,而且是候鸟的天堂,每年的十月到来年的二月,是鄱阳湖观赏候鸟的最佳季节。

石钟山,因苏轼的《石钟山记》而闻名。作为南北文化交流和贸易往来的重要交通枢纽及军事要塞,石钟山历代为兵家必争之地。中国古代规模最大的一次水战——朱元璋大败陈友谅便在此发生。清朝末年,太平军翼王石达开率兵和曾国藩的湘军也在此进行过激烈的交战。

江西的名山秀水,除了这七山一水还有很多,如宜春的明月山,萍乡的武功山,新余的仙女湖等,都非常值得一游。

【西厅】

西厅向您展示的是滕王阁历代兴废的全息投影影像。滕王阁始建于唐代,历经了1300多年的风雨,兴废次数达29次之多,今阁是根据古建筑大师梁思成先生所绘八幅草图,重新设计建造的。展板上分别向您展示了滕王阁的兴废情况以及梁思成先生的生平事迹。

【南厅】

南厅陈列的是一些珍贵的书画,有董源的《龙宿郊民图绢本》和《潇湘图》;朱熹的《上时宰二扎纸本》;文天祥的《行书上宏斋帖卷》和《木鸡集序卷》;还有八大山人朱耷、黄庭坚、巨然等大师的传世作品。

【北厅】

北厅陈列有江西历代陶瓷精品,有万年仙人洞陶器,有唐五代洪州窑、吉州窑出土的瓷器,有宋代景德镇官窑出土的青花陶瓷等复制品。

6.主阁五楼

第五层是"纵览厅",此层是滕王阁最高的明层,也是欣赏外景最佳之处。首先映入大家眼帘的,是镌刻在16块铜板之上王勃的《滕王阁序》,乃宋代苏轼手书。《滕王阁序》全称《秋日登洪府滕王阁饯别序》,又称《滕王阁诗序》,是作者重阳节参加阎都督在滕王阁举行盛宴时所作。它是一篇骈体文,对仗工整,其中运用了大量的典故,有很多名词名句沿用至今,如"物华天宝,人杰地灵""千里逢迎""高朋满座""腾蛟起凤""紫电青霜""层峦耸翠,上出重霄;飞阁流丹,下临无地""渔舟唱晚",还有"萍水相逢""老当益壮""穷且益坚"等。文中的点睛之笔——"落霞与孤鹜齐飞,秋水共长天一色"更是让人赞叹。

下面我们简单地说说王勃吧。王勃,山西河津人,六岁能文,九岁撰《指瑕》十卷,指颜师古之失,十四岁入朝为官被封为"朝散郎"。当时在宫廷里盛行一种游戏,亲王之间以斗鸡取乐,王勃便写了一篇《檄英王斗鸡文》,不料此文传到了唐高宗李治手中,李治认为这篇文章有挑拨英王和沛王关系之嫌,一气之下就把王勃逐出了沛王府,王勃的父亲也因此受到牵连,被贬到交趾为官,王勃在省亲途中路经南昌,写下了《滕王阁序》。有关《滕王阁序》究竟何时所作,历来颇有争议,大致有两种说法:一为王勃十三四岁时所作;另一为王勃赴交趾省父路经南昌所作。很可惜的是,王勃在省亲回来的途中,不幸掉入海中,溺水受惊而亡,只活了短短26年,真可谓是天妒英才。东厅的南北两侧分别是"百福厅"和"祈寿厅"。南侧"百福厅"摆放的是一座"百福屏",它是用缅甸花梨木雕刻的,上面有一百个不同的"福"字。北侧"祈寿厅"有一"寿字屏"。屏上这硕大的"寿"字,是光绪皇帝的御笔,由状元曹鸿勋恭立,被誉为"天下第一寿"。滕王阁在古代,就是九九重阳登高、祈福、祈寿之所,故放置此屏有其深刻寓意。此屏是由古建筑师陈方先生(滕王阁建筑设计师陈星文长子、末代帝师朱益藩曾外孙)无偿提供给滕王阁的珍贵文物。

【西厅和回廊】

　　进入西厅，墙壁上悬挂有磨漆画《百蝶百花图》，这是为了纪念滕王李元婴而制作的。李元婴擅丹青，喜画蝴蝶，是滕派蝶画的鼻祖。《百蝶百花图》上有近百只栩栩如生、形态各异的蝴蝶。下方盛开的百花是南昌的市花"金边瑞香"，花瓣是用碾碎的鸡蛋壳粘上去的。磨漆画是在三合板上制作的，先用铜丝勾勒出蝴蝶的轮廓，再用贝壳、珍珠碾成粉末敷成翅膀，接着上色、打磨，最后再涂上一层清漆，远看似一幅标本。磨漆画有"东方油画"之美誉。漫步在回廊上，在西面您可以纵目观赏江西的母亲河——赣江。赣江全长751千米，由章水和贡水在赣州的八境台下汇合形成，流经鄱阳湖，最后进入长江，是长江的第二大支流。江对岸是南昌红谷滩新区，也是南昌的政治、文化、经济交流中心。1998年以前，那里原本是沙洲地，如今高楼林立，呈现出一派现代化都市的繁华景象。横跨赣江，沟通新老城区有六座大桥，朝右看，距离我们最近的是江西第一座斜拉式大桥——八一大桥，还有赣江大桥、英雄大桥；朝左看，有南昌大桥、朝阳大桥、生米大桥。

　　滕王阁旅游区白天有看点，晚上有亮点。夜晚，您可以乘坐豪华的"滕王阁号"游轮，从碧瓦丹柱的滕王阁下启航，夜游赣江，陶醉于水城美丽的夜色之中。同时您还可以观赏到荣获吉尼斯纪录的"南昌城市舞台声光秀"。南面，您可以远观江西省博物馆和省科技馆，它们与滕王阁遥相呼应，更凸显出滕王阁浓厚的文化氛围。东面，您不仅可以看到有着2200多年历史的老城区，还可以看到榕门路滕王阁明清老街。

　7. 主阁六楼

　　第六层为古乐厅，也是滕王阁的最高层，滕王阁的阁顶为藻井，它是由288块斗拱组成，这些斗拱由下往上数共有12层，每一层有24块斗拱，寓意一年有12个月，有24个节气。斗拱层层叠叠向上旋转，寓有宇宙无极之意。大厅的两边是大型唐三彩壁画，名为《大唐舞乐》。南面是以男性歌舞乐伎为主的龙墙，上面共有四种舞蹈。画面的中央，骑士们跳的是《秦王破阵乐舞》。公元620年，秦王李世民打败了叛军刘武周，巩固了刚建立的唐朝政权。当时，创作了《秦王破阵乐》舞为李世民唱赞歌，后来这支乐舞成了大型庆典节日和祭礼仪式上常演的乐舞。画面的左边是《剑器舞》，右边是《胡腾舞》，左后方是《五方狮子舞》，整幅画面体现了男子的阳刚之气。

与龙墙相对的，是以女性歌舞为主的凤壁，其上有三种舞蹈。画面中间是唐代最著名、最具传奇色彩的《霓裳羽衣舞》。相传唐玄宗梦游月宫时，闻仙乐，见众仙女身穿羽衣，在神仙幻境中翩然起舞，醒来后将此乐曲记录下来。唐开元二十八年（740年），杨玉环在华清池初遇玄宗时，演奏了《霓裳羽衣曲》，之后唐玄宗与杨贵妃编排了《霓裳羽衣舞》，这支舞是唐代最感人的作品。白居易对这支乐舞曾咏道："千歌万舞不可数，就中最爱霓裳舞。"在画面左侧是《柘枝舞》，右侧是《胡旋舞》，整块凤壁再现了女子的飘柔之美。龙墙、凤壁体现了唐朝歌舞升平，繁荣昌盛的历史景象。古戏台上，上演的大唐盛世歌舞，采用的是高科技3D投影技术，因为滕王阁当年就是李元婴为了欣赏歌舞而建的，故在此设计了这一场景。

参观完六楼后，请大家接着到主阁基座部分华夏圣旨博物馆参观。

8. 华夏圣旨博物馆

现在大家进入的是华夏圣旨博物馆，是滕王阁2003年创设的，馆内展出的大部分是明清两代的圣旨，以及清代时期的一些地契、税票、服饰等珍贵文物。

圣旨是中国封建社会帝王布告臣民、委任官吏、册封宗室、表彰功德的一种专用文书，它分为诰命和敕命两种。一至五品官员是诰命，六至九品官员是敕命。清代圣旨采用的质地是蚕丝。在清朝有专门制造圣旨的地方，如南京的江宁府。《红楼梦》的作者曹雪芹，其祖父就曾是圣旨的监制官。

圣旨馆内展出的最长圣旨长达5米，是道光二十五年（1845年）皇帝诰封给一品文官刑部右侍郎张澧中的，其内容是表扬其父母教子有方，并给他加俸禄。细看圣旨，前端织就了两条上下翻飞的银色祥龙，这是圣旨的防伪标记。圣旨是由汉文和满文两种文字合璧书写，汉文从右往左，满文从左往右，两种文字合于中幅后填写落款，其中包括皇帝的年号、年月日、受封者的姓名以及官职，最后加盖玉玺。馆中的孤品圣旨，是一道手绘龙边圣旨，它是由道光、咸丰两代君王颁下的。圣谕牌，是木刻描金的物件。当时的官宦人家，接到了皇帝的圣旨、表彰等诏令后，都会郑重其事找来高级工艺师，雕刻一块圣谕牌或圣旨匾，将它高悬起来，光宗耀祖。

圣旨，虽然由皇帝颁发，但并不需要皇帝亲自书写，他只需口谕给翰林院大学士，由他们书写后交给皇帝御览并加盖玉玺就可以了。书写圣旨的人一般都是进士出身，如明朝的董其昌，元朝的赵孟頫，还有清朝的纪晓岚，他们都曾经为皇帝书写过圣旨。奏折，是督抚衙门的官员向皇帝请示汇报的一种文书，其用纸，尺寸，格式，包括它的排列都有非常严格的规定。皇帝颁发的叫圣旨，而皇后以及皇太后所下达的命令则称为懿旨。馆内有一道慈禧太后的懿旨，清朝末期，慈禧太后专权，下了不少懿旨，这道光绪二十七年（1901年）十二月二十二日所下达的懿旨，有其进步的一面，内容有三点：第一，废除了满汉不准通婚的禁令；第二，劝阻汉族妇女裹足的陋习；第三，为了不扰民，禁止在汉人中间挑选秀女。

9. 滕王阁历代模型

游客朋友们，现在您眼前看到的是黄杨木雕，是唐、宋、元、明、清滕王阁历代微缩模型。

唐阁，始建于唐永徽四年（653年），为唐太宗之弟滕王李元婴在洪州任都督时所创建，22年后，因初唐才子王勃写下千古绝唱《滕王阁序》而名满天下。唐阁历经五次修建，盛时高18.6米、长28.6米、宽26.7米，附有楼、台、亭、榭等建筑。

宋阁，为宋大观二年（1108年），侍郎范坦授命重修，高11.6米、长49米、宽22.1米，碧瓦丹柱，斗拱层叠，飞檐翘角，南北两侧还建有压江、挹翠两个辅亭，装饰华丽为历代古阁之最。第29次重建之阁，在建筑形式和风格上，都借鉴了宋阁。

元阁，建于元至元二年（1336年），修建后的元阁，高13.5米、宽27米，压江而建，下临无地，斗拱雄伟健硕，线条刚劲有力。元人虞集在《重建滕王阁记》中赞美该阁"材石坚致，位置周密，丹刻华丽"。

明阁，建于明嘉靖五年（1526年），都御史陈洪谟主持重修。修建后的明阁，高13米、长23米、宽13米，两歇山之间夹一盔顶，阁后还建有文天祥、谢枋得两座公祠，极富江南建筑风格。清阁，高度、体量、装修均逊于前代，建筑尺寸已难考其详，其间修建达十三次之多，有着浓郁的江西地方特色。当代滕王阁铜质模型，按照1∶25的比例缩小，制作工艺十分精湛。

10. 北园

北园是滕王阁二期工程——"章江晓渡"园区。滕王阁北延至八一大桥塘子河，占地面积约2万平方米，主要由21座单体仿古建筑群组成，全部建筑均按宋代法式营造，全部为木质结构。采用院落式布局，纯手工彩绘，最大限度地呈现出"唐宋风韵"特色。此园充分体现了中华文化、赣鄱文化、滕王阁文化和市井文化。园内的思贤楼、盆景园、闲云亭等文化景观设计精巧。沿江又有墨香堂、赣风堂、环漪楼、章江晓渡等园林景观和文化展示场馆，还设有古戏台和古乐坊等。您可以在广场、游廊和茶室等地方一边饮茶品茗，一边赏乐看戏，让您亲身体验诗人王勃诗中"滕王高阁临江渚，佩玉鸣鸾罢歌舞"的意境。

各位嘉宾，今天有幸陪伴大家游览了滕王阁景区，欣赏了滕王阁的秀丽风光，领略了滕王阁的名景、名迹、名人、名作，希望此次南昌之行给大家留下了美好的回忆，欢迎再次光临，我在南昌滕王阁等您！

十五、武功山风景名胜区导游词

（一）武功山风景名胜区概况

游客朋友们，欢迎来到风景秀丽、历史悠久的武功山风景名胜区！

武功山位于江西省萍乡市，是国家5A级旅游景区、国家地质公园、国家自然遗产。武功山以其壮丽的山岳风光、深厚的宗教历史和丰富的人文景观而闻名。武功山原名罗霄山，因为东吴大将罗霄曾经隐居于此而得名。南北朝时期，武功山白鹤峰的武姓道长曾协助陈武帝的大将击溃叛军，武帝便将"罗霄山"赐名为"武功山"。武功山主脉绵延120余千米，总面积约237平方千米。山体主要由片麻岩、花岗岩和石灰岩等组成，地势峻峭挺拔，海拔多在千米以上，不少山峰高达1500米以上，主峰白鹤峰（金顶）海拔1918.3米，是华东地区高峰之一。武功山以其"十里峡谷、百处古迹、千亩梯田、万顷草甸"而闻名，被誉为"草甸奇观、山景雄秀、瀑布独特、生态优良、天象称奇、人文荟萃"的生态人文胜地。

武功山自然景观美不胜收。武功山以其壮丽的自然景观而闻名，拥有广袤的高山草甸、峻峭的奇峰怪石、壮观的瀑布群、瑰丽的云海日出，以及生态优良的原始森林。武功山地处低纬度亚热带季风气候区，气候温和、四季分明、雨量充沛，年平均气温 14℃～16℃，夏季最高温度为 23℃，是避暑胜地。这里山峰高耸入云，瀑布飞流直下，生物多样性丰富，被誉为"天然植物园"和"植物基因库"。也因其高海拔和特殊的地理位置，常常云雾缭绕，形成了壮观的云海景观。日出时分，云海被朝阳染成金色，景色尤为迷人。武功山的高山草甸是其最显著的自然景观之一，草甸绵延于海拔 1600 多米的高山之上，春夏季节绿草如茵、秋季金黄一片、冬季则白雪皑皑，呈现出四季不同的自然风貌。除此之外，武功山的金顶古祭坛群，距今已有 1700 多年的历史，是华夏文明的重要组成部分，也是武功山的重要文化遗产。总之，武功山是一处集雄、奇、秀、幽于一体的自然景观宝地，武功山的自然景观不仅美不胜收，而且具有很高的生态价值和科研价值，是自然爱好者和旅游者的理想目的地。

武功山户外运动多样精彩。武功山被誉为"云中草原、户外天堂"。在 2009 年，武功山被中国国家地理评为十大"非著名山峰"之一，素有"北太白、南武功"之称。武功山深厚的人文沉淀，大面积的高山草甸，数量众多的瀑布溪流共同成就了"江南第一户外运动胜地"的美名。武功山每年都会举办帐篷节、山地越野赛、环鄱阳湖自行车大赛等户外活动和赛事。其中帐篷节是武功山最大的盛会，从 2008 年开展至今，时间一般在每年的 7～10 月，活动内容集音乐晚会、户外赛事、旅游休闲于一体，是目前国内规模最大、参与人数最多的帐篷节。2018 年，景区还成功挑战了世界上"最长的帐篷队列"，成为萍乡首个吉尼斯世界纪录。

（二）武功山景点介绍

武功山景区的核心就是金顶景区，金顶景区面积 100 多平方千米，峰顶地势平坦，夏季气候凉爽。这里是观赏日出、高山草甸、神秘佛光、迷幻云海、悬崖峭壁和进香拜佛的最佳景区。为方便游客游览，金顶景区分为游客服务中心区块、武功山游击小道区块（福星谷游线）、金顶索道区块、万宝区块、吊马庄区块这五大区块。接下来请跟随我的脚步让我们一起近距离领略武功山美丽风景吧！

1. 游客服务中心区块

武功山游客服务区位于金顶景区入口处，是金顶景区、九龙山景区的重要旅游服务区，距金顶景区索道站 4 千米，距万龙山温泉度假中心 17.5 千米。在金顶景区这边可以游览清风苑、武功山山门、石鼓寺、石鼓寺广场、中庵索道、紫极宫等景点。我们先来看看清风苑。

【清风苑】

各位游客，武功山清风苑位于景区游客服务中心旁，依托景区原有景观改建而成，落成于2020年12月，占地面积约1200平方米，总投资200多万元，分为历史清流、红色记忆两部分，是一个集廉洁文化、历史人文、红色故事于一体的教育点，更是景区廉洁文化宣传的又一堡垒和阵地。该苑将廉洁文化作为贯穿整个项目建设的灵魂和主线，以八组人物石雕作为主要表现形式，辅以景观石刻、园林绿化，将武功山的历史文化、廉洁文化及先贤英雄的精神内涵、道德情操相融合，诠释"清风正气、红色情怀"的主题。漫步其中，广大游客既能品读出先贤英雄们爱国爱民的高尚情操，又能从中受到廉洁文化的熏陶和教育，培养廉洁文化素养。

我们眼前的游客服务中心的主体建筑，是以武功山地质遗迹演变中扬子板块和华夏板块之间发生碰撞挤压为设计理念，借用不同的材料不同的质感和现代结构的自由手法来显示地质文化的共鸣。游客服务中心总建筑面积约11628平方米，总造价约为8500万元，设立了问询台、景区投诉处、导游服务台、地质博物馆、购票窗口、医务室、特产超市、邮政服务、自助购票、武功山虚拟游、游客休息区、多功能厅、休闲咖吧、自助银行等服务项目。二楼设有景区的综合指挥中心，综合指挥中心集天网和景区内监控为一体，设置了监控探头200余个，每天均有专人值守，随时为武功山辖区和景区内的安全监控提供有效信息。

【石鼓寺】

各位游客这座依山而建的寺庙就是石鼓寺，最早建于1087年的宋元祐二年，1640年重建，据载：清乾隆下江南时，拜谒当时的住持通仁禅师。乾隆见庵前有石若鼓，就将庵赐名为石鼓寺。后来古庙损毁，现在我们看到是2003年重建的，占地2万平方米，包括大雄宝殿、钟鼓楼、厢房等建筑。

【紫极宫】

各位游客，我们正对面的是紫极宫，这座寺庙和山下的葛仙观、山顶的白鹤观并称为武功山的三大寺庙。最早建于元朝至元五年（1339年），是一个叫作俞东明的游方僧人化缘建设的,不过古建筑已经不存在了,现在我们看到的是2005年重建的,这座庙占地1200平方米,供奉的是慈航道人、许逊许真君和武功山王爷、关公等。

紫极宫是一座道家的道观。紫极宫所处之地,群山环抱,秀水东流。在风水学里,这样的选址为藏风聚气之所,是一块不可多得的风水宝地。紫极宫的题字是由著名书法家王家新所题,大家看门口的楹联:"紫极灵宫无点善心难得到,仙踪法界有些诚意可来朝",楹联表达了只要诚心来拜均可得道的意境。

2. 武功山游击小道区块(福星谷游线)

福星谷游线是武功山景区投入重金打造的一条精品线路,是为了改善游客的游览体验而专门量身打造的,是汇集生态、文化、养生等诸多要素的旅游产品,是在武功山观景的最佳通道。走这条线路可以游览福星门、福星谷、铁纪岩、福星岩哨口、松园、清风台、福星岩等景点。

【福星门】

各位游客,福星门是游击小道的第一站,也叫军民之门。我们可以看到,这里两旁巨石耸立,中间一条小路通过,可以说是一道天然的屏障。游击战争时期,每当敌人对中央革命根据地进行"清剿"时,山下的革命群众就会从这里进入山中避难,确保平安。因此,当地群众将此门取名为"福星门",暗指过了这扇门就进入了红军的保护范围内,无须再担惊受怕。当时还有民间谚语称"过了福星门,白狗不敢前",这也生动表明了此门是守护军民的坚实屏障。

【福星岩哨口】

各位游客,这里就是著名的福星岩哨口。游击战争期间,红军战士们为了更好地侦察敌情,就在山上的险要地点都设立了瞭望哨口,福星岩哨口就是武功山地区最重要的瞭望哨口。我们可以看到,这里四周悬崖耸立,前临万丈深谷,视野极为开阔,可以俯瞰整个大安苏区,再加上有苍松作为掩护,隐蔽性极强。当时,红军战士日夜值守在此,一旦发现敌情,就立即通知部队。部队根据情报,迅速部署战斗,多次打退了进攻的敌人。可以说,这个哨口对保存中央革命根据地革命火种,巩固革命成果发挥了极其重要的作用。

【松园】

各位游客，现在我们来到的是精神之园——松园。武功山地势高峻，植物种类繁多。此处就有近千亩松树，它们造型奇美、姿态万千，被人们称为武功松，而这里则被称为松园。"大雪压青松，青松挺且直。"松树之美，不仅在其外形，更在其内涵。他身上那种不惧贫瘠、坚韧顽强、不畏严寒、百折不挠的精神和我们游击队员身上的精神极为相似，值得我们学习。

【福星岩】

各位游客，正对面的地质遗迹点为福星岩，是一个象形石景观。它形态上俨如一位中国福禄寿三星中的福星公老人头，故得名福星岩。这一地区的花岗岩主要发育两组垂直节理，一组近南北向、另一组近东西向，在构造侵蚀、重力崩塌作用的影响下，首先形成了一组石墙。石墙又进一步被构造侵蚀，局部形成次一级石芽、石柱，局部受水平节理和斜节理控制，最终形成现在的样貌。

3.金顶索道区块

金顶索道区块以其海拔 1918.3 米的武功山最高峰白鹤峰（金顶）为中心，覆盖面积超过 100 平方千米。这里以壮观的高山草甸、云海、日出等自然景观而闻名，夏季气候宜人，是观赏自然美景和体验户外活动的绝佳地点。景区内保存有 1700 多年历史的江南祭坛群等历史遗迹，融合了丰富的自然美景和深厚的文化底蕴，是游客探索自然、体验历史的理想之地。主要景点有金顶标志碑、白鹤峰、白鹤观、高山草甸、古祭坛群等。

【铁蹄峰】

各位游客，我们看到的对面那座山峰叫作"铁蹄峰"，因为整座山峰像是一匹战马的马蹄而得名，这座山海拔 1846 米，非常的险峻，山体的断面，岩石裸露，山下形成了"V"字形大峡谷，两侧绝壁犹如刀砍斧削，平整而陡峭，真是"猿猱欲度愁攀援"，犹如我们在国画中看到的山水画卷中的断崖，是大自然的水墨杰作。

【金顶索道】

金顶索道，建于 2010 年年初，于 2011 年 4 月 18 日正式开通运营，总投资 2500 万元。索道为单线脉动循环固定抱索器八人吊箱组式，全长 616 米，高差 249 米，索道设计最高运行速度每秒 3 米，一共有 12 个吊厢，分为4组,每3个一组,每个吊厢可以乘坐8人,所以一次可以准乘24人,从下站到达上站只需要8分钟。运行方式为"快—慢—快",中途有一次减速过程,很容易让乘客误会索道停了,这是一个正常运行状况。

【金顶木栈道】

各位游客,现在我们走的是金顶小环线,这是景区为了缓解游客登山疲劳,增加游客舒适度、便捷度而修建的人性化的游务设施,总投资980万元,包括悬空防腐木栈道及游步道2.5千米,观景平台四处等相关设施。这条栈道有一个重要的功能——保护高山草甸,之前由于反复被踩踏,导致了草甸破坏、土层塌陷、水土流失,修建了栈道之后,就能最大限度地保护好草甸,栈道采用架空结构,也是为了最大限度地避免因施工对草甸造成破坏。

【高山草甸】

各位游客,现在我们面前的就是武功山的高山草甸。所谓高山草甸,就是指相对高差大于1000米的高山上的草甸。武功山草甸生长在海拔1600米以上的山顶,绵延120千米,其中地势较为平坦,最宜游人欣赏的是金顶、观音宕、九龙山和发云界四大草甸。武功山的高山草甸是武功山标志性的景点,也是体量最大的一个景点,经过专家的考证,武功山的高山草甸是全球同纬度海拔最高(1918.3米)、面积最大(超过60平方千米)的高山草甸,堪称"江南一绝"。武功山高山草甸具有独特性、唯一性,非常壮美、雄浑。构成草甸的草不是草原的牧草,而是高山的茅草,学名叫作芒草,这种草可以长到一两米高,生长于海拔40~2400米,叶片很坚韧,叶片是锯齿状和颗粒状。除了芒草,有很多其他的植物,比如有沙参、野百合、草乌、紫萼、车前草、野菊花等草本植物,还有杜鹃花、黄山松等木本植物。其中车前草、沙参等都是很好的药物,而且普遍都比平地上的药性更强、更纯粹,疗效也更好,可见草甸上也是珍宝遍地。武功山的草甸适合四季欣赏,随着季节的变化有着不同的风韵,有春夏绿油油、秋天金灿灿、冬天白皑皑之变化。春天,茅草刚刚长出来,只有几寸长,整座山毛茸茸的,显得青春勃发。夏天,茅草长得有一人多高,武功山顶一片绿色海洋,碧波荡漾,气势磅礴浩瀚。秋天,白茅抽出白色的穗子,远看好像整座大山一夜之间白了头,也像是武功山的山顶上落满了白鹤,所以因为秋季的奇景,金顶也被叫作白鹤峰;当白茅的穗子凋落,整座山就变成了金黄色,就像是等待收割的麦田。冬季，山顶被白雪覆盖，一条条山脉好像白色的巨龙盘踞在这里，让人宛如进入了仙境和幻境。

武功山的高山草甸是怎么形成的？具体来说有六个方面的因素：一是太阳辐射的影响，高山上紫外线辐射极强，会抑制植物的生长。二是温度的影响，海拔高、温度低，不利于高大植物生长。三是水的影响，持水能力差、水分少等原因，适宜草本植物生长。四是土壤的影响，高山土层薄、石质化强，不利于木本植物生长。五是风的影响，山高风大，易使植物干枯，不利于高大植物生长。六是火的影响，很久以前山里的农民有冬季放火烧山的习惯，大树被烧死，逐渐被茅草代替。

武功山的高山草甸有户外天堂、摄影天堂和滑翔天堂"三大天堂"的称号，所谓金杯银杯都不如游客的口碑，这三个称号都是广大游客赋予武功山的赞美。

各位游客，为什么说武功山高山草甸是户外天堂呢？因为武功山在观音宕建设了帐篷营地，为广大的户外爱好者提供了开展活动的基地和大本营。目前已经举办了十多届武功山帐篷节，帐篷节的场面非常壮观，是国内规模最大、人数最多的帐篷节。这里也是摄影天堂，在金顶草甸上，摄影师可以站在"一览众山小"的制高点，很容易拍出大气磅礴的图片来，加上武功山的草甸四季都有美景，所以武功山也是很多摄影爱好者流连忘返的地方，这里是新华社驻江西记者站的摄影培训基地之一和江西省摄影协会比赛基地之一，也是很多知名摄影俱乐部的采风点。那为什么又说是滑翔天堂呢？由于金顶海拔高差大，山顶与地面海拔相差1700米，加上这里上升气流升力大，高空中的障碍物很少，自然环境保留了原始状态，具备十分理想的无动力滑翔条件，吸引了来自福建、湖南、广东、浙江等省的滑翔爱好者来这里开展滑翔活动。

【金顶标志碑】

各位游客，这里就是武功山的海拔1918.3米的最高点，这座石碑建于2000年，碑的底座是萍乡的地图。在2014年的时候，这座石碑被雷击打碎了，2016年，景区将它重建了。为确保游客和景区游乐设施的安全，景区投入资金600余万元在金顶区域安装了防雷设施。在金顶，整个江西都在你的脚下，可以纵览整个江西，大家可以到这里来拍照留念。

【白鹤峰】

各位游客，这个白鹤峰得名于秋天草甸的景观特点。秋天，白茅抽出白色的穗子，远看好像整座大山一夜之间白了头，也像是武功山的山顶上落满了白鹤，所以因为秋季的奇景，金顶也被叫作白鹤峰。

【白鹤观】

各位游客，这就是我前面和大家说到的武功山的三大庙之一，名字叫作白鹤观。这个道观最早建于唐朝神龙年间（705~706年），后来几经损毁、几经修复，原来的样子已经看不到了，眼前看到的这座建筑是近几年当地的群众修复的。里面供奉的是武功山老王爷以及红脸关公、黑脸包公。旁边是观音堂，里面供奉的是观世音菩萨和十八罗汉。佛教神仙、道教神仙还有红脸关公、黑脸包公，和谐共处于一个庙里，共同接受信徒的供奉，其实这也是武功山的信仰特色，可见武功山是一座佛道儒合、大度包容的山。

【武功山神】

各位游客，这就是我刚才向大家说起的武功山神的三大化身之一，武功山神的头像，这个景点名字叫作"武功山神"。这是我们武功山的象形石，也是武功山的标志性景点之一。这个头像就像是巨型的石头雕塑，可以清楚地看到一个人的五官，和我们的傩面具雕塑不同的是，傩面具的神像一般都比较狰狞、比较可怕，而武功山神头像神情比较平和慈祥，仿佛正在沉思。这个巨型的石雕，造型古拙，线条简单硬朗，有一股刚劲沉雄的气势，山神那仿佛在沉思的神情，既威严又深沉，确实可以当得一个"神"字。如果从地质学方面来解说山神头像的形成，那是因为花岗岩的构造裂面受到了风化、剥蚀和崩塌所形成的残留的脊状峰，属于崩塌不稳定结构面。

【古祭坛群】

古祭坛群位于武功山金顶，海拔1900米处，由四座朝向各异、建筑风格独特的石垒祭坛组成。这些祭坛始建于三国时期（220~280年）的东吴，距今已有1700多年的历史，被誉为江南古代祭祀文化的活化石。四座千年古祭坛，分别叫作葛仙坛、冲应坛、求嗣坛和汪仙坛。这是武功山最富特色的人文绝景之一。祭坛用来做什么的呢？粗略地说，它们有三大功能：一是作为道家修炼者的炼丹基地；二是古代老百姓祭天祈福的地方；三是作为求子的地方，信徒希望武功山的神仙保佑，让他们能生出儿女、延续香火。祭坛建筑特色大家应该都留意到了，这些祭坛都是穹顶结构，没有任何的横梁和柱子支撑，这种结构的建筑被称为"无梁殿"。所谓"无梁殿"，顾名思义，就是整个建筑没有一根梁柱，也不用木头和钉子，自地基至屋顶，全用石头或大砖头砌成。无梁殿是一种较为典型的砖石结构建筑形式，主要见于明代以来的佛教寺院中，取其与"无量"的谐音，用于供奉"无量寿佛"的佛殿建筑中。祭坛的建筑材料是武功山特有的花岗岩石块、石条，非常的坚硬牢固，可以抵挡千年风雨的侵蚀，大家可以看到这些石头都发黑了，这是一千多年的岁月留下的痕迹。有的朋友会想，古代没有水泥，这些石头是怎么黏合在一起的呢？根据古籍记载，古人采用的黏合剂是石灰、桐油和糯米的混合物，可以粘得非常坚牢，不比水泥差。在科技不发达的时候，古代劳动人民的智慧不得不令人佩服。我们现在来仔细欣赏这四个坛吧。

各位游客，我们首先看到的就是葛仙坛，也称为老坛或观日坛，海拔1904米。葛仙坛全称为东吴雷霆玄省之坛，是道教丹鼎派祖师葛玄所建。葛仙坛面朝正东，契合道教的紫气东来，是典型的道教建筑。公元238年，即三国时期吴国孙权当政的赤乌元年，著名玄学家，江苏句容人葛玄到处游览名山大川，云游到武功山的时候，看到这里云蒸霞蔚、仙气缭绕，于是停留下来，登山炼丹6年，进行了道教理论研究和实践活动，被当地人称为"葛仙人"。葛仙坛用麻石砌成，石块中间注入石灰和糯米，由山门和古坛两部分组成。原建有铜瓦殿，为南宋丞相文天祥之父文仪捐建。文仪至坛求子后，生下文天祥，为报答神明护佑，文仪遂捐建铜瓦殿。

各位游客，这座就是汪仙坛，也称为金顶坛或望仙坛，海拔1907米。汪仙坛建于三国时期，面朝东南，也是道教建筑。明朝知府汪可受体恤民情遭受贬斥，汪可受于是辞官脱俗在武功山修炼。他死后，老百姓在这里建设祭坛来纪念祭拜他。

第三座是冲应坛，也是为了纪念葛玄而修建的，"冲应"在道教有阴阳之说，因为在北宋崇宁三年（1104年）和南宋淳祐六年（1246年），宋徽宗和宋理宗分别赐封葛玄为"冲应真人"和"冲应孚佑真君"，这个祭坛因此而得名。

各位游客，这最后一座就是求子非常灵验的求嗣坛，供奉的是道教的葛玄、葛洪、慈航道人（即佛教中的观音菩萨）以及龙王，所以这里除了可以求子还可以求雨。观音菩萨的像朝向南面，对应的当然是南海送子观音。神坛前有一井泉，上圆下方，泉水味甘清冽，常年不枯，被人称作"仙水"。来求子的人都会喝这里的泉水，还会带一些泉水回家喝，据说喝了之后很容易生孩子。而神龛下面也有一个泉眼，当地一直有这样一句话："摸个石子成才子"，很多香客会把手伸进去摸，如果摸到石头就是儿子，如果摸到硬币就是女儿。南宋绍定五年（1232年），吉安一个叫作文仪的人到了中年还没有儿子，听说武功山庙里供奉的葛真人非常灵验，有求必应，于是和妻子一起来到武功山进香求神。四年之后，文仪果然和妻子生下了一个儿子，这个儿子生下来的时候祥云绕屋，所以取名叫作"天祥"，后来文天祥高中状元，最后做到丞相，写下了《正气歌》《过零丁洋》等千古名篇，留下了"人生自古谁无死，留取丹心照汗青"这样的千古名句。

4. 万宝区块

武功山万宝区块是武功山风景名胜区内的一个重要组成部分，以其独特的自然风光和丰富的生态资源而闻名。万宝区块位于武功山的中部，拥有茂密的森林、清澈的溪流、多样的野生动植物以及广袤的高山草甸，是徒步探险、生态旅游和观赏自然美景的绝佳去处。区内的地形多变，从山脚的梯田到山腰的森林，再到山顶的草甸，构成了一幅层次分明的自然画卷，为游客提供了一个远离城市喧嚣、亲近自然、体验山区生活的好地方。

【万宝柜】

各位游客，我们现在来到的是武功山的一处神秘而奇特的景点——万宝柜。正如其名，这块巨石就像一个装满宝藏的古老宝箱，静静地躺在这高山之巅，等待着有缘人的发现。万宝柜是武功山一处非常独特的地质景观，因为这块方形的石头很像一只古老的宝箱，因此而得名。大家可以看到这块大石头所处的位置非常危险，正在悬崖边上，石头还向下倾斜，仿佛随时都要滚下山谷，但是你如果去推它一下的话，它是岿然不动的，其实它保持这个姿势已经有一百多万年了。

【草甸黄山松】

各位游客，大家看到草甸上出现了零零星星的大树，这些大树只有一个品种，那就是松树，学名叫作台湾松，一般生长在海拔800~1700米的高山上。

黄山松具有很高的观赏价值，大家看到这些树都不高，这是因为他们的生长环境十分艰苦，因而生长速度异常缓慢，一棵三米多高的松树，至少已经长了一百年了，具有一种沧桑的美感。在这样光秃秃的草甸上长出一棵棵松树，显得非常突兀、非常显眼，让我们充分见识了大自然造化的神奇。这些松树由于造型漂亮，并以广袤的草甸为背景，所以受到很多摄影师的喜爱，有很多优秀的摄影作品就是在这一带拍出来的，大家也不妨在这里拍拍照，把武功山的美丽带回家，把松树的精神带回家。

5. 吊马桩区块

武功山吊马桩区块是武功山风景名胜区内的一个特色景点，以其独特的自然景观和人文传说闻名。吊马桩因传说中仙人在此地吊马而得名，这里地势险峻、风光秀丽，是登山爱好者挑战自我、享受登山乐趣的热门地点。区内的吊马桩石柱，高耸入云，形态各异，构成了一幅壮观的自然画卷，游客在此可以体验到武功山的神秘与壮美，同时感受到大自然的鬼斧神工和人类对自然的敬畏之情。

【吊马桩（巨猿啸天）】

各位游客，大家看见了前面的一座孤岩吗？人们形象地称它为"吊马桩"，有"南天一柱"之誉。吊马桩，相传古时有仙人在此地骑马飞升，留下的马蹄印和拴马桩，因而得名。这里不仅是一处自然景观，更是武功山丰富的民间传说和神话故事的见证。吊马桩由一组形态各异的巨石组成，这些巨石或独立或相连，构成了一幅天然的石林画卷。石柱高耸入云，形态奇特，给人以强烈的视觉冲击。这些巨石是经过亿万年的地质变迁和风化作用形成的。它们见证了地球的演变历程，是大自然鬼斧神工的杰作。当我们穿行于吊马桩之间，不仅可以感受到大自然的神奇魅力，还可以体验到一种探险的乐趣。这里的每一块石头，都似乎在诉说着古老的故事，等待着我们去发现和聆听。吊马桩也是摄影爱好者的天堂。无论是清晨的日出，还是黄昏的日落，都能在这里找到绝佳的拍摄角度，捕捉到令人难忘的瞬间。

"吊马桩"还有一个名字叫"巨猿啸天"，之所以有两个截然不同的名字是因为观察的角度不同，所谓"横看成岭侧成峰，远近高低各不同"。"吊马桩"是从山下观察的结果，从山脚看这个景点就像一截拴马的树桩，当然这么巨大的树桩拴的可不是人间普通的马，而是神仙骑的天马。从上往下看，这个石柱又呈现了完全不同的面貌，我们从左侧看整个山头的话，会发现酷似一个巨大的猿人头像，它张开大嘴正在朝天嘶吼，在它的舌头上，还长了一棵黄山松呢。它后面的山体正好构成了它的躯干、脊背和尾巴，可谓形神兼备。

【星空栈道】

各位游客，我们脚下的栈道就是星空栈道，栈道从吊马桩至观音宕，总投资约 3500 万元，栈道全长 2888 米、宽 2 米，其中高空玻璃栈道长 300 米，其余部分为防腐木栈道。栈道所用玻璃由三块高强度钢化玻璃合成，玻璃中间采用美国进口的杜邦胶片，经过 130℃高温，连续 6 小时的钢化夹胶，再降温出炉，最后运输到施工现场进行安装。此外，为照顾更多游客的游览体验，玻璃栈道的内侧铺设了 1/3 面积的高分子防滑橡胶垫，同时在途中还增设了缓冲平台，处处体现了人性化的考虑。栈道的开通创下了多项全国纪录，是截至目前国内最长的高空木栈道，海拔最高的架空栈道，是国内海拔 1600 米以上最长的玻璃栈道。

【好汉坡】

三年游击战争时期反动派为了掌握红军动向，消灭红军游击队，暗地里操纵当地的铲共队"挨户团"上山侦察。这些人经常在山口道路上结草绷线、撒灰泼水，侦察游击队的行踪足迹；夜间登高爬树、潜伏草丛，侦察游击队的火光人声。一旦我军稍有不慎被探子发现，便有保安团跟踪扑来，为了避开敌人的搜捕，游击队在紫极宫东侧陡峭山崖中新开辟一条至红军营地的秘密转移路线。红军转移时常需攀绝壁而行，稍有不慎便有坠入山崖的危险。谭余保曾打趣说：游击队员个个都是飞檐走壁、来去无踪的好汉。"好汉坡"由此得名。

【尽心桥】

各位游客，在我们面前的这座古色古香的桥梁就是尽心桥。尽心桥横跨于武功山的溪流之上，是一座具有传统特色的石拱桥，始建于清朝，距今已有数百年的历史，尽心桥的名字来源于一个美丽的传说。相传在很久以前，有一位名叫尽心的石匠，他为了修建这座桥梁，不畏艰险，日夜劳作，最终在桥成之日，因劳累过度而长眠于此。后人为了纪念他的无私奉献，便将此桥命名为"尽心桥"。尽心桥采用当地特有的花岗岩建造，桥身坚固，造型优美。桥拱呈半圆形，与水中的倒影相映成趣，形成了一个完美的圆形，象征着团圆和完美。桥上的石栏杆上雕刻着精美的图案，展示了古代工匠的精湛技艺。站在桥上，放眼望去，四周是武功山的秀美山水。清澈的溪水从桥下流过，两岸是茂密的植被，不时传来鸟鸣声，让人心旷神怡。这里的空气清新，富含负氧离子，是一处天然的氧吧。尽心桥不仅是一座连接两岸的桥梁，更是武功山人民勤劳与智慧的象征。它见证了武功山地区的发展变迁，承载着当地人民对未来美好生活的期望和憧憬。大家在游览尽心桥时，请放慢脚步，细细品味这里的自然美景和人文气息。不妨在桥上稍作停留，拍照留念，记录下这美好的时刻。

各位游客，我们走完了福星谷—吊马桩环线之后，武功山金顶景区的游览基本上就结束了。我衷心感谢大家一路上的陪伴与支持。武功山以其壮丽的自然风光、丰富的历史文化和独特的地质地貌，为我们留下了难忘的回忆。在这里，我们不仅见证了云海翻腾、草甸广袤、古祭坛群的神秘，更感受到了武功山深厚的文化底蕴和自然的力量。每一次的攀登都是一次心灵的洗礼，每一次的远眺都是对自然的敬畏。武功山不仅是一座山，它更是一种精神，一种追求自由、和谐与自然的向往。我们希望今天的游览能成为您心中美好的记忆，并期待在不久的将来，能与您再次相聚在这美丽的武功山。

最后，祝愿大家旅途愉快，平安回家。再见！

第四章 专题讲解

一、江西红色文化

(一)江西革命历史简介

江西是一片有着悠久革命传统的热土。透过历史的烟云,行走在青山绿水之间,境内遍布着一个个伟大革命的历史现场与华丽强音:中国革命的摇篮——井冈山,人民军队的摇篮——南昌,共和国的摇篮——瑞金,中国工人运动的摇篮——安源,这些彪炳史册的革命遗迹和光耀千秋的革命精神是中国红色文化中的璀璨瑰宝,也构成了江西红色文化的灿烂华章。

在安源,由中国共产党第一次独立领导并取得完全胜利的中国工人运动构成大革命时期江西红色文化华章的第一个强音;南昌城头的枪声,在唤醒人们投入轰轰烈烈的革命斗争的同时,也为这块革命的土地再一次注入强大的红色文化基因,催生了八一精神;井冈山的斗争,指明了中国革命的道路,又为江西的红色文化传承打上了井冈山的标签;中央苏区的建立和中华苏维埃共和国临时中央政府的成立,不但壮大了革命队伍,也铸就了江西红色文化的辉煌与荣耀。

(二)江西革命历史的特点

1. 风起云涌

萍乡曾是江南煤都,拥有光荣的革命传统。1921年8月,为加强对工人运动的统一领导,中国共产党成立了领导工人运动的第一个公开机构——

中国劳动组合书记部。党组织非常关心安源路矿工人的疾苦，安源路矿庞大的产业工人队伍情况也引起了党中央的重视。1921年秋冬，中国劳动组合书记部委派湖南分部主任毛泽东从长沙到安源进行实地考察以具体指导安源路矿工人运动。他以参观矿山的名义下矿井、进工棚，广泛接触工人，了解工人的疾苦和受压迫情形；以交朋友的方式与工人谈心，向工人宣传劳工解放的思想，启发工人的阶级觉悟，鼓励他们团结起来进行斗争。通过大约一个星期的实地考察，毛泽东认为，安源工人群众受到种种残酷剥削，生活特别痛苦，是工人运动可能很快开展的地方。随后，党又派李立三同志去安源常驻，先后在工人中建立起社会主义青年团组织和共产党支部，并成立了工人俱乐部。

1922年9月初，毛泽东又一次来到安源。在听取情况汇报后，毛泽东作出了立即组织路矿两局工人大罢工的决定，并对罢工进行了具体部署，指示安源党组织在罢工斗争中，要依靠工人坚固的团结和顽强的斗志，号召共产党员站在斗争的前列，领导工人进行义无反顾的斗争。毛泽东指出，罢工必须运用"哀兵必胜"的策略，提出哀而动人的口号，取得社会舆论的同情和支持，争取罢工的胜利。为了加强对罢工斗争的领导，刘少奇被委派来安源，协助李立三共同领导安源路矿工人大罢工。1922年9月14～18日，安源路矿工人在李立三、刘少奇的领导下，为反对路矿当局企图封闭工人俱乐部和要求发给所积欠的工资举行了大罢工。在五天的罢工斗争中，李立三、刘少奇临危不惧，不顾威胁，不受利诱，代表工人与路矿当局进行了针锋相对的谈判斗争，最终路矿当局被迫接受工人提出的条件，于9月18日签订了《十三条协议》，承认俱乐部有代表工人的权利、增加工人工资、改善福利等。协议的签订，标志着安源路矿工人大罢工取得了完全胜利。

安源路矿工人大罢工的胜利，助推了国共合作的实现。持续高涨的工人运动，又推动了江西农民运动的发展。

1924年国共第一次合作后，江西地方党、团组织创始人赵醒侬、方志敏、袁玉冰等人，在开展工人运动的同时，根据农民占江西人口总数85%以上的实际情况，开始开展农民运动。他们以办夜校的形式，派遣共产党员回家乡宣传马克思主义，启发农民阶级的觉悟，秘密发展农民党员，建立农民协会。根据上级党组织关于"尽快把农民组织起来、发展农民运动"的指示,1924年11月,赵醒侬、方志敏在条件合适的扬子洲建立农村基层党组织,并组建全省第一个农民协会——扬子洲农民协会。

随后赣县、南康、吉安、新建、九江、永修、弋阳、都昌、乐平、鄱阳等地方的农民运动也在这种模式上发展起来。北伐军到江西之前,江西有永修、都昌、吉安、九江、万安、弋阳、星子七个县建立了农民协会,而全省有区农协28个、乡农协120个、会员6172人。1926年9月,北伐军兵分三路向江西进军,江西农民以帮助侦察、引路、输送军需、供给饮食、直接参加战斗等形式支援北伐军。11月北伐军攻打南昌城时,工农群众带领北伐军从城门旁水沟爬进城内,助力北伐军攻破德胜门。《江西通史》中记载,北伐军进军和攻占江西,反过来也极大地促进了民众运动的发展。"当时有所谓四法团,如省议会、总商会、省教育会、省农会者,则不过军阀之应声虫耳。"此前在军阀压制之下,民众不敢建立任何组织。北伐军攻克南昌后,北洋军阀在南昌的组织立即被解散;同时,在党政当局支持下,相继组建各类新的民众团体,民众运动遂勃然兴起。

据了解,北伐军攻克南昌城以后,农民运动逐渐由秘密转向公开,并得到快速发展。1926年11月,全省农民协会会员发展到5万人。11月19日,江西农民运动协会筹备处在南昌百花洲成立,筹备处在临川、吉安及赣州分设赣东、赣西、赣南办事处,迅速建立起对全省各县农运的联系和领导,并积极筹建省农民协会。到1927年2月,全省农协会员发展到30多万人。

为加强对农民运动的领导,1926年11月,中共中央决定成立由毛泽东同志担任书记的中央农民运动委员会,中央农民运动委员会决定以湖南、湖北、江西、河南四省农民运动为重点,同时在陕、川、桂、闽、皖、苏、浙七省全面推动农民运动。

江西农民运动在中共中央和江西临时政权的重视和支持下,1927年2月20日至2月28日,江西省第一次全省农民协会代表大会在南昌举行。大会在方志敏等的主持下,通过了《江西省农民协会章程》等35项议案,提出各县农协应与县政府、县党部及各民众团体共组特别法庭审判土豪劣绅,组织农民自卫军、废除苛捐杂税等。大会产生了以方志敏等为常务委员的执委会,并由方志敏兼秘书长。

随后在党组织及农运骨干的带领下,全省农村掀起了政治、经济、武装斗争的大风暴，农民运动到达了高潮。到 1927 年夏，全省共有 70 余县成立了农民协会，会员总数超过 60 万人，农民运动规模居当时全国第四位。

2. 星华璀璨

南昌城头的枪声和秋收起义的鼓角，唤起了千万工农，也拉开了中国共产党独立领导革命的伟大征程。第二次国内革命战争的十年，一幕幕正剧在江西的红土地上持续开场，一笔笔书写下中国人民的革命豪情。毛泽东引兵井冈山，建立井冈山革命根据地，开辟了农村包围城市、武装夺取政权的中国革命的正确道路。井冈山的星星之火，燃遍全国。如今，这里成为中国革命的圣地。徜徉在井冈山的青山绿水之间，人们不禁肃然起敬、感慨万千，那八角楼的闪闪灯光、黄洋界的隆隆炮声、朱毛会师的欢呼情景、红军挑粮的崎岖山道……这些都让我们获得灵魂的洗礼、境界的升华。中国共产党在瑞金这块红色土地上进行了治国理政的伟大实践。中国共产党高擎反帝反封建和反对国民党反动统治的大旗，以中央苏区为中心，组织工农群众，谱写了一首威武雄壮、气吞山河的土地革命战争的历史诗篇。今天，瑞金城外的"红井"旁，仍传颂着"吃水不忘挖井人"的动人故事，表现着领袖与人民之间的深厚情谊。中华苏维埃共和国临时中央政府大礼堂、长征第一山等众多红色遗址，都是中华苏维埃共和国的历史见证，它们正向人们倾情诉说着那段峥嵘岁月……赣东北革命根据地的斗争风云，是红色中国史册上厚重的篇章。这块红土地养育了一个伟大的儿子——方志敏。方志敏的《可爱的中国》《清贫》等文章，抒发了共产党人的伟大情怀。在这里，我们可以感受弋横起义的怒潮，回顾当年模范革命根据地的情景。

江西还有很多镌刻着红色记忆的地方。被陈毅称为"东井冈"的东固革命根据地，地处赣西南吉安、吉水、泰和、永丰、兴国五地边界，是中国共产党最早实行工农武装割据的红色区域之一。

（三）江西红色文化旅游资源

1. 井冈山

井冈山，是中国革命的摇篮，是中华人民共和国的奠基石。这里是中国共产党创建新型人民军队的发祥地，是农村包围城市、武装夺取政权的中国革命新道路的光辉起点。

遍布井冈山上下的红色文化旅游资源异常丰富，茨坪景区有井冈山革命博物馆、井冈山革命烈士陵园、中国红军第四军军部旧址、中国共产党湘赣边界特别委员会旧址、井冈山革命先烈纪念塔、毛泽东同志旧居、朱德同志旧居等红色文化旅游资源；黄洋界景区有当年的哨口工事、红军营房以及毛泽东、朱德和红军战士从宁冈挑粮走过的小道及路边的荷树，还有位于黄洋界哨口工事山顶的黄洋界保卫战胜利纪念碑等红色文化旅游资源；茅坪景区有中共前敌委员会和中共湘赣边界特别委员会旧址、红军医院旧址、中共湘赣边界党的第一次代表大会会址、茅坪八角楼、红四军士兵委员会旧址（含陈毅旧居）、湘赣边界工农兵政府旧址和茅坪红军烈士墓等红色文化旅游资源；在大小五井，还有大井毛泽东同志旧居、朱德同志旧居和陈毅同志旧居，以及上井村井冈山红军造币厂、小井中国红军第四军医院等珍贵的红色文化旅游资源。

另外，在井冈山周边，龙市景区是著名的朱毛会师、红四军成立、工农革命军第四军第一次党代会召开、工农革命军军官教导队成立的所在地，有闻名中外的龙江书院、红四军建军广场旧址、井冈山会师纪念碑、井冈山会师纪念馆、古城会议旧址等红色文化旅游资源；永新三湾改编旧址群是人们熟知的三湾改编发生地，囊括了"协盛和"三湾改编旧址、三湾枫树坪、三湾改编纪念馆、工农革命军第一军第一师第一团团部旧址、工农革命军士兵委员会旧址、红双井等一批人们熟悉的红色文化旅游资源。

2. 南昌

八一南昌起义，是中国共产党直接领导的具有全局意义的一次武装起义。它用血与火的语言，宣告了中国共产党人不畏强暴、坚持革命的坚定决心。它在全党和全国人民面前树立了一面革命武装斗争的旗帜，标志着中国共产党独立领导革命战争、创建人民军队的开始。

南昌红色旅游景点中最著名的是南昌八一起义革命旧址群，包括南昌八一起义纪念馆（南昌起义总指挥部旧址）、贺龙指挥部旧址、朱德军官教育团旧址、叶挺指挥部旧址和朱德旧居。

除此之外，南昌的八一广场、八一南昌起义纪念塔、江西革命烈士纪念堂和方志敏烈士墓园也是值得后人驻足凭吊的珍贵红色圣迹。

3. 瑞金

瑞金，是蜚声海内外的红色故都、共和国摇篮和中央红军长征出发地之一,是土地革命战争时期中央革命根据地(也称"中央苏区")的心脏。中央苏区是毛泽东、朱德等人直接领导苏区军民在赣南、闽西小块红色割据区域的基础上开辟、打造出来的。

围绕瑞金这个共和国的摇篮,这里汇聚了叶坪革命旧址群、沙洲坝革命旧址群、云石山革命旧址群、红四军大柏地战斗旧址、瑞金革命烈士纪念馆、中央革命根据地历史博物馆(瑞金中央革命根据地纪念馆)等一大批红色文化旅游资源。在瑞金的周边,宁都、于都、兴国、大余、信丰、会昌等县也有许多耳熟能详、与中央苏区密切相关的红色文化旅游资源。

4. 安源

安源路矿工人大罢工是中国共产党第一次独立领导的工人运动。安源的胜利不但见证了毛泽东、刘少奇、李立三等老一辈无产阶级革命家领导安源路矿工人反对帝国主义、封建主义和官僚资本主义,为建立中华人民共和国和最终实现共产主义而奋斗的历史;也生成了以安源路矿工人运动纪念馆为主体,安源路矿工人俱乐部旧址、萍乡煤矿总平巷旧址、安源路矿工人大罢工谈判处旧址(萍乡煤矿公务总汇旧址)、安源路矿工人补习学校旧址为支撑的安源红色文化旅游资源群。

二、江西书院文化

(一)江西书院历史沿革

古代书院是教育的场所和学术思想交流的中心。宋代王应麟《玉海》论及书院时说,"院者取名周垣也",意即用一圈土墙将书围起来,好似古代的图书馆。从事教学活动的书院大约始于中唐时期,约在唐德宗贞元年间(785~804年)至唐宪宗元和年间(806~820年)。

江西素称人文之乡,在书院建设方面素具盛名,不仅起步早,而且数量多、影响大。其中,最早见于史书记载的是桂岩书院。桂岩书院史建于唐洪州高安县境内,地处县城北六十里的洪城桂岩(今高安市华林乡),创始人为高安人幸南容。幸南容于贞元九年(793年)中进士,曾官为国子监祭酒,814年告老还乡,创建桂岩书院,开馆授业。除桂岩书院外,江西建于唐代的书院还有东佳书院、虎溪书院、李渤书堂、景星书院等。其中的东佳书院为江州陈氏所建,也因"义门陈"及《陈氏家法》多为后人所知。

五代时，江西所建书院有高安县的留张书院、泰和县的匡山书院和光禄书院、奉新县的华林书院和梧桐书院、建昌县的云扬书院六所，为北宋书院的繁盛奠定了坚实的基础。

　　北宋时期，江西境内书院更加发达，据载北宋全国书院总计为89所，其中江西39所。这类书院或为家族所建，或为乡里所建，或为学者所建。家族与乡里举建的书院，具有明显的科举倾向，如杨亿在《雷塘书院记》中说豫章洪氏因书院"举进士得乙科，同时侪流登是选者以十数"。大型的家族性书院，还有奉新县胡氏的华林书院、分宁县双井黄氏的樱桃洞书院、南丰县曾氏的曾氏学舍等。至于著名学者建立或讲学的，则有李觏的盱江书院，杜子野的鹿冈书院，以及周敦颐讲学赣州、分宁、芦溪等地的许多书院。

　　南宋是江西书院蓬勃发展的时期。据统计南宋全国兴建书院500余所，江西161所，其显著特征是理学家兴办的比例大幅提高。江西有着极为肥沃的理学土壤，周敦颐、程颢、程颐、朱熹、陆九渊都曾在这里耕耘。理学昌盛、著述宏富、学派争鸣、人物荟萃。理学依托书院传播与传递，成为书院的灵魂，而白鹿洞、象山、鹅湖、白鹭洲等书院便是理学大师的学术阵地。

　　元代推崇理学，更加重视书院的建设。元代江西书院有162所，以铅山的鹅湖书院和稼轩书院最为有名。其中复兴前代的有68所，而这68所中有40所是官修的，这就表明了旧书院的复兴受到了官府的重视。书院的官学化，就是书院朝着官学变化，逐渐失去独立性。元朝政府通过一些重要的措施来逐步实现书院的官学化，如严格报批手续，以申报制度控制书院的创建与兴办；委派山长，并将其纳入官学体制；拨置学田，设官位管理钱粮，控制书院的经济命脉等。

　　明代江西书院得到了空前的发展，程度超过了以往任何一个时期。首先表现在书院的数量层面。据统计，明代江西地区共创建书院（包括义塾、精舍、讲堂、书堂等）183座，还修复了前代创建的书院共计55座，如洪武年间（1368~1398年）重修的赣州府濂溪书院（创建于宋朝）、正统三年（1438年）重建的星子县白鹿洞书院（时为南康知府的翟溥福所倡举）、景泰年间（1450~1456年）重建的上饶县叠山书院（宋朝谢枋得讲学之处）、景泰年间重建的贵溪县象山书院（宋朝陆九渊讲学之所，当时的巡抚韩雍与知府姚堂重建)等。其他如铅山县鹅湖书院、吉安府白鹭洲书院等宋元时一批规模较大、影响较深的书院也都得到了修复。

其次是形制完备,规模宏大。明代江西书院形制完备,享堂、讲堂、学舍、藏书楼阁,以及泮池、泮桥、礼圣门等礼仪建筑样样齐全。如铅山县鹅湖书院,"前有祠堂,后有寝室,两旁翼以廊庑,中肖四先生像,前构楼,又前凿泮池",书院祭祀、讲学等活动场所均有。明代江西书院规模宏大,如九江府肄武书院(嘉靖六年九江兵备何棐建)共有学舍三十余间;吉安府白鹭洲书院(嘉靖二十一年知府何其高重建于仁寿山慈恩寺后)"为屋大小凡数百楹",仅"书屋以间计者二百"。书院形制的完备、规模的宏大,表明当时江西书院已十分发达。

此外,书院活动内容丰富充实,讲学是书院最重要的活动内容。明代江西书院讲学氛围极为浓厚,一大批有名的学者,如湛若水、胡居仁等纷纷前往书院讲学;官员如提学王宗沐、知县王垣京等也相继任教于书院,一些江西籍的退休官员,如刑部右侍郎刘节、知县饶秉鉴等也到书院任教。前往书院听讲的生徒众多,如弘治十年(1497年)兵部郎中上饶娄性在星子县白鹿洞书院讲学,"来学者五百余人";正德十三年(1518年)王守仁在赣州府濂溪院书讲学,四方学者前来听讲,致使讲堂都无法容纳。

书院讲会制度也十分盛行,如吉安府青原会馆,万历年间(1573~1620年)"每岁月小会,九月大会,四方来学者千百人"。嘉靖年间(1522~1566年)理学家邹守益与"刘邦采、刘文敏、刘子和、刘阳、欧阳瑜、刘肇衮、尹一仁等建复古、连山、复真诸书院,为四乡会,春秋二季合五郡,出青原山,为大会,凡乡大夫在郡邑者皆与会焉,于是四方同志之会,相继而起",世称青原会。

清代初期,政府一度对新建书院加以限制,雍正之后,政治形势稳定,才开始放宽政策,书院得到了迅速发展。据统计,清代全国书院计4365所,江西392所,是全国四个有350所以上书院的大省之一。

(二)江西书院文化的特点

江西书院大都建在山上,如鹅湖书院位于鹅湖山、白鹿洞书院建在庐山,通过山上的固定场所来达成某种思想流动成为中国教育史和思想史上的一道奇观。江西书院山水空间下教育的范式,传递着一个民族对于文化传播与学术自由交流的强烈追求。

1. 学术研究和教育相结合

江西书院多僻处于山林谷壑之间，清幽宁静的外部环境为书院提供了良好的治学环境，使得江西书院在成为教育机构的同时也成长为一个个具有全国性影响的学术研究机构。学术研究和教育相结合是江西书院的一个最突出的特点。白鹿洞书院是朱熹传播其客观唯心主义理学的著名阵地。陆九渊创办象山书院，借以弘扬其主观唯心主义理学思想，象山精舍也因陆九渊而闻名天下，被称为"南宋四大书院"。

2. 管理规则严谨周密

江西书院治学严谨离不开其周密的管理规则。江西书院的管理规则为天下所重首推《鹿洞教规》。

《鹿洞教规》是理学名家朱熹主掌白鹿洞书院时所建构。朱熹从理学教育家的立场出发建构"鹿洞教规"，以示书院教育的指导思想、目标、内容、为学顺序；对学者修身、处事、接物提出纲领性的要求，是古代书院教规的典范，随即为江西和全国各地众多书院所借鉴或采用；至明尤为东林书院所依照，清乾隆年间又"谕旨"规定各地书院予以"酌仿"。

同时期，朱熹邀请陆九渊到白鹿洞讲学，阐述"君子喻于义，小人喻于利"。朱、陆是两个不同的学派，邀请陆九渊到白鹿洞讲学，为不同学派同在书院讲学树立了典范，开书院"讲会"制度之先河。

(三) 江西书院文化旅游资源

1. 白鹿洞书院

位于江西省九江市庐山五老峰南麓，与岳麓书院、应天府书院、石鼓书院并称天下四大书院，居四大书院之首，享有"海内第一书院"之誉。唐朝贞元年间（785~804年），洛阳人李渤在此地读书隐逸，以白鹿自娱，时人称白鹿先生。又因此地山形合围似洞，书院因而得名。

南唐李氏朝廷，在此办"庐山国学"，又称"白鹿国学"。北宋年间（960~1127年），朝廷及地方官重视，书院得以继续发展。南宋淳熙六年（1179年），理学宗师朱熹知南康军（今江西省九江市星子县），修复白鹿洞书院，并自任洞主，制定教规、延聘教师、招收生徒、划拨田产、苦心经营。朱熹制定的《白鹿洞书院揭示》又称《白鹿洞书院教规》，影响后世几百年，其办学的模式为后世效仿，传至海外的日本、朝鲜半岛及东南亚一带，白鹿洞书院享誉海外。

2. 象山书院

位于江西省贵溪市上清镇东南应天山，也名"象山精舍"，为南宋四大书院之一。书院首创于南宋淳熙十四年（1187年），其创始人为陆九渊，当时称作"象山精舍"。

陆九渊规定了象山精舍的办学宗旨是"明理""志道""做人"。为了实践自己的办学主张，陆九渊在象山精舍采用了多种教学形式，运用了一些与众不同的教学方法。诸如严肃认真的升堂讲学，他"从容不迫"地讲课，"终日不倦"。"音读清响"的语言、富有启发的讲解，学子无不感动兴起、感激奋砺。在日常教学中还采用颇似禅宗"机锋"的谈话教学，陆九渊要求门徒有切己自反、改过迁善的自我修养，在指导学生读书时侧重精专创新，并率学生寻访山川名胜，陶冶情操，开拓视野。应天山"苍林荫翳，巨石错落"，风景十分优美，然学子来应天山象山精舍求学，路途遥远，交通不便，困难很多。但陆九渊以他的博学卓识吸引了许多人，象山精舍平时就读的学生约百人，五年中先后来求见问学者"逾数千人"。当时已负盛名的理学家朱熹写信给陆九渊说"闻象山垦辟架凿之功益有绪，来学者亦甚，恨不得一至其间观奇揽胜"。

3. 鹅湖书院

位于上饶铅山县鹅湖镇鹅湖山麓，为江西古代四大书院之一，占地8000平方米。鹅湖书院曾是一个著名的文化中心。尤其是南宋理学家朱熹与陆九渊等人的鹅湖之会，成为中国儒学史上一件影响深远的盛事。人们为了纪念"鹅湖之会"，在书院后建了"四贤祠"。宋淳熙十年（1183年）赐名"文宗书院"，其间多有兴废，至明景泰年间（1450~1456年），重修扩建后正式定名"鹅湖书院"。

鹅湖书院在鹅湖寺（仁寿寺）的左边，书院四周有山有溪，环境清幽。鹅湖书院比鹅湖寺大得多，建筑规模颇似孔庙。由大门进去，经过两排桃树，有一个大圆门，圆门内有一个大院子，对面又是一个大圆门，上面是三排殿宇，由此登石阶而入，又是一个院子，里面是半月池，池周围是石栏杆。过古桥是第一排殿宇，再过一个院子，是第二排殿宇，最后一排殿宇，是四贤祠。祠前也是一个院子，祠后则是一个相当高的平台，其下有一小池，其后是一面高墙，正对那两大圆门的北端高墙。这三排殿宇是主屋。在主屋两旁，又是一排一排的房屋，错落有致。

在鹅湖书院后面的四贤祠内，设有朱、吕、二陆四个牌位，还有一个题着"顿渐同归"字样的匾额，这和书院前排建筑中所悬"道学之宗"的御匾，正遥遥相对，由此可见宋代朱陆鹅湖之会的盛况。抗日战争期间，鹅湖书院成为东南训练团的驻扎营地。

4. 白鹭洲书院

白鹭洲书院位于江西吉安市内赣江江心的白鹭洲之头，依洲名而称之为"白鹭洲书院"。为南宋吉州知军江万里于南宋淳祐元年（1241年）创建，和庐山的白鹿洞书院、铅山的鹅湖书院、南昌的豫章书院齐名，并称为江西古代四大书院。据《庐陵县志》记载："白鹭洲书院，在郡城东白鹭洲上。宋淳祐元年辛丑，知吉州军江万里建。奏于朝，置山长；理宗御书白鹭洲书院，以赐。院内立文宣王庙、棂星门、云章阁、道心堂、万竹堂、风月楼、浴沂亭、斋舍。"后增建"六君子祠"，祀程颐、程颢、周敦颐、张载、邵雍、朱熹六人。

宝祐四年（1256年）临安开考，吉州生员中进士40名，占该年科举全国录取进士总数的1/9，其中文天祥以他的文才、志向，或许还因他的大号"宋瑞"被钦点为状元。文天祥的《祭欧阳撰斋（守道）先生》一文中曾写"某弱冠登先生之门……盖有年于兹"，点明文天祥曾于宝祐三年（1255年）在白鹭洲书院读了一年书。宋理宗遂亲书"白鹭洲书院"匾额，作为对白鹭洲书院的嘉奖，从此白鹭洲书院扬名天下。

元明清历朝，书院或被毁于洪水，或毁于兵火，后又重修或重建。至同治二年（1863年），经知府曾省三倡修恢复。洲头现存的风月楼、云章阁以及一排排的斋舍，就是同治二年最后一次修建时所遗留下来的建筑。而洲中心现存的鹭池，则是明代万历二十年（1592年）重修书院时所开辟。

白鹭洲书院的办学宗旨是敦教化、兴理学、明节义、育人才；办学特色突出，教学质量、学术水平都很高。其创始人江万里曾官至宰相，元兵南下时，他已退居鄱阳，愤而投水自尽，是历史上有名的忠贞节烈之士。书院的第一任山长欧阳守道，是江西宋代知名的学者，守道主持书院十年，白鹭洲书院成了"国家级重点"学府。《白鹭洲书院志》上有"刘辰翁、文天祥、邓光荐皆出其门"的记载。

5. 豫章书院

位于原南昌府的进贤门内（今南昌第十八中学），先后以理学祠、孝廉堂、书院等形式出现，为古代江西学术思想的传播、人才培养的著名官学机构。豫章书院创建于南宋，为当时理学家们传播朱程之学的基地。

豫章书院创于南唐升元二年（938年），距今一千余年。明万历七年（1579年），江西巡抚凌云翼、潘季驯先后重修，改祀宋、元、明诸儒，称"豫章二十四先生祠"，即祀罗从彦、陆九韶、陆九龄、陆九渊、吴与弼、罗伦、胡居仁、邹守益、罗洪先、魏良弼等人，他们都是江西省内的理学名家，蜚声海内，象山先生陆九渊更是一代儒学巨擘，书院对其崇祀有很明显的教化用意。

清康熙二十八年（1689年）改名为"理学名贤祠"，康熙三十一年（1692年）巡抚马如龙重建，聘南昌进士熊飞渭为山长，选江西各府、州、县、厅学之生员俊秀者入学。康熙五十六年（1717年）官方再次重建，而且布局有所不同，右为讲堂，左为祠堂，面向全省选拔数百名学子读书其中。康熙五十七年（1718年），康熙皇帝御书"章水文渊"四字门额赐予书院，使书院进入历史上最好的发展时期。乾隆皇帝对书院亦较为重视，并对师长、士子两方面作了严格规定，强调人品为上的原则，并明令仿效白鹿洞书院"立之规条，以检束其身心"。在这种形式下，陈宏谋与郝硕两位巡抚分别从院规与院舍两个方面下了很大的功夫，奠定了书院进一步发展的基础。由于清朝康熙、雍正、乾隆三位皇帝的重视，豫章书院成为全国闻名遐迩的大型书院之一。

三、江西陶瓷文化

（一）江西陶瓷历史沿革

陶器的发明是人类文化发展过程中文明进步的重要标志之一。作为人类社会生活中必不可少的用具，陶器促使人类定居生活更加稳定，使社会生产进一步向前发展。

在江西，20世纪90年代中美考古学者联合对新石器时代的人类遗址仙人洞及其附近的吊桶环洞穴进行考古取样和发掘,获取了大量的原始陶片标本,共297块。这些陶片烧制温度很低、胎质较厚且夹有粗砂,表面还有粗绳纹,是目前国内发现的最原始陶片之一。

到了距今3500~3100年前的商代中晚期,江西鹰潭的角山窑场为我们揭示了江西陶瓷文化的一次早期辉煌。鹰潭角山遗址位于江西省鹰潭市月湖区,经过考古勘探,角山窑场的面积超过7万平方米,窑场之内陶瓷窑炉成群,在小范围发掘中已发现了烧成坑、马蹄形圆窑、龙窑遗址近20座。出土文物十分丰富,已取得完整和可复原陶瓷器3000余件,陶瓷碎片几十万片,陶片成堆堆积,虽历经几千年风雨侵蚀和人为改变,仍留存有高达四五米的陶片堆积。窑场中大量的文物遗存表明,角山窑场规模宏大,生产鼎盛,而且连续生产三四百年,是商代独一无二的大窑场,也是迄今为止所发现的夏商时期全国最大的窑场。2013年5月,被国务院核定公布为第七批全国重点文物保护单位。

秦汉时期,我国的农业、手工业和商业日趋繁荣,陶瓷器的烧造也获得突飞猛进的发展。这一时期陶瓷发展的突出成就是西汉出现的低温铅釉,以铜为着色剂的绿釉陶器。陶瓷业经过秦汉时期的发展与提高,终于在东汉时期成功地研烧出成熟的青瓷器。南昌、新建、樟树、新干、修水、萍乡、宜春和赣南大余、上犹等地的汉墓中经常能见到的绿釉陶灶、水井、陶仓、耳杯、鼎、壶、盘、案等随葬明器,在一定程度上能够说明江西陶瓷业的初步成熟。

六朝时期是江西陶瓷业生产获得迅速发展和壮大的阶段。从丰城港塘东汉晚期窑址和南昌、樟树、新建、瑞昌、新干、宁都、抚州、吉安和赣州等地大批墓葬出土的资料证实,最迟在三国时期就已开始烧制青瓷器。

隋唐时期,江西地区的经济文化与全国同步进展。据史载,唐玄宗年间,陕郡太守、水陆转运使韦坚引浐水到长安"望春楼"下,凿为"广运潭",唐玄宗诏群臣一同登楼临观。韦坚率江淮并汴洛漕船300艘,漕船各署郡名,满载各郡"轻货"(土特产),如广陵郡锦镜、铜器,豫章郡(洪州)船载"力士瓷、饮器、茗铛、釜"(名瓷、酒器、茶铛、茶壶),玄宗大喜。像这次盛大的南方手工业和土特产水上展示,名瓷独举豫章(洪州),这充分表明江西洪州瓷在当时是唯一达到"贡品瓷"的标准而驰名全国。经考古调查和发掘证实的其他隋唐窑址已遍及景德镇、吉安、赣州、樟树等广大地区。

入宋以后，江西瓷文化继续发展。景德镇在以往生产青瓷和白瓷的基础上，创烧出新的代表性产品——青白瓷，也叫影青瓷。作为一个新出现的瓷器品种，青白瓷用料讲究，研泥精细，瓷胎质致密，透光度较好，玲珑剔透，有"饶玉"之美称。这种工艺精美、质量上乘的景德镇青白瓷深受时人喜爱，还成了宋代输出瓷器的重要品种，博得海外的青睐，成为当时国际市场的畅销品。

元代是江西瓷文化发展历程中至为重要的一段。至元十五年（1278年），元世祖在江西设"浮梁瓷局，掌烧造瓷器等事"，专为元朝皇室和官府烧造瓷器。这一时期，以景德镇为代表的江西瓷业在生产技术、制瓷工艺上均取得新的突破。瓷石加高岭土的"二元配方"提高了烧成温度，减少了器物变形，因而能烧成大型的、薄胎的精美瓷器；青花釉里红瓷器的烧成，使我国绘画技巧与制瓷工艺的结合更趋成熟，瓷画艺术得以飞速发展，将中国气派的釉下彩瓷器推进到新的发展阶段；而卵白釉、红釉、蓝釉等颜色釉的烧制成功，又改变了宋代时期瓷器的单调局面。

技术的迅速成熟使得景德镇瓷器在行销全国各地的同时，还大量外销西亚和东南亚等国，成为我国海外瓷器贸易的主要品种。1976年在韩国全罗南道新安郡海域发现一艘中国元代中叶的沉船，打捞出的遗物绝大部分为瓷器，共有16700件，其中影青（青白）瓷和卵白釉（枢府釉）瓷4800余件，绝大多数为景德镇出产。

进入明朝以后，景德镇瓷业生产和贸易发展达到新的高度。洪武二年（1369年），朱元璋下令"就镇之珠山设御窑厂，置官监督烧造解京"。为了满足宫廷需要，御窑厂挑选最好的工匠，提供充足的资金，垄断最好的原料，不计成本，高度专业化分工，向高精度发展，促使景德镇的制瓷业不断扩大新品种，提高产品质量，把景德镇的制瓷工艺推向一个新的阶段。明朝中期以后，景德镇瓷器产品种类繁多，可分为青花、彩瓷、颜色釉瓷三大类。这一时期所制作瓷器，不仅在制作上达到了"白如玉、明如镜、薄如纸、声如磬"的艺术效果，而且那些具有民族特色的传统象征性吉祥图案的运用，丰富了瓷器的装饰画面。到了明朝中叶，江西的制瓷技术已经明显超过全国其他地方，汇集了全国各地能工巧匠的景德镇窑场鳞次栉比、瓷器生产昼夜不停，烟火相接成为"天下窑器所聚"的"瓷都"，景德镇与佛山镇、朱仙镇、汉口镇并称明清全国四大名镇。

清朝康乾时期，景德镇瓷业进入鼎盛时期，康熙五彩瓷成为五彩瓷的新高点。康熙五彩除常用的红、黄、褐、紫等彩料外，还增加了釉上蓝彩和黑彩，比明代的单纯釉上五彩更为娇艳动人。与此同时，景德镇瓷工还利用外来的珐琅彩料，烧制出色调丰富、制作考究的珐琅彩瓷。也是在这一时期，景德镇粉彩瓷已达到技艺纯熟、色调运用自如的境地，其淡雅柔丽的风格为世人所称道。

（二）江西陶瓷文化的特点

1. 历史底蕴深厚

江西陶瓷文化底蕴深厚，历史悠久。早在七八千年前，新石器时代的江西万年仙人洞遗址中，就发现了夹砂粗红陶和夹砂灰陶的残片。鹰潭角山窑场遗址中夏商时期粗具规模的陶器生产体系，更是为江西陶瓷的悠久历史提供了有力的佐证。

在过去的三四千年里，江西陶瓷工艺不断发展，尤其是宋代以来，景德镇陶瓷技艺达到了顶峰。那时的景德镇，瓷器制作技艺精湛，被誉为"瓷都"。景德镇的瓷器"白如玉、明如镜、薄如纸、声如磬"，这些美誉不仅是对其工艺的高度评价，更是对匠人们智慧与心血的礼赞。

青花瓷、玲珑瓷、粉彩瓷、颜色釉瓷等多种类型的瓷器，都是江西陶瓷技艺的经典之作。其中，青花瓷以其清新脱俗、典雅大方的特点，成了江西瓷器的代表。这些瓷器不仅是工艺品，更是文化的载体，承载着历史的记忆和人们的情感。

2. 文化价值高远

陶瓷文化，作为中国古老而辉煌的文化瑰宝，是中华民族传统文化的重要载体，象征着深植于民族血脉中的精神与风范。

江西的陶瓷文化继承了中国传统陶瓷的精髓，同时融入了地方独特的元素，形成了独特的文化景观。以景德镇为中心，这里凭借精湛的工艺、丰富的品种和独特的艺术风格，成为中国陶瓷文化的代表之一。在这里，陶瓷不仅仅是精美的工艺品，更是文化的传承与表达。

历史上，江西的陶瓷沿着陆上丝绸之路和海上陶瓷之路远销全球，成为风靡世界、经久不衰的热销商品。景德镇瓷器更是以其精湛的工艺和独特的艺术风格，赢得了世界各地人民的喜爱与赞誉。

在这片土地上，陶瓷不仅是泥土与火焰的结晶，更是匠人们心灵的寄托和情感的表达。每一件瓷器，都是他们心血的凝聚，完美体现了匠人们对生活的热爱、对艺术的追求。正是这种对美的执着与追求，使得江西陶瓷文化在历史的长河中熠熠生辉，成为中华文化不可或缺的一部分。

3. 文献资源丰富

江西陶瓷文化的历史文献极为丰富。早在元代的至治年间（1321~1323年）到泰定年间（1324~1327年），蒋祈的《陶记》便详细记录了景德镇陶瓷的生产流程、技艺传承和市场贸易等方面的信息。明代，宋应星在《天工开物》的《陶埏》篇中系统阐述了陶瓷的原料选取、制作工艺和烧制技术。到了清代，朱琰的《陶说》不仅记载了江西陶瓷的历史变迁，还深入剖析了传统陶瓷的艺术价值和文化内涵。随后，蓝浦与郑廷桂合著的《景德镇陶录》在梳理景德镇唐宋至明清各期瓷窑的基础上，详细阐述了景德镇陶瓷的制作工艺、品种分类和市场贸易，为后世研究景德镇陶瓷提供了重要的文献资料。

通过这些文献，我们仿佛能看到古代景德镇的繁忙景象：窑火熊熊，工匠们专注于每一个细节，双手在泥土间舞动，创造出一件件精美绝伦的陶瓷。市场上，人们争相购买这些精美的作品，陶瓷不仅是生活器具，更是艺术品，承载着人们对美好生活的向往与追求。

（三）江西陶瓷文化旅游资源

江西陶瓷文化旅游资源丰富，景德镇以"瓷都"之名蜚声世界，吉州窑更以"木叶天目"广受方家爱重。行走于江西，人们不仅可以感受中国厚重的历史文化底蕴与魅力，还可以感知中国古代陶瓷文化的博大与精深。

1. 景德镇御窑厂

景德镇御窑厂，也称"珠山御窑厂"，是中国历史上著名的官窑之一，专门为皇室制作御用瓷器。据《浮梁县志》记载，元世祖忽必烈于1278年在景德镇设立了第一所官窑，即浮梁磁局。这一时期，优质的白瓷引起了朝廷的高度重视，开启了景德镇作为皇家瓷厂的历史。明朝初年，明太祖朱元璋在前朝基础上建立了御窑厂，也被称为"洪武官窑"。这一时期，由于祭祀、赐赏和贸易的需要，御窑厂迅速扩展，生产了大量精美的瓷器。

自明初成立起，御窑厂便承担了为宫廷制作高品质瓷器的责任。其生产的每一件瓷器都代表着当时最高的艺术成就和技术水平。

清朝顺治年间，御窑厂得到进一步扩建，并在康熙年间由朝廷直接派遣督陶官管理窑务，使得景德镇瓷业达到了巅峰。

在明清两代，这里的瓷器不仅用于皇宫的日常使用，还常作为皇帝对内的赏赐和对外的礼物，显示了其尊贵的地位。御窑厂的产品种类繁多，包括日常用的碗盘、装饰用的瓷雕以及各式祭器等，每一件都极尽工艺之能事。

进入现代，为了保护并研究这一文化遗产，成立了景德镇御窑博物馆，2020年又建成并对外开放了御窑厂国家考古遗址公园，成为集文物保护、研究和展示于一体的文化地标。

2. 吉州窑

吉州窑，这座承载千年陶瓷文化的古老窑场，坐落于江西省吉安县永和镇。作为世界上规模最大、保存最完整的古窑遗址群之一，它的废窑堆积多达24处，总面积超过8万平方米。

吉州窑的历史可以追溯到晚唐时期，经历了五代和北宋的繁荣发展，至南宋时期达到了鼎盛。黑釉瓷和彩绘瓷是吉州窑的典型代表，其独特的装饰风格和工艺手法，如"木叶天目"和"剪纸贴花"，深受世人喜爱，影响力远播海外。

如今，吉州窑景区依托其丰富的陶瓷文化资源和深厚的历史底蕴，已发展成为集文化、旅游、休闲、考古和科研为一体的综合型旅游景区。景区内不仅有吉州窑国家考古遗址公园、宋街和吉州窑博物馆等文化景点，还有陶瓷文化产业园和古村落等休闲观光区。游客在这里不仅可以领略古代陶瓷艺术的无穷魅力，还可以亲身体验陶瓷制作的乐趣。

3. 洪州窑

位于江西丰城的洪州窑是唐代六大青瓷名窑之一，其历史可以追溯到东汉晚期，发展于东晋、南朝，至唐代中期达到鼎盛，晚唐五代逐渐衰落。

洪州窑遗址发现于1977年，1996年被列为全国重点文物保护单位；遗址内现已发现的窑场遗址有30余处，已发掘的面积达480平方米，共发现窑址 5 座，出土各类青瓷及窑具标本 1.2 万余件。

从出土器物看，洪州窑以烧制青瓷为主，釉色多为褐色，也有青绿釉瓷，色调较深，灰青明亮。器物装饰多采用刻花、划花、印花及堆塑等技艺，典型器物如莲瓣纹托盘、深腹碗等，显示出佛教文化的影响。

对洪州窑有兴趣的访客，可以在南昌县博物馆的专门展厅看到大量的洪州窑青瓷器资料。

四、江西茶文化

（一）江西茶叶历史发展简介

茶是中国原产的树种，学者考证后多认为其本源应出自西南地区。文献记载中国境内最早的茶叶使用区域应在巴蜀地区，《茶经》曾记载"茶者……巴山、峡川有两人合抱树"，有研究者推测两人合抱之茶树或有千年树龄，如以陆羽所处之中唐逆推千年，当在春秋战国之际，则显然巴蜀可为茶树种植向中原扩大的一个重要途径。

以茶为饮的风俗在中国起源甚早，陆羽甚至认为"茶之为饮，发乎神农氏"，但基于学术的考证多认为起自巴蜀。西汉蜀人司马相如和扬雄都对其地饮茶风俗有所记载，王褒的《僮约》更要求其仆人不但能做到"烹茶尽具"，同时还必须能够赴武阳（今四川彭山）买茶。其后饮茶风俗逐渐扩散，先是通过土产进贡的渠道进入了长安并扩散到关中及河南地区；继而通过贸易水道沿长江进入了江南流域，成为江南地区的一种名贵饮品。《三国志》就记载吴末帝孙皓好酒，"每日餐宴、无不竟日，坐席无能否，率以七升为限"；独因器重韦曜，"密赐茶荈以当酒"，也就是许其以茶代酒。可见当时江南地区已有较为广泛的茶饮风气。

魏晋时期，传入江南的佛教在庐山觅地结庐，以为清修之所。因茶被认为有利于禅定，这些僧侣遂于山野间植茗种茶为饮，到东晋慧远在庐山弘扬佛法的时候，庐山茶树的存在已有明确记载。稍晚的《封氏见闻记》甚至对当时禅门佛弟子嗜茶习气给出了颇具合理性的解释，"学禅务于不寐，又不夕食，皆许饮茶，人自怀挟，到处煎煮，以此转相仿效，遂成风俗"。

随着晋室东迁、中原士人涌入江南并促成江南区域经济的逐步开发，茶叶消费群体也逐渐扩大。中唐陆羽的《茶经》记载南朝刘宋茶事时，曾有

"新安王子鸾、豫章王子尚,诣昙济道人于八公山。道人设茶茗,子尚味之曰:此甘露也,何言茶茗"一事的记载,可见当时的豫章士人不但已熟知饮茶风习,甚至还能对具体茶饮的口感好坏做出精当的点评。

入唐之后,茶作为重要的饮料被广泛使用。甚至有官方为了祛除应试举子的科场困倦而煮茶汤供举子饮用的举措。因唐时习气素重科举,茶叶甚至被美称为"麒麟草"。渲染之下,饮茶风俗由士林而广及社会各阶层。具体到江西,陆羽的《茶经》已经谈到"江西……袁州、吉州产茶";白居易在《琵琶行》中写道:"商人重利轻离别、前月浮梁买茶去"的诗文,更进一步暗示江西的茶叶交易盛况。

两宋之际,随着中国经济重心的南移,江西农业及农业经济得到了进一步的发展,茶树种植事业也取得了极大的进步。宋人乐史的《太平寰宇记》就记载了遍及江西四境的茶产业:饶州浮梁县,土产茶;虔州,土产茶,香味第一,最难得;袁州,土产茶;吉州,土产茶;抚州,土产茶;江州,土产茶。《山堂肆考》还记载了北宋时期江西散茶的盛名,称"东坡注草茶盛于两浙,日注第一;自景祐以来,洪州双井白芽制作尤精,远出日注之上,遂为草茶第一"。

作为苏东坡门生的江西人黄庭坚曾用大量的篇幅赞颂了自己家乡分宁的双井茶。《双井送子瞻》《答黄冕仲索煎双井并简扬休》《戏为双井解嘲》《以双井茶送孔韦父》等作品都是赞颂双井茶的佳品。其中《双井送子瞻》中的"我家江南摘云腴,落硙霏霏雪不如"两句更引得苏东坡援笔作《鲁直以诗馈赠双井茶次韵为谢》以为唱和,也使得双井茶以"草茶第一"列入贡茶。南宋叶梦得在《避暑录话》卷下中记载这件事说:"草茶极品惟双井、顾渚,亦不过数亩。双井在分宁县,其地属黄氏,鲁直家也,元祐间,鲁直力推赏于京师,族人交致之。"

此后一直延续到清末民初,不但庐山及其周围的赣东北、赣西北早已成为茶树种植重要地区,余者如赣东的婺源、赣南的遂川亦成为重要的产茶区,其余不甚扬名的茶叶产出更是遍布省内。民国四年(1915年)北洋农商部的调查曾经报告全省"产茶数量二十余万担,产茶面积百余万亩,全省产茶区域达五十余县",而发表于1932年的《江西茶业调查报告》更认为此数字远小于清晚期的同光之际,则传统时代江西茶业之盛可以想见。

（二）江西茶文化的特点

江西茶文化是基于江西独特的地理位置和兴盛的茶叶生产传统而产生的。其在产生之初虽然有太多的中原文化的影子，而相对缺乏地域特征，但随着唐宋江西地域经济文化的大发展，尤其是两宋时期江西茶业的勃发，历代文人饮茶的风俗和文化因子被巧妙地烙印在了江西茶文化的基因之中，于不经意的平凡之中辉映出中国传统文化的耀目光华。

1. 情怀自蕴、禅茶一味

庐山古称匡庐，自东晋以降就多有僧侣游驻其间。这些佛门子弟苦修的同时，也将佛学修养融入了对茶叶的爱重之中。《庐山新志》载："（庐山）云雾茶，山僧难以日给，取诸岩壁间，撮土种茶一、二区，然山峻高极卑弱，历冬四周茅苫之，届端阳采焙成，呼云雾茶。"唐人李咸用《谢僧寄茶》对于庐山僧人加工茶叶有非常着意的刻画，"空门少年初志坚，摘芳为药除睡眠。匡山茗树朝阳偏，暖萌如爪拏飞鸢。枝枝膏露凝滴圆，参差失向兜罗绵。倾筐短甑蒸新鲜，白纻眼细匀于研。砖排古砌春苔干，殷勤寄我清明前。金槽无声飞碧烟，赤兽呵冰急铁喧。林风夕和真珠泉，半匙青粉搅潺湲。绿云轻绾湘娥鬟，尝来纵使重支枕，胡蝶寂寥空掩关"。

中唐以后，随着佛教禅宗兴盛，被认为有益于禅定和苦修的茶饮得到了佛门弟子和佛学修士的大力推崇，盛极一时的"禅茶一味"提法更推动江西地域茶饮风俗的流行不歇，成为江西茶文化的一个重要构成。

2. 品类繁多、相地而成

通俗来讲，茶叶以其加工形式可以被分为不发酵茶如绿茶、半发酵茶如乌龙茶，以及全发酵茶如红茶。进一步细分还可以增加品类：绿茶进一步发酵而成黑茶，如普洱；介于红茶绿茶之间的青茶，如乌龙茶；以绿茶闷黄制造的黄茶，如君山银针；以未张开新芽加工获得的白茶，如白牡丹茶等。而江西不但以绿茶盛名天下，浮红、河红和宁红也昭示赣人对红茶工艺的谙熟。

作为重要的茶叶出产区，江西可谓四境宜茶。省境之内，赣北有庐山云雾、赣西北有俗称宁红的宁州红茶，赣东北有浮梁红茶，赣东绿茶有玉绿、红茶有河红，婺源还有著名的婺源绿茶，赣南还有以"狗牯脑茶"为世人所知的遂川茶。

3. 与瓷共舞、相得益彰

江西茶业的兴盛当然离不开江西固有的、良好的适宜茶树种植与生长的一方水土，但这一方水土对于江西茶业的贡献还不止于茶叶，与茶事有关的江西陶瓷业事实上也助推了江西茶业的兴盛。

在中国茶文化中，茶一直是一种重要的饮品，但又从来都不只是一种饮品。早在魏晋就有"以茶养廉"的提法；随着茶饮的进一步推广，文人饮茶更多地强调茶中乐趣、茶中意蕴，斗茶、敬茶都自成体统，并发展出一系列的仪式、套路，"茶道"更是将茶的神韵演化到意会于心的地步。而不管是品茶、斗茶还是展示"茶道"以体会天人交感的神韵，用以煮水分茶的器具多离不开江西特产的瓷器。虽然陆羽在《茶经》中对洪州窑的瓷器有所贬抑，但随着宋代景德镇瓷业的蓬勃，浮梁、婺源的茶与景德镇的瓷质茶具间的互动已经自然暗含了一种良性的循环。

江西瓷业的大规模发展约始于唐时洪州窑。但在此后的漫长岁月中，因国人品评茶事以团茶为贵、吞吐茶汤以煎茶为尚，故江西所产青白瓷多不得爱茶人士青睐。到明太祖朱元璋废团茶改贡"芽茶"之后，人们不再将茶事先压成饼，再碾成末，而是直接在壶或盏中沏泡条形散茶。饮茶方式的重大变革使人们对茶的利用简单方便了。把盏玩壶品茶间，各类精美陶瓷茶具遂应需而生，也使茶具生产发展成为一门艺术。

《长物志》曾记载"明宣宗（朱瞻基）喜用'尖足茶盏……洁白如玉，可试茶色，盏中第一'"。影响所及，瓷都景德镇的所产如冰似玉的白瓷茶具就成为时人赏茶、品茶，展示茶事之美的绝佳物件，也使得江西的瓷业愈益向精美的方向发展，受到越来越多人的喜爱。到洪宣盛世之后，景德镇生产的陶瓷茶具（壶、碗）遂因其体胎轻薄、造型精巧且质地坚致细密而驰名中外，清人甚至盛称其"只恐风吹折，还愁日炙销"。

（三）江西茶文化旅游资源

1. 江西的茶俗

江西茶俗的真正成型或不早于宋，故宋人茶饮中的许多习惯在江西传统茶文化的传承中仍能或多或少地看到，其中尤为明显的是宋人的烹茶之法和处理茶叶的方式。

宋人烹茶以"煎茶""点茶""分茶"为名。所谓"煎茶"即为煮茶，此法源出于唐人茶俗又有所不同。煎茶，实际上是一种煮茶的技艺，特别讲究茶与水的搭配。丁谓《煎茶》诗曰："开缄试雨前，须汲远山泉。"就是说，茶，是"雨前茶"；水，要"远山泉"的水。煎茶，更讲究火候，苏辙《和子瞻煎茶》诗云："铜铛得火蚯蚓叫，匙脚旋转秋萤火"，丁谓《煎茶》诗曰："轻微绿如麝，猛沸却如蝉"等都是用来描写煎茶的火候的。所谓点茶，是指茶饼经炙烤、碾筚成末后，投入茶盏调膏，然后以沸汤点注的一种茶品冲泡方法。据吴自牧的《梦粱录》记载：在宋代，大街小巷，自有提茶瓶沿门点茶者。在一些地方，甚至于成为一种职业，靠沿门点茶，挣得一点钱谋生。至于分茶，在宋代，也是一种煮茶方法，但已不是一种简单的煮茶技艺了，而是上升到"艺术"的高度。陶谷《清异录》记分茶："使汤纹水脉成物象者，禽兽虫鱼花草之属，纤巧如画。"也就是说，分茶，是泡茶注水相融的时候，高下疾徐，挚拂拨弄，能使茶水表面形成字画之类物象。在宋代，分茶已与当时流行的琴棋书画等艺术，并行而立了。

简言之，综合宋人的"煎茶""点茶""分茶"，其对茶叶进行繁复的前期加工与今人常见、兴起于明初的开水冲泡、但求清茶本味的方法有根本差异。但在江西南部的广大农村，以擂茶形式存在的客家茶俗却比较充分地保留了宋人煮茶的意蕴。客家擂茶以茶叶为基本，辅之以芝麻花生等佐料，以擂钵碾碎，加水煮开再添加少量盐调味，做成茶汤，以供食用。

早期的茶饮多以团茶为主，饮用时需要将茶饼碾碎，再加水煮沸。碾碎时多用磨或碾，"落硙霏霏雪不如"所说就是磨茶成粉的细节，民间则或用铁质或石质碾子加工茶饼。作为饮茶的必要补充，传统饮茶者在碾磨茶饼的同时往往还会加入多种配料，南宋人陈元靓所编《事林广记》中记载的"蒙顶新茶"及"法前香茶"就点出了时人的茶方。前者以五斤细嫩白茶、五两枸杞子，以及半斤（八两）炒过的绿豆为原料，烘干研磨为茶；后者用五百钱上春嫩茶、一斤绿豆、十两山药为原料混合加工、研磨为饮。此前的沈括在《忘怀录》中也提到用五斤干茶叶、五斤蒸过的茶叶、四斤炒过的绿豆、三两甘草、三两苦参，一起研磨制成的"合味足茶法"。这种捣磨茶饼配以原料为饮的茶饮模式实际上将所有的茶汤、茶叶都纳入腹中，这与今人饮茶多以茶叶冲泡茶水饮用，但并不服食茶叶有异。可是，在今天的江西萍乡、武宁等处，仍有饮茶并服食茶叶的习惯，萍乡至今也有不少地方仍保留着嚼食茶叶本身的习惯，有人甚至会在茶水尚未饮尽之前，先行将茶叶捞出咀嚼，待茶水喝完之时，杯中也往往是一无所有；而武宁的乡土记载中也有"俗喜嚼茶叶，啜其津液，又食其渣……虽文士不厌也"的文字。

2. 江西的茶书

中国是茶的故乡，对于茶的记述自唐以后就屡有专著。开其鸿篇的当然是陆羽的《茶经》，五代毛文锡有《茶谱》继其后；入宋以后，以《北苑茶录》首倡的北苑茶典开宋人论茶之风，篇帙浩繁；明人盛饮冲泡散茶，便捷的茶俗推动饮茶习惯的进一步普及，茶书更有五十余部之多；至清一代，虽文网森严、动辄得咎，但茶书也有十余部。

在这些品茶、论茶的专著中，江西士人也有不小的贡献，其中开其端者则是宋人王端礼的《茶谱》，惜其书不传；老死南昌的明藩王朱权则是江西论茶的一个高峰，其《茶谱》堪称开一代之风气。万历年间（1573~1620年），进贤人熊明遇的《罗岕茶记》在种茶、茶艺、制作方面都进行了系统化的记载和阐述；南昌人喻政取古人谈茶之作二十六种合为《茶书全集》，该书系统性梳理传统茶文化，成为后世茶文化研究绕不开的一份有着重要参考价值的经典。

3. 江西的客家擂茶

客家擂茶，源远流长，有着上千年的历史。相传伏波将军马援奉汉武帝之命，远征边关，途经湘粤边界，由于南方气候多变，时而炎热酷暑，时而阴雨绵绵，北方将士，不服水土，病疫缠身，个个头晕身重，燥热烦闷，上吐下泻，浑身无力，行军停滞不前。马援无奈派人四方求医，正在焦急万分之际有一白发苍苍的客家老妪，向马援献上祖传秘方，以生姜、生米、生茶叶组成"三生饮"擂汁，沸水冲泡后服用。三军将士服用"三生饮"后非常效验，有病者迅速康复，无病者不再感染。以三味组成"三生饮"，具有清热、祛暑、解毒、提神、健胃、醒脾、润肺、止呕之功效。此后，"三生饮"沿袭下来，代代相传，成为客家防病健身之保健饮料——擂茶。

客家人热情好客，以擂茶待客更是传统的普遍而隆重的礼节，无论是婚嫁喜庆，还是亲朋好友来访，都往往请客人们喝擂茶，与其他茶饮料相比，擂茶具有十分鲜明的特色。

特色一：用料丰富，擂茶的主要原料为芝麻，再按一定的比例配上花生、黄豆、茶叶、生姜、茴香、八角、茶油、食盐、薄荷等。擂茶的材料因各人喜好而异，食用方式也跟着有所不同。如果以绿茶、花生、芝麻、谷类、麦类、豆类（绿豆、黑豆、红豆、黄豆等）以及中药材（淮山、莲子、薏仁等）为原料的，大多就是混合研磨后加水，单纯当作饮品用；而如果是用来取代正餐的擂茶，则会加入大量的米，并且搭配一些热炒小菜。

特色二：工具与制作独具特色，擂茶有一套称为"擂茶三宝"的工具："一宝"是陶制擂钵，一般口径为50厘米且内壁有粗密沟纹；"二宝"是擂棍，80多厘米长，以上等山楂木或油茶树干加工制成；"三宝"是"捞子"，是用竹篾制成，用来捞滤碎渣的。

特色三：口味独特与功效明显。擂茶是一种非常可口，食之难忘的茶饮料，它清香甘甜，不仅有茶叶的清香，还有芝麻、花生、豆子等的混合香味、生姜的辣味以及茴香、八角、薄荷等的特殊香味，可称得上是一种集香、甜、辣于一体的复合型的浓烈多味茶。擂茶的保健功能也是为世人所称道的，擂茶对常年生活在深山幽谷，瘴气较重的客家人有着独特的祛湿健身功效；擂茶加上一些中草药还有其他功能，如加上甘草、夏枯草、茵陈、白芍等有清热之功能；加上藿香、鱼腥草、陈皮等，则有防暑之功能。

五、江西名人文化

（一）江西历史名人概述

江西自古人杰地灵、俊采星驰，是著名的"文章节义之邦"。江西历史上涌现了一大批文化巨擘。他们在文学、政治、科学、艺术等多个领域都取得卓越成就，不仅是江西人民的骄傲，也是中华文化的瑰宝，在全国乃至世界范围内产生了深远影响。据统计，由隋至清，江西的进士共10506人，占全国进士总数的10.7%，其中状元42人，榜眼和探花69人；任宰辅者100余人，在二十四史中立传者高达500余人；吉安市吉水县曾出现了"一门三进士，隔河两宰相，五里三状元，十里九布政，九子十知州"的盛况。

在文学历史领域，江西有陶渊明、欧阳修、杨万里、黄庭坚、晏殊、曾巩、王安石、朱熹、陆九渊、汤显祖、刘恕、马端临史等。陶渊明的田园诗体为古典诗歌开辟了新的境界，作品情感真挚、朴素自然，体现了深邃的哲理思考，是江西首位文学巨匠，被誉为"隐逸诗人之宗""田园诗派之鼻祖"。欧阳修是北宋时期的政治家、文学家、史学家和书法家,"唐宋八大家"之一。作为宋代文坛领袖,欧阳修的诗文词样样精通,涉及经学、金石学、史学等多个领域,被尊为一代宗师。杨万里是一位在政治和文学领域都有卓越成就的人物,为后人留下了丰富的精神遗产。黄庭坚一生为官清正,治学严谨,文学和书法造诣极高。在文学创作上,黄庭坚的诗以杜甫为宗,讲究修辞造句,风格奇崛。在书法领域,黄庭坚在继承传统、学习前辈书法的基础上,大胆创新,形成了自己独特的风格。晏殊是一位在政治和文学领域都有卓越成就的人物,诗词作品和人格魅力都深受后人敬仰和传颂。曾巩是"唐宋八大家"之一,在文学、政治和学术领域都有着卓越的贡献,为江西名人文化增添了浓墨重彩的一笔。朱熹是我国南宋杰出的诗人、哲学家和教育家,宋代理学的集大成者。王安石以其诗文和政治家的身份,成为"唐宋八大家"之一和中国十一世纪改革家。陆九渊作为南宋思想家、哲学家、教育家,是"陆王心学"的代表人物,对中华文明做出了突出贡献。文天祥是一位杰出的政治家、文学家、军事将领和民族英雄,他的忠诚、坚毅和爱国情怀为后世树立了光辉的榜样。汤显祖的戏曲作品和诗文不仅丰富了中国文化的内涵,也为后世留下了宝贵的精神财富,使他成为中国文学史和戏剧史上的重要人物。

　　江西在艺术、科学领域成就突出。国画泰斗八大山人(朱耷)的画作风格独特,笔墨技法高超,对后世影响深远。他的花鸟画以水墨写意为主,形象夸张奇特,笔墨凝练沉毅,风格雄奇隽永;山水画则师法董其昌,笔致简洁,有静穆之趣,得疏旷之韵。他还擅长书法,能诗文,用墨极少,具有劲健秀畅的风格。傅抱石是中国近现代美术史上的一位重要人物。他的艺术成就和学术贡献都为中国文化的发展做出了重要的贡献。傅抱石的画作融合中西,展现出了独特的艺术魅力,他的艺术精神和创新精神将永远激励着后人不断前行,探索艺术的无限可能。科学巨匠宋应星的著作《天工开物》被誉为"中国17世纪的工艺百科全书",对古代科学技术的发展产生了重要影响。江西杰出音乐家姜夔的音乐作品情感深沉,技艺高超。

　　总之,江西历史名人以其卓越的才华和贡献,为江西的文化底蕴和社会进步奠定了坚实的基础。先贤们或以其强烈的爱国主义精神和舍生取义的民族气节光耀千古,或以其追求真理、谋福社会的崇高理念及行为而名垂后世,或以其高深的学问、卓越的学术成就闻名于世。他们是江西文化的脊梁,其光辉思想和人格魅力至今仍然感召着我们,给我们以教育和启迪。

(二)重要名人选介

1. 文学历史

(1)陶渊明(365~427年),字元亮,入南朝后改名潜,号五柳先生,谥号靖节先生,东晋浔阳柴桑(今九江市)人,我国魏晋南北朝时期的杰出诗人、文学家、辞赋家和散文家,作品集有《陶渊明集》。他曾任江州祭酒、建威参军、镇军参军、彭泽县令等职,但最终弃官归隐,追求自然与自由的生活。他一生当中写了大量的诗文,流传至今的诗存125首(四言诗9首、五言诗116首)、文12篇(辞赋3篇、韵文5篇、散文4篇)。陶渊明的诗真挚朴素,有些流露出逃避现实、乐天知命的老庄(子)思想,因此有"田园诗人"之称,也是田园诗派的鼻祖。他的诗从内容上可分为饮酒诗、咏怀诗和田园诗三大类。陶渊明是我国文学史上第一个大量写饮酒诗的诗人。其实意并不是写饮酒,而是借"醉酒"后的语态描述当时社会状况及其看法。陶渊明的咏怀诗以《杂诗》十二首、《读山海经》十三首为代表。陶渊明的田园诗数量最多,成就最高。

(2)晏殊(991~1055年),字同叔,江南西路抚州临川县(今江西省南昌市进贤县)人,是北宋时期的政治家和文学家。他自幼能作文章,以神童召试,赐进士出身,任秘书省正字。他在政治上提出了许多有益的建议和措施,对北宋的政治发展产生了一定的影响。晏殊在文学上的成就突出,被誉为"北宋倚声家之初祖",有"导宋词之先路"的美誉。他的词作语言婉丽,音韵和谐,多表现诗酒生活和悠闲情致,以及在这种生活中产生的感触和闲愁。他的代表作如《浣溪沙·一曲新词酒一杯》等,广为传诵。他的诗文作品亦颇丰,有《元献遗文》《珠玉词》等传世。晏殊极重视书院的发展,大力扶持应天府书院,邀请范仲淹到书院讲学,培养了大批人才。

(3)欧阳修(1007~1072年),字永叔,号醉翁,晚号六一居士,江南西路吉州庐陵永丰(今吉安市永丰县)人。谥号文忠,世称欧阳文忠公,是我国北宋时期卓越的文学家、史学家,官至翰林学士、枢密副使、参知政事。欧阳修是北宋诗文革新运动的领袖,他继承了韩愈的古文理论,领导了北宋诗文革新运动,开创了一代文风。欧阳修大力倡导诗文革新运动,对唐末到宋初的形式主义文风和诗风进行了改革,并取得了显著成绩。著名的王安石、曾巩、苏洵、苏轼、苏辙等散文家都曾受到他的荐拔和指导,在散文创作方面深受其影响。欧阳修的文风,一直影响元、明、清各代。欧阳修在文学创作上的成就,以散文为最高。他一生写了500余篇散文,包括了政论文、史论文、记事文、抒情文和笔记文等诸多体例。他的散文迂徐委曲,明白易晓,擅长抒情,说理畅达。在变革文风的同时,对诗风、词风进行了革新。他的诗词作品,如《醉翁亭记》《秋声赋》等,都是脍炙人口的名篇。欧阳修在史学方面也有较高的成就,他曾主修《新唐书》,并独撰《新五代史》。他的书法也颇受赞誉,是北宋书法四大家之一。

(4)曾巩(1019~1083年),字子固,世称南丰先生。建昌军南丰(今属江西)人,谥号"文定",是我国北宋著名的政治家、文学家、散文家、史学家,"唐宋八大家"之一。曾巩散文成就很高,是北宋诗文革新运动的积极参与者,宋代新古文运动的重要骨干。他在古文理论方面主张先道后文,文道结合,主张"文以明道"。其文风则源于六经,又集司马迁、韩愈两家之长,古雅本正,章法严谨,长于说理,受到王安石、苏轼、苏辙等时人的高度评价,对后世创作影响也极大,明清两代著名作家都将其作品奉为典范。现存散文上千篇,其文以议论见长,立论警策,说理曲折尽意,文辞和缓迂徐,自有一种从容不迫的气象。他的代表作如《唐论》《战国策目录序》《范贯之奏议集序》等,都是议论文章的典范。除了散文,曾巩的诗也颇受赞誉,风格古朴典雅,清新自然,较多使用赋的表现手法。

(5)王安石(1021~1086年),字介甫,号半山,谥文,封荆国公,世称临川先生,北宋临川(今江西省抚州市临川区)人,晚年封荆国公,世称王荆公、王文公,北宋杰出的政治家、思想家、文学家、改革家,同时也是"唐宋八大家"之一。宋仁宗庆历二年(1042年),王安石中进士,历任扬州签判、鄞县知县、舒州通判等职,政绩显著。他致力于推行变法,以富国强兵为目标,提出了一系列具有创新性和前瞻性的改革措施,力图改变北宋王朝积贫积弱的局面。王安石变法凸显了王安石的政治和思想智慧,直到今天还具有重要意义。列宁将他赞誉为"中国11世纪的改革家"。在文学方面,王安石取得了卓越的成就。他的诗文瘦劲刚健,深刻影响了宋诗的发展。他的散文简洁而有力,论点鲜明,逻辑严密,具有很强的说服力。他的诗作擅长说理与修辞,风格独特,深受后人喜爱。他的词作风格高峻,意境深远。他的传世文集有《王临川集》《临川集拾遗》等,其中收录了他的许多诗文佳作。

(6)刘恕(1032~1078年),字道原,筠州(今江西高安)人。北宋中期著名的史学家、藏书家,《资治通鉴》副主编之一。刘恕是宋仁宗皇祐元年(1049年)进士,曾任翁源知县,邢州钜鹿主簿、晋州和川县令等职,以揭露检举坏人和隐藏的坏事著称。由于不满王安石的改革主张和措施,他辞职回家闲居直至去世。宋英宗治平三年(1066年),司马光推荐刘恕参与编修《资治通鉴》,主要负责编撰魏晋南北朝部分,专门处理《资治通鉴》中史事纷繁杂乱之处,对于魏晋以后的事考证差错,最为精当详尽。

(7)黄庭坚(1045~1105年),字鲁直,号山谷道人,晚号涪翁,又称豫章黄先生,洪州分宁(今江西修水)人,是我国北宋著名的诗人、词人、书法家,也是"江西诗派"的开山之祖。黄庭坚早年受知于苏轼,与张耒、晁补之、秦观并称"苏门四学士",以文章、诗词、书法见长。诗风奇崛瘦硬,力摈轻俗之习,与苏轼并称"苏黄",作品集有《豫章黄先生文集》等;词风流宕豪迈,与秦观齐名,有《山谷琴趣外篇》等,为"江西诗派"之祖。他的书法精妙,与苏轼、米芾、蔡襄并称"宋四家"。其初以宋代周越为师,后来受到颜真卿等人的影响,行草书形成自己的风格。他的成就和贡献在中国文化史上占有重要地位。黄庭坚还是一位大孝子,他的孝行被载入中国古代二十四孝,成为中华儿女的典范而世代传颂。他的一生充满传奇色彩,无论是文学创作还是书法艺术,都为后世留下了丰富的文化遗产。

(8)杨万里(1127~1206年),字廷秀,号诚斋,自号诚斋野客,南宋吉州吉水(今江西省吉水县)人,杰出的政治家、文学家、爱国诗人。在文学领域,杨万里的成就尤为突出。他的诗作充满了对国家的深情厚谊,与陆游、尤袤、范成大并称为南宋"中兴四大诗人"。他一生勤奋写作,相传有诗二万余首,现存诗四千二百余首,诗文全集一百三十三卷,名为《诚斋集》。他的诗独具一格,形成了对后世影响颇大的"诚斋体",语言浅近明白、清新自然,富有幽默情趣。他的代表作有《插秧歌》《竹枝词》《小池》《初入淮河四绝句》等,每一首都充满了生活气息和深刻的哲理。杨万里在文学上的贡献不仅在于他的创作数量,更在于他的创新精神和独特风格。他起初模仿江西诗派，但很快就认识到其追求形式、艰深塞涩的弊病，于是决意跳出其窠臼而另辟蹊径。他的这种勇于创新和追求真理的精神，使他成为南宋诗坛上的一位杰出人物。

（9）朱熹（1130～1200年），字元晦、仲晦，号晦庵、晦翁、遁翁、逆翁，别号考亭先生、紫阳先生、云谷老人、沧洲病叟。祖籍江南东路徽州府婺源县（今江西省婺源），出生于南剑州尤溪（今属福建省尤溪县），是我国南宋杰出的诗人、哲学家和教育家，宋代理学的集大成者，我国儒家的主要代表人物之一。朱熹学识渊博，对经学、史学、文学、乐律乃至自然科学都有研究，尤其是经学方面，他继承了北宋时期程颢、程颐、周敦颐、张载等人的理学思想，并完成了客观唯心主义的体系，成为宋朝理学的集大成者。朱熹提出"天地之间，有理有气"，主张"理在先，气在后"。因此，他提出"存天理，灭人欲"的主张，成为其客观唯心主义思想的核心。朱熹的学术思想，其后在元、明、清三代一直是封建统治阶级的官方哲学。朱熹所著的《四书集注》，被元明清三朝钦定为王朝教科书和科举考试的标准，朱学遂成为巩固封建社会统治秩序的精神支柱，对后世民众生活产生了广泛深远的影响。朱熹积极提倡开设书院和州县地方学校，宣传教育，促进了当时书院教育的发展。

（10）陆九渊（1139～1193年），字子静，号象山，世人称存斋先生、象山先生，是南宋时期抚州金溪（今属江西）人。陆九渊是我国宋代著名的理学家和教育家，与当时另一著名理学家朱熹齐名，史称"朱陆"，是宋明两代主观唯心主义——"心学"的开山祖。明代王阳明发展其学说，成为中国哲学史上著名的"陆王学派"，对近代中国理学产生深远影响，被后人称为"陆子"。陆九渊融合孟子"万物皆备于我"和"良知""良能"的观点以及佛教禅宗"心生""心灭"等论点，提出"心即理"的哲学命题，形成一个新的学派——"心学"。认为天理、人理、物理存个人心中，心即理是永恒不变的，把心和理、心和封建伦理纲常等同起来，试图由此证明所谓"天理"即封建等级秩序、封建道德教条都是人心所固有，是恒久不变的。陆九渊还热心于讲学授徒，大力发展教育事业，弟子遍布于江西、浙江两地。他在长期的讲学实践中，形成了一套独特的教育思想理论。陆九渊的学说思想，其后经过弟子杨简、袁燮、舒璘、傅子云、湛若水、王守仁等人的继承和发展,成为宋明理学的一个重要派别。特别是明代王阳明对其的发展,成为中国哲学史上著名的"陆王学派",并成为明清以来的主要哲学思潮,一直影响到近现代中国的思想界。

（11）文天祥（1236～1283年），初名云孙,字宋瑞,又字履善,自号浮休道人、文山,江南西路吉州庐陵县（今江西省吉安市青原区富田镇）人。南宋末年政治家、文学家、诗人、民族英雄,与陆秀夫、张世杰并称为"宋末三杰"。文天祥是南宋后期的伟大抗元斗士,以其爱国主义精神和民族气节而著名。在政治上,文天祥曾任南宋理宗朝的丞相,提出了一系列改革方案,加强了中央集权,提高了行政效率。然而,由于南宋朝廷的腐败和军事制度的落后,他的改革方案并未能扭转南宋的败局。在军事上,文天祥曾率领军队抗击元朝军队的入侵,在军事上表现出色,领导了多次战役,表现出了出色的军事才能。文天祥的诗歌、散文和书法都享有盛誉。他在文学创作上具有鲜明的个性和独特的风格,诗歌作品风格豪放,散文作品则注重实际,富有政治色彩。他的著作经后人整理,被辑为《文山先生全集》。他的名篇如《过零丁洋》《正气歌》等,气势磅礴,情调高亢,激励了后世众多为理想而奋斗的仁人志士。

（12）马端临（1254～1323年）,字贵与（舆）,号竹洲,饶州乐平（今乐平市）人。中国古代宋元之际著名的历史学家,代表作《文献通考》。《文献通考》是一部记叙中国历代典章制度的专著,所载内容自上古至南宋宁宗嘉定年间（1208～1224年）,全书将原始材料按门类排列,然后依时代顺序一条一条地记载,共分24门类。马端临继承和发展了前人的"会通"思想,对古代典章制度的演变历程进行了较为完整的记述和研究,并认识到社会经济对国家统治和社会发展起着非常重要的作用,对古代经济探讨的篇幅占到全书的1/3。

（13）解缙（1369～1415年）,字大绅、缙绅,号春雨、喜易,谥文毅,江西吉水县人,为明朝第一位内阁首辅。解缙出生在吉水鉴湖的一个书香门第之家。洪武二十年（1387年）在江西乡试中名列榜首（解元）；次年,与兄解纶、妹夫黄金华同登进士第,选为庶吉士。解缙才华横溢,学识渊博,而且为人耿直、不畏权贵,屡次上疏言革弊政及弹劾奸臣,由此导致一生经历坎坷,直至最后被人迫害致死。明成祖时,解缙与杨士奇等人入文渊阁,进翰林学士，参与机务，奉诏主修《永乐大典》，永乐五年（1407年）《永乐大典》告成，解缙被提为翰林学士兼左春坊大学士，当时皇帝诏令制作皆出自解缙之手。

（14）汤显祖（1550~1616年），字义仍，号海若、若士，晚号茧翁，自署清远道人，别号玉茗堂主人，晚年号茧翁，明代戏曲家、文学家，出生于江西临川（今抚州市），在中国和世界文学史上有着重要的地位，被誉为"中国戏圣"和"东方莎士比亚"。汤显祖的戏曲作品融合了文学和戏曲艺术，展现了他独特的创作才华。汤显祖反对拟古和拘泥于格律，他的戏剧作品《紫钗记》《南柯记》《牡丹亭》《邯郸记》合称"临川四梦"，其中《牡丹亭》最为著名，是他的代表作。这些剧作不仅深受中国人民的喜爱，还传播至英、日、德、俄等许多国家，被视为世界戏剧艺术的珍品。他的专著《宜黄县戏神清源师庙记》也是中国戏曲史上论述戏剧表演的一篇重要文献，对导演学产生了深远影响。除了戏曲创作，汤显祖还是一位杰出的诗人，他的诗作有《玉茗堂全集》四卷、《红泉逸草》一卷、《问棘邮草》二卷等。他的诗作也体现了其独特的艺术风格和深刻的思想内涵。

（15）朱轼（1665~1736年），字若瞻，又字伯苏，号可亭，谥文端，江西高安人。历仕清康熙、雍正、乾隆三朝，得到康熙帝的赏识、雍正帝的重用、乾隆帝的倚重，官至太子太傅、文华殿大学士，兼吏部、兵部二部尚书，是乾隆皇帝的老师，乾隆帝御赐"帝师元老"，是康熙、雍正、乾隆三世"恩宠极人臣之分"的显赫人物。朱轼一生居官廉洁，刚正不阿，广施惠政，在整顿吏治、教化地方习俗、救济灾民、严格科举制度、选拔优秀人才等方面都做出了自己的贡献，是列入清史的显赫重臣和著名政治家之一。

（16）陈三立（1853~1937年），字伯严，号散原，是江西义宁（今修水县）人。他是中国近代的著名诗人，被誉为"中国最后一位传统诗人"。陈三立的诗作意境奇奥，用词精妙，直抒胸臆，继承了桐城派传统。他与谭嗣同、徐仁铸、陶菊存并称"维新四公子"。梁启超曾评价他的诗"不用新异之语，而境界自与时流异。浓深俊微，吾谓于唐宋人集中罕见伦比"。在仕途失意后，陈三立长期过着隐居生活，以诗文自娱，成为近代同光诗派的重要代表人物。

2. 书法绘画

（1）朱耷（1626～1705年），字刃庵，号八大山人、雪个、个山、人屋、道朗等，汉族，江西南昌人。为明太祖朱元璋第十七子宁献王朱权九世孙，明末清初画家、书法家，清初画坛"四僧"之一。他的存世作品有《水木清华图》《荷花小鸟图》《六君子图》等。在绘画上，朱耷以大笔水墨写意画著称，并善于泼墨，尤以花鸟画称美于世。朱耷擅画花鸟、山水，前者主要通过象征寓意的手法，并对所画的花鸟、鱼虫进行夸张，以其奇特的形象和简练的造型，使画中形象突出，主题鲜明，以此来表现自己孤傲不群、愤世嫉俗的性格，从而创造了一种前所未有的花鸟造型。他的山水画初师于董其昌，后又上窥黄公望、倪瓒，多作水墨山水，笔墨质朴雄健，意境荒凉寂寥。亦长于书法，擅行书、草书，宗法王羲之、王献之、颜真卿、董其昌等，以秃笔作书，风格流畅秀健。此外，朱耷的画作常常反映了他对明朝的怀念。朱耷是一位具有深厚艺术造诣和独特风格的画家，他的艺术成就对中国画的发展产生了深远的影响。

（2）傅抱石（1904～1965年），原名长生，名中洲，字庆远，学名瑞麟，号抱石斋主人。他出生于江西南昌，祖籍江西新喻（今新余市）北岗乡樟塘村，中国近现代的一位杰出的画家、美术史论家、书法家和美术教育家，被誉为"新山水画"的代表画家。他的绘画作品以山水和人物两大类为主，主题丰富多样，技艺精湛。他创作的《屈原》《江山如此多娇》《煤都壮观》《林海雪原》《天池林海》等作品，都是中国绘画史上的杰作。除了绘画，傅抱石在美术史论方面也有深厚的造诣。他致力于中国美术史和中国绘画理论研究，著有学术著作150多篇（册），240余万字。他提出了中国山水画写生的"四步骤"——游、悟、记、写，成为写生必备的"四字要诀"。

（3）舒同（1905～1998年），江西东乡人，原名舒宜禄，字文藻，是中国书法事业的继承者和开拓者。他是中国书法家协会的创始人之一和第一任主席，也是第二届、第三届名誉主席，以及中国文化艺术界联合会荣誉委员。舒同的书法个性尤为明显，笔画牵丝环绕，方圆结合，大起大落，彰显光明磊落、英雄豪气。他的书法被毛主席称之为"七分半书"，即各取了古代书法大家的几分长处。舒同主要学习的是唐代颜真卿的楷书，以及清代何绍基的行书，将二者糅合一起，创造了一种圆润流变的行楷书体——舒同体。舒同的书法技艺和革命精神深受人们的敬仰。他被誉为"红军一支笔""马背书法家",被毛泽东称为"党内一支笔"。他的书法作品不仅在书法界享有盛誉,也深受人民群众的喜爱。舒同给后世留下了一种学书精神,即利用点滴时间,锲而不舍的练字作风,成为后世的学习楷模。

(4)黄秋园(1914~1979年),名明琦,字秋园,号大觉子、半个僧、清风老人、退叟等,江西省南昌人。他是一位杰出的中国画家,尤其擅长山水画、工笔和写意画,且水墨、青绿皆能,其画工被誉为现代仅见。黄秋园一生致力于绘画艺术,他的作品深受中国传统文化的影响,具有深厚的艺术底蕴和独特的艺术风格。他的山水画植根于深厚的中华土壤之上,极富传统精神,同时又能够融汇古今,表现出人与自然在艺术中的和谐关系。他的画作通常富有诗意,以线立骨,看清方向,心中横亘着巨大的坐标,清晰耸立。他被誉为中国书画界的"当代陶渊明",一代宗师李可染先生曾评价说"国有颜回而不知,深以为耻"。

3. 历代科技

(1)曾安止(1048~1098年),江西省泰和县澄江镇文溪村人,北宋时期的农业科学家。曾安止对农业有着深厚的热爱和浓厚的兴趣,尤其喜欢研究农作物。他深入田间地头,与农民广泛交流,收集了大量的农作物优良品种,并对各种水稻品种的品名、来源、性情以及播种、耕作方法等都做了详细的调查研究。他的辛勤工作最终凝结成一部重要的农业科学著作——《禾谱》。《禾谱》共五卷,是中国第一部水稻品种专著,详细地介绍了北宋时泰和县及江南50多个水稻品种的名称、特征、栽培技术和农业生产管理方法。该书对当时及后世的农业发展都产生了积极影响,是继北魏贾思勰《齐民要术》后的又一重要古代农业科技著作。

(2)宋应星(1587~?年),字长庚,江西宜春奉新人,明代杰出的科学家和思想家。他一生致力于对农业和手工业生产的科学考察、记录与研究,收集了丰富的农学和博物学资料。他的著作涉及自然科学、人文科学等不同学科,其中最为人所知的是《天工开物》。《天工开物》是中国首部关于农业和手工业生产的综合性科学著作,被外国学者称为"中国17世纪的工艺百科全书"。此外,宋应星还著有《卮言十种》《画音归正》《杂色文》等著作,多已失传。后来,在江西省发现了他的4篇佚著的明刻本,分别是

《野议》《论气》《谈天》《思怜诗》。这些著作展现了宋应星广泛的学术兴趣和深厚的学术造诣。

（3）雷发达（1619～1693年），字明所，江西永修人，清初宫廷"样式房"的掌案（总设计师），世称"样式雷"，被誉为近代世界著名的建筑艺术大师。康熙中期，他修建了故宫三大殿，尤其是太和殿，即人们泛称的金銮宝殿。他在进行清宫设计时，不墨守成规，既在中线上的建筑物保持严格对称，又对主轴两侧轴线上的各建筑物采用大致对称而显灵活变动的新格局，这种设计既突出了中心又体现了"居中为尊"的思想，形成了统一并有主次的整体。雷发达有三个儿子：雷金玉、雷金鸣、雷金升。长子雷金玉继承了父业，也是一位设计达人。到光绪末年，已传至六代孙雷廷昌，掌管"存式"房长达200余年。他们参与设计的建筑物除皇宫外，还有四园（圆明园、颐和园、静宜园、静明园）、三山（万寿山、玉泉山、香山）、三海（北海、中海、南海）、二陵（东陵、西陵）等。

（4）詹天佑（1861～1919年），字眷诚，号达朝，江西上饶市婺源人，中国近代铁路工程专家，被誉为中国首位铁路总工程师。詹天佑12岁留学美国，1878年考入耶鲁大学土木工程系，主修铁路工程。他的一生与中国铁路事业紧密相连，特别是在铁路建设方面取得了巨大的成就。他负责修建了京张铁路，这是中国人自主设计并建造的第一条铁路，具有里程碑意义。他还创设了"竖井开凿法"和"人"字形线路，为中国铁路建设做出了卓越的贡献。此外，詹天佑在地震预测和科技教育方面也有杰出的贡献。他提出了"地震互补假说"，为中国地震科学的发展奠定了基础。同时，他积极倡导科学研究和教育相结合的理念，推动了科技教育与科学研究的有机结合。

（5）胡先骕（1894～1968年），字步曾，号忏盦，江西南昌人，是我国杰出的植物学家和教育家，中国植物分类学的奠基人。胡先骕与动物学家秉志联合创办了中国科学社生物研究所、静生生物调查所（今中国科学院植物研究所前身），还创办了庐山森林植物园、云南农林植物研究所，并发起筹建了中国植物学会。他继钟观光之后，在中国开展大规模野外采集和调查中国植物资源的工作。在教育上，他倡导"科学救国、学以致用；独立创建、不仰外人"的教育思想。胡先骕与钱崇澍、邹秉文合编了我国第一部中文《高等植物学》，首次鉴定并与郑万钧联合命名"水杉"和建立"水杉科"。

他发表了中国植物分类学家首次创立的"被子植物分类的一个多元系统"和"被子植物亲缘关系系统图"。胡先骕的著作包括《植物分类学简编》《胡先骕诗文集》《忏庵诗选注》等,《胡先骕全集》全景展示了这位科学家的全貌。他的学术贡献和教育思想对中国植物学和教育事业产生了深远的影响。

六、江西风物特产

江西自古以来便是物华天宝、人杰地灵之地,其丰富的自然资源和深厚的文化底蕴孕育了多样的江西风物特产,涵盖了独具特色的"贡品"、著名的工艺品,还有许多土特产。江西风物特产无论是作为礼品赠送亲友,还是作为纪念品收藏,都是极佳的选择。

(一)江西的"贡品"

江西的贡品有景德镇瓷器、庐山云雾茶、南丰蜜橘、广昌白莲、万年贡米、大余南安板鸭、安福火腿、婺源荷包红鲤、修水赭砚、狗牯脑茶等,这些产品都以其独特的品质和风味,成为江西的骄傲,也为江西的文化和经济发展做出了重要贡献。

1. 景德镇瓷器

景德镇被誉为"瓷都",瓷器以其造型优美、品种繁多、装饰丰富、风格独特而著称,尤其是白瓷,具有"白如玉、明如镜、薄如纸、声如磬"之美称,为皇家御用和对外交往的礼品。景德镇瓷器的发展源远流长,可以追溯到汉代。在宋代,景德镇制瓷业达到了一个高峰,深受皇室和贵族的喜爱,成为贡品。此后逐渐形成四大传统名瓷——青花瓷、粉彩、颜色釉、青花玲珑瓷。

青花瓷被人们称为"瓷国明珠",居四大传统名瓷之首。青花瓷创烧于元代,色白花青,瓷质细腻润泽,青花幽雅淡朴,艳而不俗,具有典型的东方艺术特点。人民大会堂和全国许多高级宾馆,多选用青花瓷餐具和茶具。周恩来同志任国务院总理时曾用172件青花梧桐瓷具作为国家礼品送给前来访问的加拿大总理特鲁多。青花梧桐餐具曾在1984年莱比锡、布尔诺、波茨坦3个国际博览会上连获三枚金质奖章,实现了世界瓷坛"三连冠"。在中外交往中,青花瓷如同一枚永不凋谢的花朵,堪称"世界瓷坛珍品"。

粉彩也称软彩,是瓷器的釉上装饰。粉彩瓷又叫软彩瓷,自康熙晚期开始出现,到雍正时已相当精制,乾隆年间达到很高的艺术水平。粉彩瓷被外国朋友称为"玫瑰瓷器""东方艺术的明珠"。

在釉料中加上某种氧化金属,经过焙烧之后,就会显现出某种固有的光泽,这就是颜色釉。到目前为止,世界上只有景德镇一个瓷厂的一座柴窑的一小块窑位上才能烧制出来,被誉为"瓷坛的稀世珍品"。

青花玲珑瓷又称"米通",清代瓷工把青花和玲珑巧妙地结合一体,形成了人人喜爱的青花玲珑瓷。青花玲珑瓷既有镂雕艺术,又有青花特色,既呈古朴,又显清新。欧洲人把它叫作"嵌玻璃的瓷器",他们还喜欢将景德镇的青花玲珑瓷作为结婚和过生日的礼品赠送给亲朋好友,日本人称它为"萤火虫"。

2. 庐山云雾茶

庐山云雾茶产于江西庐山,因庐山多云雾,故名"云雾茶"。庐山云雾茶始产于汉代,距今已两千多年历史,宋代被列为"贡茶"。庐山位于江西省北部,北临长江、南倚鄱阳湖;群峰挺秀、林木茂密、泉水涌流、雾气蒸腾,在这种氛围中种植熏制的"庐山云雾茶",素有"色香幽细比兰花"之喻。因庐山终年云雾,日照较短,庐山云雾茶树叶生长期长,所含有益成分高,茶生物碱、维生素C的含量都高于一般茶叶,具有叶厚、毫多、醇甘、耐泡的特点,不仅味道浓郁清香,怡神解泻,而且可以帮助消化,杀菌解毒,具有防止肠胃感染等功能。它的味道类似龙井,却比龙井更加醇厚,若用庐山的山泉沏茶焙茗,就更加香醇可口。1971年,庐山云雾茶被列入中国绿茶类的特种名茶,并以条索精壮、青翠多毫、汤色明亮、叶嫩匀齐、香凛持久、醇厚味甘"六绝"一举扬名中外。1985年获全国优质产品银牌奖,1989年获首届中国食品博览会金牌奖。朱德有诗赞美庐山云雾茶:"庐山云雾茶,味浓性泼辣,若得长时饮,延年益寿法。"由于庐山云雾茶品质优良,深受国内外消费者的欢迎。现在,除畅销国内市场外,还销往日本、德国、韩国、美国、英国等国。

3. 南丰蜜橘

南丰蜜橘为我国古老柑橘的优良品种之一,是江西省的名贵特产,历史上就以果色金黄、皮薄肉嫩、食不存渣、风味浓甜、芳香扑鼻而闻名中外。据古籍《禹贡》记载,早在两千多年以前,南丰一带所产的柑橘,就已被列为"贡品"。唐宋八大家之一,南丰籍的曾巩,曾写诗赞美家乡的柑橘:"鲜明百数见秋实,错缀众叶倾霜柯。翠羽流苏出天仗,黄金戏球相荡摩。入苞岂数橘柚贱,宅鼎始足盐梅和。江湖苦遭俗眼慢,禁御尚觉凡木多。谁能出口献天子,一株大树凌沧波。"由此可见,当时蜜橘已能献给天子,故南丰蜜橘又有"贡橘"的美誉。在中外友好交往中,曾被斯大林同志誉为"橘中之王"。目前已经选育出大果、小果、桂花蒂、早熟、短枝、无核等各具特色的优良品系和株系,每个品系各具独特的风味。南丰蜜橘食用价值和药用价值都很高,全身都是宝。鲜果营养丰富,橘皮有理气健脾、祛湿化痰的作用,橘络有通络舒筋、顺气活血的功效,橘核能理气、散结、止痛。南丰蜜橘还可以作为加工业的原料,如用橘皮提炼的橙皮甙能制成防治动脉粥样硬化、心肌梗死的药品;用果肉酿酒、酿醋,制作出蜜橘香槟酒、蜜橘可乐等,具有独特的香味;用橘皮橘花可提炼出天然果胶和香精,安全、广泛地应用于食品工业和医药工业。

4. 广昌白莲

广昌白莲是"赣莲"的典型代表,具有香、甘、烂、绵的独特地方特色,为"莲中珍品",历来被称为"贡莲"。广昌县自古以来就被称为"莲乡",白莲的种植和加工历史非常悠久,品质突出。广昌白莲的果肉中含有丰富的芳香油,具有独特的清香味;吃起来喉底回甘,余味无穷;炖煮易烂,入口即化,软烂如琼浆;汤清肉嫩,烂而不糊,有一种独特的松软口感。这些特点的形成与广昌白莲特殊的加工工艺密切相关,包括手工脱壳、去内皮、顶去胚芽以及木炭火烘焙等步骤。广昌白莲色白、粒大、营养丰富、药用价值高,是药食共用的优良保健食品。广昌县在1994年的中国地方名特优产品命名大会上荣获"中国白莲之乡"的桂冠。

5. 万年贡米

万年贡米的历史可以追溯到南北朝时期,当时就开始专供皇室享用。明正德七年(1512年),明武宗下令新建万年县,县令将县里特有大米进贡给皇帝,皇帝品尝后大为赞赏,并传旨"代代耕种,岁岁纳贡"。自此,被誉为"中国贡米之乡"的万年县的万年贡米成为皇家的御用米,其名声也逐渐传扬开来。万年贡米产于上饶市万年县怀玉山下,这片土地位于丘陵峡谷地带,山泉涌流,水温适中,水质富含氮、磷、钾及铜、铁、锰、锌等微量元素,为万年贡米的生长提供了得天独厚的自然环境。万年贡米属于野生稻,一年只栽一季,生育期长达175天,采用农耕方式种植,包括施农家肥、人工除草、山泉灌溉等,这些都使得万年贡米的品质得以保证。万年贡米的外观粒大、体细长、色泽如玉、晶莹透明,口感则是味美醇香、绵软可口,营养丰富。万年贡米以其独特的品质和历史地位,并多次荣获省优、部优等荣誉称号。万年贡米的种植技术也得到了保护和传承,入选《江西省非物质文化遗产保护名录》。

6. 大余南安板鸭

大余古称南安,故制作的板鸭称为南安板鸭。南安板鸭始于明朝,原名为"泡腌",至今已有500余年历史。南安板鸭外形美观、皮色洁白、皮薄肉嫩、骨脆可嚼、尾油丰满、味香可口,是腊味中的上品,也是历代的贡品之一。它以肉质肥嫩的大余麻鸭为原料,经过精心挑选、屠宰、腌制、压扁、晾晒等工序制成。在腌制过程中,南安板鸭采用了独特的传统工艺,将盐和茴香炒干磨细后混合均匀,按照鸭体重逐只配料,保证了板鸭的味道醇厚且入味。南安板鸭的制作还讲究天时地利,充分利用了当地的自然环境和气候条件,使得板鸭在晾晒过程中能够充分吸收阳光和空气中的精华。一百多年前南安板鸭已畅销东南亚,我国香港、澳门等地,1921年曾获得巴拿马世界食品博览会金奖,1981年、1985年、1989年被评为江西省优质产品,1986年获国家银质奖,1988年获首届中国食品博览会金奖,1990年获全国轻工业产品博览会金奖。

7. 安福火腿

安福火腿始于明末清初,曾以其"诱人之香,夺席之味"被列为宫廷御膳用品。安福火腿以当地特有的"安福米猪"后腿为原料,选用鲜肉,经过精心腌制和独特加工工艺精加工而成,色、香、味、形,均质臻上乘。从选料到成品历经十余个月,严格把控每一个环节,保证了其优良的品质和独特的风味。制作过程中,火腿经过自然发酵和陈化,肉质更加紧实,风味更加浓郁。安福火腿形如柳叶,脚蹄短小、腿身饱满、皮薄肉嫩、精多肥少、色红味香,经久不变质。其含有蛋白质、脂肪、钙、铁及多种氨基酸等营养成分,不仅是一道美味的佳肴,更是滋补身体的营养食品,已被列为江西省级非物质文化遗产。安福火腿还于1915年入选巴拿马万国博览会金奖。

8. 婺源荷包红鲤

荷包红鲤鱼色泽鲜红、头小尾短、背高体宽、腹圆体壮，形似荷包故而得名。它是我国著名的良种淡水鱼。据《徽州府志》记载，荷包红鲤鱼在婺源已有三百多年的养殖历史。相传明万历年间（1573～1620年），户部尚书余懋学，因巡守有功，皇帝将自己养的一对红鲤鱼赏赐给他。他告老回到婺源后，将御赐的红鲤鱼养在池中，从此它便在民间逐步繁殖起来。荷包红鲤鱼不但肉质鲜美，营养丰富，而且具有药用价值，清《医林纂要探源》一书中写道："安妊孕，好颜色，止咳逆，疗脚气，清水肿，治黄疸……"说它具有和脾、滋肝、补心的功能。荷包红鲤鱼经过科学培育，已培育出"荷源鲤""芙蓉鲤"等优良品种。

9. 修水赭砚

修水赭砚的制作历史可以追溯到唐宋时期，当时修水县的手工作坊就已经开始生产这种优质的砚台。据《义宁州志》和《云林石谱》等古代文献记载，修水地区的石料质地优良，色彩丰富，非常适合制作砚台。这些石料经过精细的开采和挑选，再通过独特的制作工艺，最终形成了品质卓越的修水赭砚。清代道光皇帝侍读、修水籍人万承凤曾将该砚呈送给道光皇帝，皇帝欣喜，视为珍品，后被列为"贡品"，故又称"贡砚"。修水赭砚以赭色为主体，翠绿为镶嵌，并有少量的鸡血纹理。特点是易于发墨、贮水不涸、历寒不冰、墨书解久、不损笔毫。1984年赭砚参加全国"文房四宝"展览会，博得专家好评，深受书画家欢迎。2021年，修水贡砚制作技艺入选《第五批国家级非物质文化遗产代表性项目名录》。

10. 遂川狗牯脑茶

遂川狗牯脑茶产于遂川县汤湖乡狗牯脑山，明朝末年便有种植，因产量较少，市场上极为罕见，地方官吏每年作为"贡品"进贡朝廷，供皇上享用。明嘉靖皇帝饮此茶后以其产地命名。此茶采制精细，工艺独特。其特点为：外形秀丽、叶嫩片匀、肉质甘甜、香味醇厚、汤色清明、久泡不淡，饮之精神焕发，甘味经久不去。系列产品有极品、贡品、珍品、特级等中高档茶叶。遂川狗牯脑茶1915年获巴拿马万国博览会金奖。目前，遂川狗牯脑茶已远销日本、欧洲等国家和地区，并于2005年被列入《联合国采购产品目录》，成功打入国际市场，实现年产值3.5亿元，呈现出产销两旺的良好态势。

(二) 江西著名工艺品

江西工艺品众多，南昌剪纸、赣绣、夏布绣、李渡毛笔、江西折扇、江西竹编、江西玉雕等工艺品深受人们喜爱。这些工艺品不仅具有实用价值，也是江西文化的重要载体。

1. 南昌剪纸

南昌剪纸源于汉代，以其精湛的剪纸技艺、多样的图案和独特的风格而著称。作为中国剪纸艺术的代表之一，南昌剪纸被誉为"南昌派"，深受人们喜爱。南昌剪纸艺术家用剪刀在纸上巧妙地构思，将各种吉祥图案剪裁而出，具有浓厚的文化底蕴。这些作品植根于社会，取材于民间，题材广泛，内容朴实，具有独特的文化意蕴与艺术美感。近年来，南昌剪纸多次参加各种展览和比赛，赢得了广泛的赞誉和认可。

2. 赣绣

赣绣，原名豫章绣，起源于清朝乾隆十六年（1751年），并在1949年后统称为赣绣。赣绣的创始人为熊月瑛（裘曰修夫人，乾隆皇帝的干妹妹），她自小才华横溢，擅长刺绣。其位于北京的故居已被国家文物局保护，而她在南昌的故居则成为当时有钱人送女儿学习女红的地方。赣绣最初作为皇室日用贡品，从这里汇集送入皇宫，逐渐流传开来。赣绣以其精湛的刺绣技艺、丰富的色彩和绚丽的图案而著称。赣绣不仅可以用来制作服饰、家居饰品，还可以作为工艺品进行收藏和鉴赏。赣绣以纯棉土布和棉线为主，其配色简洁，制作精细，具有原生态的艺术效果。针法上，赣绣采用长针、短针、套针等多种手法，还运用平针、簪花针、飘针等特殊针法，使绣品的成品两面看起来一样精致。同时，赣绣擅长对水墨画进行焦、浓、重、淡、清五个层次的处理，运用丝线的深浅过渡，突显绣品的清淡雅致。赣绣的内容以中国传统水墨画为主，成品逼真传神，颇具风味。其代表作品包括《水仙图》《松鹿图》《万山红遍》《空谷苍鹰》等，这些作品展示了赣绣精湛的技艺和深厚的文化内涵。

3. 夏布绣

夏布绣是江西新余市的传统美术，也称赣绣、麻绣，是江西的代表绣种，国家级非物质文化遗产之一。其针法朴实，包括平绣、十字绣、纳纱绣及锁绣等，体现了江西民间绣活的独特魅力。夏布绣起源于北宋时期，流传于民间，是由苎麻纺织的夏布做绣地，利用麻纤维绣出的绣品。夏布绣的绣地粗犷古朴、经纬分明，绣面配色淡雅、质感强烈，造型淳朴自然、栩栩如生，感情色彩浓郁，体现了厚重的历史文化底蕴，形成了其地域鲜明、拙中寓秀的独特个性和艺术风格。夏布绣融合了夏布自然的肌理及水墨丹青的绘画神韵，其作品色泽古朴，典雅深沉。绣地的特性和夏布绣特有的刺绣工艺及创新针法等组成了夏布绣独有的构成体系，体现了厚重的历史文化底蕴。

4. 李渡毛笔

李渡毛笔是江西著名的文房四宝之一，其制作工艺精湛，书写流畅，深受文人墨客的喜爱，已有1700多年的生产历史。传说秦代蒙恬发明"柳条笔"不久，咸阳人郭解和朱兴由中原流入江西临川李渡一带，传授制笔技艺。经过世代相传，逐步形成一套独特的制笔工艺，博得了历代文人墨客的青睐。晋代著名书法家王羲之担任临川内史时，对李渡毛笔爱不释手。他的书法珍品有不少是用李渡毛笔书写的。由于王羲之的缘故，李渡毛笔声名大振。中华人民共和国成立后，在进贤县李渡镇成立了专业化的毛笔生产厂。李渡毛笔品种繁多，式样新颖，大小齐全，长短兼备。品类有狼、紫、鸡、羊、兼五毫；装潢分黑、白、花、炕四管；笔锋则有红、绿、黄、白、青、蓝、紫七色。近年来制作的"纯净紫毫""七紫三羊""墨翰"等名牌传统产品，风靡日本、菲律宾、新加坡等国家；受欢迎的出口品种还有"书家妙品""百花争艳""进贤独秀""白云狼毫""羊毛小楷""极品纯净狼毫"等19个。目前李渡毛笔的年产量达120万支以上。

5. 江西折扇

江西折扇具有悠久的历史和深厚的文化底蕴，被誉为"中国四大名扇"之一。早在清朝康熙年间（1662~1722年），广东的艺人便来到江西传授制作折扇的技术，使得这一技艺在江西得以广泛传播和发展。江西折扇的制作工艺复杂且精湛，每道工序都经过精心设计和制作。扇骨通常使用本省出产的毛竹制作，要求每根扇骨都要削得细、磨得薄，长短一致、配色均匀。有的扇骨还会压出花纹，摇动时骨柔风清，既美观，又适意。扇面则采用各种材质和工艺，如绢、纸等，上面绘制精美的图案，使得扇子既具有实用性，又具有艺术观赏性。江西折扇的种类也多种多样,包括黑白纸扇、油纸扇、绢扇等。其中,一些特殊的折扇品种,如牛骨折扇,更是凭借其独特的材质和工艺,赢得了广大消费者的喜爱。这些扇子不仅具有实用价值,更是传统文化的载体,展现了江西人民的智慧和创造力。江西折扇既具有实用性,又是精美的收藏品,充分展示了中国古代文人雅士的品位与风尚。

6. 江西竹编

江西竹编是江西省传统美术的代表之一,其中,瑞昌竹编和瑞金竹编是江西竹编中的两大重要流派,各具特点和风格。瑞昌竹编技艺源远流长,距今已有2500多年的历史。在瑞昌当地,竹编技艺与人们的生活息息相关,竹编产品如床、桌、椅、凳、橱柜、簸箕、米筛、笓、凉席等,都是日常生活中不可或缺的物品。瑞昌竹编工序复杂,编织要求较高,品种繁多,相关的编织工作较难用现代机器生产来代替。2008年6月7日,瑞昌竹编经中华人民共和国国务院批准入选《第二批国家级非物质文化遗产名录》。瑞金竹编由竹子经过一系列复杂工艺和竹编艺人的艺术构想,结合生活经验编制而成,色彩鲜艳、绿色环保、具有很高的欣赏价值。主要产品有各种竹编动物、小草人、果盒、兰盘等,适宜家居摆用和艺术欣赏。

7. 江西玉雕

江西先民们对玉石文化有着深入的研究,精挑细选玉石用于制作各种装饰品,如项链、手镯、玉佩等。这种对玉石的热爱与欣赏,使得江西玉雕工艺得以不断发展与创新。江西玉雕的技法娴熟,作品构思巧妙,无论是写实、抽象、狂野还是细腻的风格,都能得到很好的体现。这些作品不仅展示了当时的文化背景、雕刻方式方法,还反映了社会等级制度,为我们了解当时的文化美感、人文价值、风俗情况以及宗教信仰提供了重要的证据。在江西,鹰潭信江黄蜡石是玉雕艺术中的重要原材料。这种黄蜡石色彩丰富,以黄、白为主,质地优良,深受石雕艺人的喜爱。他们根据信江黄蜡石的特点,因材施艺,创作出了许多具有独特风格的玉雕作品。这些作品多次在全国、全省的工艺品展览中获奖。此外,江西客家玉石雕刻技艺也是江西玉雕文化的重要组成部分。这种技艺以黄蜡石为主要原材料,巧妙运用其"质、色、皮"的优势,形成了构造巧妙、雕工细致的特点。其制作过程包括开料、画料、雕刻、打磨、抛光等多个环节,每一步都充满了匠人的心血与智慧。

（三）江西其他土特产

江西土特产丰富，江西梨瓜、军山湖大闸蟹、赣南脐橙、李渡酒、樟树四特酒、德兴铁皮石斛、樟树中药材、南昌瓦罐汤、泰和乌鸡、丰城冻米糖、樟树板鸭、九江桂花茶饼、中华猕猴桃等，都是江西的特产佳品，展示了江西人民智慧和创造力的卓越成就。

1. 江西梨瓜

江西梨瓜又称甜瓜，是我国甜瓜中的珍品。原产于江西省上饶地区，具有悠久的历史。由于其品质佳、适应性强、应市时间早且长，逐渐在全省范围内推广开来，成为夏季主要的瓜果之一。瓜色洁白，外形似梨，单个瓜重1~2斤。吃起来口感水灵、香甜。这种瓜不仅肉好吃，而且带皮吃依然脆爽宜人，没有余渣，"脆、甜、香"三个字恰当地概括了江西梨瓜的特点。

2. 军山湖大闸蟹

军山湖大闸蟹是江西省进贤县的特产，因原产于军山湖而得名。军山湖地区的水质优良、水草茂盛、饵料生物丰富，为螃蟹的生长提供了良好的生态环境和气候条件。因此，军山湖大闸蟹具有"大、肥、腥、鲜、甜"五大独特风味，品质上乘，是大闸蟹中的上品。每年的9~10月是进贤县军山湖大闸蟹的收获期，大闸蟹体大肉肥，其中最大的"蟹王"重达600克，体质优美，最大的"蟹后"也重达408克。大闸蟹营养丰富、美味可口，是南昌各大酒店及亲朋好友聚会的必上佳肴。每年军山湖还举行"螃蟹节"，吸引全国各地的四方宾客前来洽谈选购。军山湖大闸蟹在历届河蟹大赛上屡获金蟹奖、银蟹奖和"蟹王""蟹后"称号，并远销日本、韩国、新加坡等国际市场，享有很高的声誉。

3. 赣南脐橙

赣南脐橙色泽金黄，汁多味甜，富含维生素C，甘甜可口，每年的冬季，赣南脐橙都会成为人们餐桌上的美味佳肴。赣南脐橙品种繁多，包括纽荷尔脐橙、福本脐橙、龙回红脐橙、赣南早脐橙、朋娜脐橙、林娜脐橙、清家脐橙、华盛顿脐橙、红肉脐橙和晚棱脐橙等。每一种都有其独特的口感和风味，满足了不同消费者的需求。信丰脐橙是20世纪80年代初引进的新兴优质水果品种，果实呈圆球形，果皮橙色，单个果肉为200克左右，果心半充实、肉质脆嫩、风味浓甜并富有芳香味，故有"脐橙进房，香味满堂"之说。在1987年、1989年全国出口脐橙品种鉴定会上，赣南脐橙两次被评为第一名，是我国出口水果的重点品种之一。

4. 李渡酒

李渡酒的历史可追溯到北宋太宗太平兴国年间（976~984年），当时邓金林、娄宝清二人在李渡镇创办了首个前店后坊式的酒作坊，开启了李渡酒的辉煌历程。而李渡酒的酿造技法经过考证始于元代，经过五个世纪的传承和发展，其酿酒技艺已被载入《江西非物质文化遗产名录》。李渡酒采用红高粱、大米、小麦等优质原料，经过严格的酿造过程，形成了独特的酒体风格。李渡酒不仅有浓香、米香、清香的特点，更有回味中的酱香，这种四香合一的特色使得李渡酒在白酒市场中独树一帜。李渡酒以其色泽清亮、味甘醇厚、香雅馥郁、回味悠长的特色赢得了广大消费者的喜爱。

5. 樟树四特酒

樟树四特酒为江西地方名酒之一，产于樟树镇，相传有1700多年的酿造历史。"四特酒"得名于元、明时期，它所具有的"清亮透明，香气浓郁，味醇回甜，饮后神怡"四大特点。樟树四特酒选用优质大米为原料，以小麦酿制的大曲为糖化发酵剂，精细酿造而成的一种具有独特风味的纯粮白酒。四特酒历史悠久，因樟树中药多以酒为引，于是酿酒业伴随着药业同步发展。如今，这种地方名酒已畅销国内，远销海外。周恩来曾对此酒有"清、香、醇、纯，回味无穷"的评语。自1963年起，历年被评为江西优质名酒，1984年获轻工部酒质银杯奖，1992年荣获全国国货精品奖。

6. 德兴铁皮石斛

德兴铁皮石斛是江西省上饶市德兴市的特产。在《神农本草经》中，铁皮石斛被列为上品，显示出其在古代医药中的重要地位。而德兴铁皮石斛更是因其独特的生长环境和优良品质而备受推崇。德兴市的气候温和、雨量充沛、山高林密，这样的自然生态环境为铁皮石斛等多种中药材的生长提供了优越的条件。德兴铁皮石斛，质坚实，易折断，断面显细纤维性，颜色呈灰色至灰绿色。其气味微淡，嚼之有黏性，具有滋阴、润肺、强肾等功效。这些特性使得德兴铁皮石斛在中药材市场上具有较高的声誉和价值。2016年3月31日，中华人民共和国农业部正式批准对"德兴铁皮石斛"实施农产品地理标志登记保护。

7. 樟树中药材

樟树中药材素以炮制技术精湛而著称，樟树市作为我国中药材荟萃之地，以"药都"闻名于世。樟树成为药都，始于东汉，到明清年代，当地80%以上的居民以经营药材为生。据县志记载："樟树商贾云集，圜闤千家，水陆冲衢，舟车辐辏，为南北、川广药材之总汇。"皇家御医的药方，均要采用樟树中药材，故有"药不到樟树不齐，药不过樟树不灵"之誉。樟树的中药材，药品种类齐全，饮片质地精良，讲究炒、浸、泡、炙、烘、晒、切、藏，一寸长的白芍，竟能铡成200多片，且片型完整、切面光滑、厚薄均匀。樟树中药厂是目前江西最大的中成药厂，生产的近百种中成药不但畅销全国，其中安宫牛黄丸、养血当归精、国公酒、降脂白金丸等产品远销欧美和东南亚。

8. 南昌瓦罐汤

南昌瓦罐汤是江西南昌地区的特色名菜，又称煨汤，具有千年历史，可追溯至宋代嘉祐年间（1056~1063年）。它采用传统的煨汤方法，以土质陶器为瓦罐，先将加工处理后的原料用开水焯烫，以优质水入瓦罐中，加足量食材，用铝箔纸密封，依次码放在一米方圆的大瓦缸内，以硬质木炭火恒温六面受热，经过数小时的煨制，方可制作完成。南昌瓦罐汤的特点是鲜香浓郁，回味悠长。由于使用的是炭火慢炖，汤底中会有一种炭火特有的烟熏香味，这种味道与汤料本身的鲜味相结合，形成了独特的风味。在调味上，通常会加入适量的盐、酱油、姜片、葱段等调料，这些调料不仅能够提升汤品的香气，还能够中和食材中的腥味，使汤品的味道更加和谐。南昌瓦罐汤的品种丰富，包括家禽、鸡、鸭、鸽、肉食、猪、牛、羊、猪内脏，以及山珍、各类菌菇、山笋、野味、蔬菜等近百种。这些食材的丰富性使得南昌瓦罐汤的口感和营养价值得到了极大提升。

9. 泰和乌鸡

泰和乌鸡，原产于泰和县武山北麓，因此又有"武山鸡"之称。这种鸡具有"丛冠、缨头、绿耳、胡须、丝毛、毛脚、五爪、乌皮、乌肉、乌骨"十大特征，因而闻名于世。泰和乌鸡不仅外貌独特，而且具有极高的营养价值和药用价值。它全身均可入药，骨、肉及内脏均有药用价值，可以配成多种成药和方剂。在民间,泰和乌鸡被视为饮食药用鸡,其药用历史悠久,历来被视为滋补珍品。1915年,泰和乌鸡在巴拿马万国博览会上被评为"世界观赏鸡",荣获金奖。2000年,农业部将泰和乌鸡定为首批国家级畜禽保护品种。2004年,国家质检总局批准对"泰和乌鸡"实施原产地域产品保护。2007年,泰和乌鸡被列入《世界地理标志产品名录》,受世界知识产权组织保护。此外,2021年泰和乌鸡还入选了《第一批全国名特优新农产品名录》。

10. 丰城冻米糖

丰城冻米糖,俗名小切,是久负盛名的"江西五大传统名点"之一,历史悠久,距今已有数百年的生产历史。丰城冻米糖选用优质糯米、纯净茶油、洁白砂糖、透明饴糖、芳香桂花、鲜艳红柚丝等原料油泡膨发精制而成,具有色泽透明、香甜松脆、进口消融、食而不腻、营养丰富的特点。冻米糖的制作季节性强,气温要求很严,一般只有每年九月至来年四月份生产的冻米糖才松脆芳香。丰城冻米糖选料制作讲究,携带方便,包装美观大方,既是旅游的方便食品,又是馈赠亲友的理想礼品,曾多次荣获江西省优质产品奖,1985年获轻工业部优质产品奖。在全国糕点评比会上被评为"名牌产品",并荣获多项奖项,如"江西名产""优质产品""中华老字号"等。

11. 樟树板鸭

樟树板鸭是江西省樟树市的一款传统名菜,以其色泽金黄、皮薄肉嫩、骨脆可嚼的特点而著称。樟树板鸭的制作过程非常讲究,需要经过腌制、晾晒、烘烤等多道工序。选用肥嫩的鸭子,经过精细的腌制后,挂在通风处晾晒,使鸭肉更加紧实,口感更佳。在烘烤过程中,火候的控制也是关键,需要经验丰富的师傅来掌握,以确保板鸭的口感和风味。樟树板鸭还逐渐走出了国门,成为国际友人了解樟树文化的一个重要窗口。

12. 九江桂花茶饼

九江桂花茶饼始于宋代,是"江西五大传统名点"之一,曾多次荣获江西省优质产品称号。茶饼呈金黄色,圆形,直径约2厘米,中间微凸,大小均匀,皮薄如纸,20个一斤。茶饼配料考究,以上好茶油、芝麻、面粉等为主要原料,经过制皮、伴馅、成型、焙烘、复烘五道工序制成。茶饼具有"小而精、薄而脆、酥而甜、香而美"的特点,食之溢香爽口,回味无穷。

宋代文人苏东坡曾有"小饼如嚼月,中有酥和饴"之美誉,是游人必购之礼品。它多次获得国内外食品博览会的金奖和荣誉,如1917年获得巴拿马国际食品博览会金奖,1962年获得广州食品博览会金牌奖,以及后来的多项省、市级优质产品称号等。

13. 中华猕猴桃

中华猕猴桃,又名"仙桃",在国外被称为"中国醋栗"。据国内外科学研究部门的验证,中华猕猴桃是一种营养价值很高的果品,特别是维生素C的含量很高,每100克鲜果中就含有维生素C 100~420毫克,是柑橘的6~8倍,比苹果高19~83倍,比梨高22~139倍。另外,还含有维生素P(芦丁)、维生素B、磷、钾、钙、铁等物质和多种氨基酸。它的价值被发现后,被人们誉为"水果之王""果中珍品",列入航天员营养食谱。中华猕猴桃之所以深受国内外食用者的欢迎,还因为它有较高的药用价值。《本草纲目》记述:"猕猴桃味酸,甘寒无毒,主消渴,解烦热,冷脾胃。"现代医学对它做了进一步的研究,证明它有清热利尿、祛风活血、散瘀消肿、健胃、催乳、止血等多种功效。1978年,国家正式将猕猴桃列入《中国药典》。

第三部分 考场问答

第五章
导游职业能力问答示范

一、导游服务规范

1. 在迎接旅游团之前，地陪导游需要做哪些准备工作？
（1）了解旅游团的规模、成员构成、出发地和预计到达时间等；
（2）研究旅游团的行程，包括景点的开放时间、门票价格、交通方式等；
（3）准备欢迎牌、旅游指南、地图、紧急联系方式等；
（4）提前与景区联系，确保旅游团能够顺利参观；
（5）制定应对突发事件的应急预案。

2. 旅游期间，全陪导游需要如何与地陪导游建立有效沟通？
（1）主动发信息，提前与地陪导游取得联系；
（2）在行程中，发现问题及时与地陪导游私下沟通，避免问题扩大；
（3）当客人有意见或问题时，积极与地陪导游进行协调，解决问题；
（4）在离开前，协助地陪导游办理离店事宜，确保旅游团顺利离开。

3. 旅游期间，地陪导游如何与司机建立有效沟通？
（1）尊重司机，征求司机对行程的意见和建议；
（2）地陪导游及时与司机沟通行程安排情况；
（3）协助司机做好行车安全工作；
（4）如果旅游线路有变化，提前告知司机并共同商讨行程安排。

4. 游客抵达时，从机场（火车站、码头）到下榻饭店途中，地陪导游工作有哪些？

（1）致欢迎词，简要介绍旅游团在本地的行程；

（2）核对游客的姓名、证件信息以及预订详情，确保无误；

（3）在途中向游客简要介绍当地的地理位置、气候特点、时差情况等信息；

（4）回答游客关于行程、当地文化、风俗习惯等方面的问题；

（5）将联系方式提供给游客，确保游客能及时联系到地陪导游。

5. 游客抵达后入住下榻酒店时，地陪导游工作有哪些？

（1）协助游客办理入住登记，解释酒店的入住政策和规定；

（2）核对游客的预订信息，协助合理分配房间；

（3）回答游客关于入住的任何疑问，如早餐时间、退房时间等；

（4）提醒游客次日的行程安排，包括集合时间、地点以及携带的物品等。

6. 旅游过程中，游客乘坐交通工具时，地陪导游工作有哪些？

（1）确认游客集合的时间与地点；

（2）对有特殊需求的游客，安排合适的座位；

（3）指导游客安全放置行李；

（4）旅途中提供音乐、视频等相关的娱乐内容；

（5）提醒乘客应注意的乘车行为，维持乘车秩序。

7. 旅游过程中，游客进行用餐服务时，地陪导游工作有哪些？

（1）在餐厅内引导游客就座，确保舒适且方便用餐；

（2）向游客介绍特色菜品和推荐菜品；

（3）对于不熟悉的词汇或菜肴，为游客提供解释和推荐；

（4）对特殊饮食需求，及时与餐厅沟通，确保饮食安全。

8. 旅游过程中，游客进行商品购买时，地陪导游工作有哪些？

（1）向游客推荐信誉好、商品质量高的购物场所；

（2）向游客解释商品信息，帮助他们了解产品；

（3）协助游客安全支付，避免欺诈行为；

（4）如游客在购物后遇到问题，积极提供协助并处理售后问题。

9. 旅游过程中，游客参加文化娱乐活动时，地陪导游工作有哪些？

（1）根据游客需求，推荐合适的文化娱乐活动；

（2）提前预订活动门票，确保游客能够顺利参与；

（3）向游客提供活动的时间、地点、内容等信息；

（4）安排交通工具，确保游客准时到达活动现场；

（5）重视安全，确保游客在活动中的安全。

10. 旅游结束后，地陪导游在送行过程中需要做哪些工作？

（1）核实游客回程的交通票；

（2）提醒游客返程注意事项；

（3）厘清与游客有关的各种账目；

（4）协助游客顺利登机或上车，并向他们道别。

11. 送走游客后，地陪导游需要做哪些后续工作？

（1）及时上交《陪同日志》和《旅游者意见反馈表》等，总结经验教训，提出改进措施；

（2）妥善处理旅游团在旅游地遗留的问题，如投诉、索赔等；

（3）与旅行社或相关服务提供商结算费用，确保财务清晰；

（4）对于有特殊需求或有未完成事项的游客，提供必要的后续服务或帮助。

12. 对待儿童游客，导游应怎样提供导游服务？

（1）与儿童建立信任关系，拉近距离；

（2）确保儿童在旅程中的安全，预防可能发生的意外；

（3）激发儿童的兴趣和好奇心，使旅游变得更加有趣；

（4）不随意给予儿童食物或玩具，以免造成麻烦；

（5）了解儿童的特殊需求（如过敏史），在行程中做出相应调整。

13. 对待年轻游客，导游应怎样提供导游服务？

（1）了解兴趣爱好；

（2）组织互动游戏和活动，增加互动体验；

（3）提醒注意安全，确保旅行的安全；

（4）针对年轻游客需求，提供专业讲解服务。

14. 对待年长游客,导游应怎样提供导游服务?

(1) 妥善安排行程;

(2) 注意放慢行走速度;

(3) 做好提醒工作;

(4) 耐心解答问题。

15. 对待活泼型游客,导游应怎样提供导游服务?

(1) 充分发挥他们喜欢交际、喜欢交谈、好出点子、乐于助人的优点;

(2) 旅游过程中必要时请他们帮忙活跃气氛;

(3) 与他们交友但不可过分亲近,特别不可让他们左右旅游团活动;

(4) 在适当时机对其给予的合作表示感谢。

16. 对待稳重型游客,导游应怎样提供导游服务?

(1) 尊重他们的私人空间,避免过多打扰;

(2) 应提供详细准确的讲解;

(3) 认真诚恳地与他们交换意见、商讨问题;

(4) 在服务过程中,保持专业的态度和行为。

17. 对待散漫型游客,导游应怎样提供导游服务?

(1) 耐心说服,通过沟通和引导来减少他们自由散漫的行为;

(2) 提供清晰的指引,防止他们迷路或错过重要信息;

(3) 保持行程的灵活性,允许他们在一定程度上进行自主探索;

(4) 提醒潜在风险,并在必要时提供帮助。

18. 对待有宗教信仰的游客,导游应怎样提供导游服务?

(1) 接团前,认真学习了解我国相关宗教政策,掌握信教团员基本情况;

(2) 对游客的宗教信仰表示尊重,避免可能冒犯他们信仰的言行;

(3) 了解寺院(教堂、道观)的位置和开放时间;

(4) 将接待对象饮食方面的禁忌和要求提前通知酒店、餐厅并要求做好相关准备;

(5) 在与游客的交流中,避免涉及宗教信仰的争议性话题,以免引起不必要的讨论或冲突。

19. 对待残障游客,导游应怎样提供导游服务?

(1) 了解他们的具体需求,并根据需求制订个性化的服务计划;

（2）注意沟通的方式方法，满腔热情且细心周到，不给他们带来压力或伤害他们自尊心；

（3）熟悉景区的无障碍设施，如坡道、电梯等，并在必要时引导游客使用；

（4）鼓励残障游客提供反馈，无论是正面的还是反面的，都视为提升服务质量的宝贵资源；

（5）在团队中树立尊重和包容残障游客的文化，确保对所有成员都能提供平等和友好的服务。

20. 对待入境旅游者，导游应怎样提供导游服务？

（1）了解并尊重不同国家和地区的文化差异；

（2）掌握基本的英语或其他语言，确保与游客之间的流畅沟通，使信息有效传递；

（3）向游客提供最新的签证信息和入境政策，确保他们能够顺利完成入境手续；

（4）向游客介绍目的地的法律法规，特别是与旅游相关的规定，确保文明旅游。

21. 对待散客旅游者，导游应怎样提供导游服务？

（1）根据游客的兴趣和时间安排定制行程，提供个性化的服务；

（2）保持灵活性，适应游客的变动，并及时调整服务内容；

（3）提供详细的旅行信息，包括交通、餐饮、住宿等；

（4）关注他们的安全问题，提醒注意事项；

（5）如遇突发情况，及时采取措施，确保游客安全。

22. 在景区游览时，导游应注意什么？

（1）提示安全信息，提醒游客遵守景区的安全规定；

（2）根据景区的开放时间和游客的行程安排，合理控制游览时间；

（3）正向教育游客保护景区环境，确保文明旅游；

（4）提供准确生动的解说服务，使游客深入了解景区的历史文化和自然特点；

（5）时刻准备应对突发事件，如遇自然灾害、游客突发疾病等情况，能够迅速采取措施。

23. 在景区具体讲解过程中，导游应注意哪几个层次的问题？

（1）是什么：包括地理位置、形成时间、历史渊源、自然景观或者建筑特征等；

（2）为什么：在介绍景点基本概况的基础上，深入讲解景点的由来，以及相关的传说、民俗等；

（3）怎么玩：导游在讲解了"是什么"和"为什么"后，应考虑如何将静止的景点转化为游客可看、可听、可参与的项目。

24. 对待自然景观，导游讲解应涉及哪些内容？

（1）介绍基本信息，包括景观的地理位置、形成原因、历史背景等；

（2）解释景观的形成过程、地质结构、植被种类等知识，增强游客的理解；

（3）讲述与该景观相关的历史故事、文化内涵等，增加游客的文化体验；

（4）指导游客如何欣赏景观，包括观赏时间和地点、观察的角度和方法等，提升游客的观赏体验。

25. 对待人文景观，导游讲解应涉及哪些内容？

（1）介绍基本信息，包括景点修建的时间、当时的历史条件等；

（2）解释建造景点的目的，如纪念名人、保护文物、教育后人等；

（3）要全面了解景观，比如建筑结构、布局的特点等；

（4）要注意历史的传承性，让旅游者享受到风景美和人文美。

26. 游览过程中，如何调节观赏节奏？

（1）有张有弛，劳逸结合地安排活动日程；

（2）急缓相间地把握好游览速度和讲解节奏；

（3）导与游相结合，让讲解指导与独自欣赏相结合。

27. 与游客开展交流互动的过程中，导游需要注意哪些内容？

（1）尊重游客的意见和观点，倾听游客的问题和建议；

（2）使用清晰、礼貌的语言，确保游客能够理解；

（3）注意自己的肢体语言、面部表情和眼神交流；

（4）管理个人情绪，保持冷静和耐心；

（5）在交流过程中，保护游客个人隐私信息。

28. 旅游过程中，导游在仪表礼仪方面需要注意哪些内容？
（1）根据工作场合和季节选择合适的服装，保持干净、整洁；
（2）发型不应过于随意，以免给人留下不够专业的印象；
（3）女性导游可以适当化妆，但应保持自然、淡雅，避免浓妆艳抹。

29. 旅游过程中，导游在服务礼仪方面需要注意哪些内容？
（1）对游客热情友好，主动提供帮助，让游客感受到温暖；
（2）对于游客的问题和需求要耐心解答和处理，不急躁；
（3）提供准确的信息，确保游客安全。

30. 旅游过程中，导游在沟通礼仪方面需要注意哪些内容？
（1）认真倾听游客的意见和建议，不打断对方；
（2）表达自己的观点时要清晰、有条理，避免模棱两可；
（3）尊重游客的文化背景和习俗，避免因文化差异造成误解。

31. 旅游过程中，导游在应急礼仪方面需要注意哪些内容？
（1）遇到突发事件时保持冷静，迅速采取措施；
（2）及时向上级汇报情况，协调相关部门进行处理；
（3）向游客说明情况，提供必要的帮助和支持。

32. 旅游过程中，导游必须掌握的相关法律法规有哪些？
（1）《中华人民共和国旅游法》，这是旅游业的基本法律，规定了旅游市场的管理、旅游服务的质量标准、旅游者的权益保护等内容。
（2）《导游人员管理条例》，规定了导游的资格条件、执业规范、权益保障以及违法违规行为的处罚等。
（3）《中华人民共和国民法典》合同篇，导游与游客之间的服务合同受合同法的调整，明确双方的权利和义务。
（4）《中华人民共和国治安管理处罚法》，规定了扰乱公共秩序的行为及其法律责任，导游应了解相关规定，防止游客违法行为。
（5）《中华人民共和国网络安全法》，在数字化时代，导游应了解网络安全相关法律，保护游客的个人信息安全。

33. 《导游人员管理条例》中对导游在哪些方面做出相应的要求？
（1）规定参加导游资格考试的条件、考试内容、考试方式以及合格标准等；

（2）明确导游资格证书的申请条件、颁发程序以及证书的有效期限和更新要求；

（3）规定导游执业的条件、执业范围、执业许可的申请和发放程序，以及执业过程中的规范和行为标准；

（4）规定导游服务合同的订立、履行、变更、解除以及违约责任等条款；

（5）明确导游的合法权益，并规定保护导游权益的措施。

34. 导游应该如何提升法律意识？

（1）定期参加法律法规培训课程，确保对法律条文有深入的理解；

（2）及时了解最新的法律法规变动，保持对法律动态的敏感性；

（3）通过解决实际问题来加深对法律条文的理解和运用能力。

35. 导游的思想素质主要表现在哪几个方面？

（1）热爱祖国。应把祖国利益摆在第一位，自觉维护祖国的尊严和民族的尊严。

（2）道德品质。要发扬为人民服务的精神，将其与旅游服务宗旨紧密结合起来。

（3）爱岗敬业。应树立远大理想，立足本职工作，热爱本职工作，刻苦钻研。

（4）高尚情操。要不断学习，提高思想觉悟，使个人功利追求与国家利益相一致。

（5）遵纪守法。要树立高度的法纪观念，自觉地遵守国家的法律法规，遵守旅游行业的规章制度。

36. 数字经济的快速发展给导游提出了哪些新的技术技能要求？

（1）掌握数字工具和平台的使用，以便更高效地进行工作；

（2）利用数据分析工具来理解游客行为，优化旅游线路和服务；

（3）利用数字技术提供定制化的旅游体验，满足游客的需求；

（4）保护游客的个人信息和隐私安全至关重要；

（5）不断学习新的技术和知识，以适应行业的变化。

37. 导游为什么要学习政策法规知识？

（1）政策法规是导游工作的指南。导游在导游讲解、回答游客或同游客讨论有关问题时，必须以国家的方针政策和法规为指导。

（2）旅游过程中出现的有关问题，导游要以国家的政策和有关的法律法规为依据予以正确处理。

（3）导游自身的言行要符合国家政策法规的要求，遵纪守法。

38. 根据《导游人员管理条例》规定，导游享有哪些权利？

（1）导游进行导游活动时，其人格尊严受到尊重，其人身安全不受侵犯；

（2）导游有权拒绝旅游者提出的侮辱其人格尊严或者违反其职业道德的不合理要求；

（3）导游在旅游活动中享有调整或变更接待计划的权利；

（4）导游对旅游行政行为不服时，依法享有申请复议的权利；

（5）导游对旅游行政部门的具体行政行为不作为时，享有向人民法院提起行政诉讼的权利。

39. 根据《导游人员管理条例》规定，导游应履行哪些义务？

（1）导游应当不断提高自身业务素质和职业技能；

（2）导游应当佩戴导游证；

（3）导游应当自觉维护国家利益和民族尊严，不得有损害国家利益和民族尊严的言行；

（4）导游应当遵守职业道德，着装整洁，礼貌待人，尊重旅游者的宗教信仰、民族习俗和生活习惯；

（5）导游应当严格按照旅行社确定的接待计划安排旅游者的旅行、游览活动，不得擅自增加、减少旅游项目或者中止导游活动；

（6）导游应当就可能发生危及旅游者人身、财物安全的情况，向旅游者做出真实说明和明确警示，并按照旅行社的要求采取防止危害发生的措施。

40. 网络安全法律对导游提出了哪些新的要求？

（1）导游要全面了解并严格遵守相关的网络法律法规；

（2）导游需要具备高度的信息安全意识，妥善处理游客个人信息；

（3）导游应遵循公平、诚信的原则，不得进行网络虚假宣传；

（4）通过网络平台提供服务时，导游应确保服务质量，及时响应游客需求；

（5）导游应清楚认识到网络行为需要负法律责任。

二、导游应变能力

1. 游客要求提供换餐服务，导游应该如何处理？

（1）与餐厅负责人沟通，如餐厅允许应满足其要求；

（2）如果导致额外费用，需要向游客解释费用，并征得他们的同意；

（3）如果餐厅无法满足，应向游客做好解释工作，建议后期安排；

（4）记录换餐服务的处理过程，以便日后参考和改进服务质量。

2. 游客要求提供换房服务，导游应该如何处理？

（1）了解游客想要换房的具体原因；

（2）应与酒店沟通，确认是否有符合游客要求的空余房型；

（3）如果导致额外费用，需要向游客解释这些费用，并征得他们的同意；

（4）记录此次换房服务的所有细节，以便日后参考和改进服务质量。

3. 游客要求更换交通工具类型，导游应该如何处理？

（1）了解游客更换交通工具的具体原因；

（2）查看当前的交通预订情况，确认是否有可用的替代交通工具；

（3）如果导致额外费用，需要向游客解释这些费用，并征得他们的同意；

（4）记录此次更换交通工具的所有细节，以便日后参考和改进服务质量。

4. 游客要求取消游览项目，导游应该如何处理？

（1）了解游客取消游览项目的具体原因；

（2）如果请求合理，与旅行社协调，满足游客要求；

（3）告知所产生费用，如门票、讲解等费用不退；

（4）签订"自愿放弃参观证明"。

5. 游客要求单独外出购物，导游应该如何处理？

（1）了解游客单独外出购物的原因和目的；

（2）向游客推荐信誉良好的购物地点；

（3）提醒游客保管好个人财物，做好安全工作提醒。

第五章 导游职业能力问答示范

6. 游客邀请导游外出品尝风味，导游应该如何处理？
（1）礼貌感谢并婉转拒绝；
（2）向游客推荐著名的餐厅或小吃；
（3）提醒游客保管好个人财物，做好安全工作提醒。

7. 游客要求前往不健康的娱乐场所，导游应该如何处理？
（1）坚决拒绝游客请求，明确告知游客要遵守当地的法律法规；
（2）向游客解释原因，包括安全隐患、违反法律法规的风险等；
（3）提供一些合法、健康的娱乐场所或活动作为替代。

8. 游客要求自由活动，导游应该如何处理？
（1）了解游客要求自由活动的具体原因，向旅行社汇报；
（2）向游客推荐安全、著名的活动场所；
（3）签订"自愿放弃参观证明"；
（4）提醒游客保管好个人财物，做好安全提醒工作。

9. 游客无特殊原因执意退团，导游应该如何处理？
（1）了解游客退团的具体原因；
（2）向游客解释退团可能带来的后果；
（3）如果游客坚持退团，导游应与旅行社协调，满足其要求；
（4）记录下与游客的沟通内容，协助游客办理相关手续。

10. 出现漏接游客行为，导游应该如何处理？
（1）应尽快与游客取得联系，解释原因并表达诚挚的歉意；
（2）核实游客信息，确保后续的安排准确无误；
（3）提供必要的帮助，如安排交通工具，确保游客安全到达；
（4）与旅行社、酒店等相关方沟通协调，确保游客得到妥善处理；
（5）关注游客的情绪变化，尽力消除游客的不满和焦虑。

11. 游览过程中出现游客走失，导游应该如何处理？
（1）迅速启动应急程序：全陪前往寻找走失游客，地陪继续带团游览；
（2）了解走失游客的最后位置、外貌特征以及可能的去向；
（3）及时向景区管理部门、旅行社等相关部门报告情况，请求协助搜寻；
（4）与寻找的人员之间保持通信畅通，以便及时交流信息；

（5）总结经验教训，提高预防游客走失事件的能力。

12. 游览过程中出现被迫改变活动项目，导游应该如何处理？

（1）了解导致活动项目被迫改变的具体原因；

（2）及时与旅行社沟通，共同商讨解决方案；

（3）向游客耐心解释活动项目改变的原因；

（4）关注游客的情绪和反应，及时解答疑问；

（5）如果产生额外费用，应根据要求为游客提供补偿。

13. 游览过程中游客质疑导游讲解内容，导游应该如何处理？

（1）认真倾听游客的观点，虚心请教；

（2）求同存异，不与游客发生矛盾；

（3）如确实讲错了，应及时致歉，表示感谢。

14. 旅游团中游客之间有矛盾，导游应该怎么办？

（1）和其他游客一起劝阻双方，避免矛盾升级；

（2）调解时保持中立，分化和缓解矛盾；

（3）根据双方的诉求，提出合理解决方案；

（4）如果矛盾无法解决，及时向旅行社寻求帮助。

15. 全陪与地陪导游核对行程时发现有较大差异，地陪导游应如何处理？

（1）双方应冷静分析，本着同行之间友好合作的态度开展工作；

（2）各自向所属旅行社计调部核实，迅速更正、达成共识，继续后续行程；

（3）处理分歧过程中，应避开团队，以免游客产生不安；

（4）一旦达成一致，所有人都应遵守决定，继续履行自己的职责。

16. 游客证件遗失，导游应该如何处理？

（1）了解游客丢失证件的具体情况；

（2）指导游客前往最近的公安机关或派出所报案；

（3）协助申请临时证件，费用由游客自理。

17. 游客行李遗失，导游应该如何处理？

（1）了解游客行李遗失的具体情况；

（2）指导游客前往机场失物处或当地警察局报案；

（3）在行李未找到之前，导游可以提供必要的帮助。

18. 游客钱物遗失，导游应该如何处理？

（1）了解游客遗失钱物的具体情况；

（2）如果遗失的是贵重物品，立即引导游客向当地警方报案；

（3）联系酒店、餐厅或景区等可能遗失钱物的场所，询问失物找回信息；

（4）根据游客的需要，提供一些紧急援助。

19. 游客遭遇宰客，导游应该如何处理？

（1）确认游客确实遭遇了宰客行为，了解具体情况；

（2）指导游客收集相关证据，如收据、照片、视频等；

（3）与商家进行沟通，并尝试协调解决问题。如果商家拒绝配合，导游应记录下相关信息，以便后续行动；

（4）指导游客向消费者协会、旅游投诉受理机构或有关调解组织提出投诉；

（5）持续关注事件的进展，并提供必要的帮助和支持。

20. 游客出现晕车，导游应该如何处理？

（1）安排游客换到通风良好、视线开阔的座位；

（2）如果游客同意，可提供晕车药物，但事先应告知药物的副作用；

（3）如果症状严重，如持续呕吐、意识模糊等，应立即请求医疗援助；

（4）游客恢复后，继续关注其状况。

21. 游客突发重病，导游应该如何处理？

（1）立即送往医院急救，并请领队或其亲属陪同；

（2）及时向旅行社报告情况，请求支援和协助；

（3）如情况严重需要抢救，领队或患者亲属应在场；

（4）保留治疗有关的书面材料，并复印存档；

（5）患者住院、治疗费用自理，未享受到的综合服务费按规定退还本人。

22. 游客遇到突发交通事故，导游应该如何处理？

（1）拨打报警电话，保护事故现场；

（2）协助抢救伤员，由全陪或领队陪同将伤者送往附近医院；

（3）向旅行社报告交通事故情况，按指令开展下一步工作；

（4）做好其他旅游者的安抚工作，事故原因查清后，要向全团旅游者说明情况；

（5）交通事故处理结束后，导游要写出事故报告。

23. 游客遇到突发治安事故，导游应该如何处理？

（1）如果情况允许，立即拨打报警电话，请求警方介入处理；

（2）维持团队秩序，避免恐慌情绪，并指导游客安全离开；

（3）及时向旅行社报告事故情况，并按照旅行社指示进行后续操作；

（4）记录事故发生的相关信息，为事后的处理和调查提供支持和帮助。

24. 游客在酒店遇到突发火灾事故，导游应该如何处理？

（1）保持冷静，判断火势大小和安全出口的位置；

（2）根据火情，用毛巾捂住口鼻，贴近地面逃生；

（3）引导游客迅速通过安全出口疏散，避免使用电梯；

（4）如果有游客受伤，提供必要的急救措施，并等待医疗救援；

（5）协助处理善后事宜，并写出翔实的书面报告，总结经验教训。

25. 游客遇到突发食物中毒，导游应该如何处理？

（1）立即拨打急救电话；

（2）保存可疑食物，以便医生进行检测和诊断；

（3）及时向食品安全部门或卫生监督机构报告，防止中毒事件扩大；

（4）配合医生和食品安全部门的调查，并提供详细的信息；

（5）治疗后，导游应持续关注其病情变化，并提供必要的支持和帮助。

26. 游客遇到突发溺水事故，导游应该如何处理？

（1）立即采取行动，尝试进行救援。如果不具备救援能力，立即呼叫其他人帮忙，并拨打紧急救援电话；

（2）如果导游或其他游客具备急救知识，可以对溺水者进行初步的急救，如清除口腔异物、进行心肺复苏等；

（3）救援人员到达后，积极协助救援工作，提供必要的信息和帮助；

（4）记录事故的详细情况，总结经验教训。

27. 游客遇到突发地震，导游应该如何处理？

（1）保持冷静并及时向游客传达信息，减少恐慌；

（2）采取紧急避险措施，如躲避到桌子下、墙角等安全区域；

（3）提醒游客切勿跳楼或乘坐电梯逃生；

（4）立即联系应急管理部门，发出求救信息；

（5）如果暂时不能逃生则应保存体力，防止窒息，等待救援。

28. 旅行返程时，出现乘坐的班机因其他原因晚点，导游应该如何处理？

（1）安抚游客的情绪，避免造成恐慌或误解；

（2）向游客传达信息，并核实晚点起飞的原因以及确切起飞的时间；

（3）与全陪、领队商量对策，灵活采取应对措施；

（4）如起飞时间不确定，应及时向旅行社汇报，提供必要的信息和帮助。

29. 游客行为影响他人休息，导游应该如何处理？

（1）了解游客行为背后的原因；

（2）根据具体情况，提出一些解决方案，比如游客调整活动时间等；

（3）如私下沟通无效，导游可以向团队说明旅游期间应遵守的基本行为准则；

（4）事件解决后，继续关注团队的氛围和游客之间的关系。

30. 游客出现酗酒闹事行为，导游应该如何处理？

（1）对旅游者酗酒应加以劝阻；

（2）与醉酒游客进行沟通，向其说明我国的法律规定；

（3）对不听劝告、酗酒闹事等肇事者，配合司法部门追究其相关法律责任；

（4）记录下事件情况，包括时间、涉及人员等，为事后处理提供信息。

31. 游客对异性有越轨行为，导游应该如何处理？

（1）必须立场坚定，对其言行进行制止；

（2）寻求全陪、领队或其他游客的协助；

（3）报告旅行社，如果游客不听劝告，应寻求警方帮助；

（4）记录下事件情况，包括时间、涉及人员等，为事后处理提供信息。

32. 游客进行非法宗教活动，导游应该如何处理？

（1）劝阻游客停止非法宗教活动，并向他们解释宗教政策和法律法规；

（2）如果不听劝阻，立即向上级管理部门报告，必要时可联系当地公安机关处理；

（3）确保其他游客的安全，避免他们受到非法宗教活动的影响；

（4）记录下非法宗教活动情况，包括时间、涉及人员等，为事后处理提供信息。

33. 游客出现散播攻击或污蔑言论的行为，导游应该如何处理？

（1）立即予以制止，并明确指出这种行为的不当性和可能带来的后果；

（2）向游客解释我国法律法规和社会主义核心价值观，引导游客正确表达观点；

（3）如不听劝告，及时向上级管理部门报告，必要时可联系当地公安机关处理；

（4）记录不良言论的情况，包括时间、地点、涉及人员等，以备后续处理需要。

34. 外国游客欲携其在华亲友旅游时，导游应该如何处理？

（1）了解他们同行的目的；

（2）征求领队和其他团员的意见；

（3）核实亲友身份；

（4）如果团队同意，需要帮助游客的亲友办理相关入团手续。

35. 新闻或报纸、杂志记者要求随团活动，导游应该如何处理？

（1）了解记者随团活动的目的和计划；

（2）将情况汇报给旅行社，寻求指导和决策；

（3）如果得到批准，协助记者办理入团手续；

（4）提醒记者注意保护游客的隐私。

36. 个别游客要求拜见我国宗教界著名人士，导游应该如何处理？

（1）了解游客的背景、拜见的目的；

（2）咨询旅行社或相关管理部门的意见，获取支持；

（3）得到允许后，协助安排会面的时间和地点；

（4）提醒游客注意礼仪和行为规范，尊重宗教习俗和场所规定；

（5）如果需要，可以陪同游客前往会面，提供语言或文化上的帮助。

37. 旅游团中发现有特殊身份和地位的人，导游应该如何处理？

（1）识别并了解他们的特殊身份和地位；

（2）保持专业和礼貌的态度，不因游客的特殊身份而特殊对待；

（3）立即向旅行社汇报情况，并根据指示及时进行处理；

（4）对游客的私人信息和特殊身份进行保密，并尊重他们的隐私和意愿。

38. 宗教旅游团要做礼拜，导游应该如何处理？

（1）了解旅游团所属宗教的礼拜习俗和要求；

（2）联系当地宗教场所，确认是否可以进行礼拜；

（3）协调旅游团的行程，确保有足够的时间进行礼拜活动；

（4）礼拜活动当天，带领旅游团前往宗教场所，并提供指引和帮助；

（5）确保旅游团的安全，防止意外事故的发生。

39. 爱好摄影的游客要求单独游览以便自由拍照，导游应该如何处理？

（1）理解游客需求，了解他们对摄影的具体要求和期望；

（2）与游客签订免责声明，明确双方的责任和义务；

（3）提醒游客注意安全并做好安全工作；

（4）提供紧急联系方式，确保在紧急情况下能及时联系到游客。

40. 游客要求去不对外开放的地方，导游应该如何处理？

（1）婉言拒绝，向游客解释不对外开放的原因；

（2）提供其他类似的、对外开放的地方作为替代；

（3）向游客强调遵守当地法律和规定的重要性；

（4）记录下事件完整信息，以便日后对事件进行追溯。

三、导游综合知识

1. "两个一百年"奋斗目标的任务完成分哪两个阶段？

（1）第一个阶段：从二〇二〇年到二〇三五年，在全面建成小康社会的基础上，再奋斗十五年，基本实现社会主义现代化。

（2）第二个阶段：从二〇三五年到本世纪中叶，在基本实现现代化的基础上，再奋斗十五年，把我国建成富强民主文明和谐美丽的社会主义现代化强国。

2. 全面依法治国的基本原则是什么？

（1）坚持中国共产党的领导；

（2）坚持人民主体地位；

（3）坚持法律面前人人平等；
（4）坚持依法治国和以德治国相结合；
（5）坚持从中国实际出发。

3. "十四五"文化建设的三项重要任务是什么？
（1）提高社会文明程度，具体包括推动理想信念教育常态化制度化，发展中国特色哲学社会科学，传承弘扬中华优秀传统文化，持续提升公民文化素养；
（2）提高公共文化服务水平，具体包括加强优秀文化作品创作、生产、传播，完善公共文化服务体系，提升中华文化影响力；
（3）健全现代文化产业体系，具体包括扩大优质文化产品供给，推动文化和旅游融合发展，深化文化体制改革。

4. 推动非物质文化遗产和旅游深度融合的总体要求是什么？
（1）在有效保护的前提下，推动"非遗"与旅游在更广范围、更深层次、更高水平上实现融合；
（2）要尊重"非遗"的形式和内涵，保护非遗的传承环境和空间，保护传承群体的合法权益；
（3）在"非遗"保护传承中，要坚持创造性转化和创新性发展，提高传承发展利用水平，持续为旅游发展提供丰富的文化资源；
（4）在"非遗"和旅游深度融合发展中，要弘扬"非遗"所蕴含的人类共同价值观念和思想情感，讲好中华优秀传统文化，推动中华文化更好走向世界。

5. 请问文旅融合的内在要求是什么？
（1）坚持以文塑旅、以旅塑文，推动文化和旅游的融合发展；
（2）文化是旅游的灵魂，旅游是文化的载体。

6. 乡村旅游可持续发展的基本原则是什么？
（1）生态优先，绿色发展；
（2）因地制宜，特色发展；
（3）以农为本，多元发展；
（4）丰富内涵，品质发展；
（5）共建共享，融合发展。

7. 乡村旅游可持续发展的具体内容是什么?

（1）加强规划引领，优化区域布局；

（2）完善基础设施，提升公共服务；

（3）丰富文化内涵，提升产品品质；

（4）创建旅游品牌，加大市场营销；

（5）注重农民受益，助力脱贫攻坚；

（6）整合资金资源，强化要素保障。

8. "十四五"旅游业发展规划中，旅游业发展的基本原则是什么?

（1）坚持以文塑旅、以旅彰文；

（2）坚持系统观念、筑牢防线；

（3）坚持旅游为民、旅游带动；

（4）坚持创新驱动、优质发展；

（5）坚持生态优先、科学利用。

9. 新时代关于旅游服务质量提升的指导思想是什么?

（1）以习近平新时代中国特色社会主义思想为指导；

（2）按照"创新、协调、绿色、开放、共享"的发展理念；

（3）着力解决影响广大游客旅游体验的重点问题和主要矛盾，推动旅游业高质量发展。

10. 新时代关于旅游服务质量提升的基本原则是什么?

（1）坚持政府、市场主体、行业组织、个人四个层面协同推进；

（2）坚持加强和改进市场监管，完善旅游管理政策，支持、引导和规范市场主体健康发展；

（3）坚持落实市场主体责任，增强内生动力，提高旅游服务提供者提供旅游服务质量的自觉性；

（4）坚持发挥行业组织的协同作用和行业标准的引领作用，强化行业自律，提升旅游管理和服务标准；

（5）坚持提升从业人员专业素养和业务能力，调动广大从业人员提升旅游服务质量的积极性和主动性。

11. 新时代关于旅游服务质量提升的主要任务是什么?

（1）提升旅游区服务水平；

（2）优化旅游住宿服务；

（3）提升旅行社服务水平；

（4）规范在线旅游经营服务；

（5）提高导游和领队业务能力；

（6）增强旅游市场秩序治理能力；

（7）建立完善旅游信用体系。

12. 加强旅游市场综合监管的主要内容是什么？

（1）依法落实旅游市场监管责任；

（2）创新旅游市场综合监管机制；

（3）全面提高旅游市场综合监管水平；

（4）提高旅游市场综合监管保障能力。

13. 激发文化和旅游消费潜力的指导思想是什么？

（1）以习近平新时代中国特色社会主义思想为指导；

（2）顺应文化和旅游消费提质转型升级新趋势；

（3）深化文化和旅游领域供给侧结构性改革，从供需两端发力，不断激发文化和旅游消费潜力。

14. 激发文化和旅游消费潜力的主要任务是什么？

（1）推出消费惠民措施；

（2）提高消费便捷程度；

（3）提升入境旅游环境；

（4）推进消费试点示范；

（5）着力丰富产品供给；

（6）推动旅游景区提质扩容；

（7）发展假日和夜间经济。

15. 旅游者需要掌握的主要法律法规有哪些？

（1）《中华人民共和国旅游法》；

（2）《中华人民共和国消费者权益保护法》；

（3）《中华人民共和国民法典》合同编；

（4）《旅游投诉处理办法》；

（5）《中华人民共和国出境入境管理法》。

16.《中华人民共和国旅游法》涉及的主要的法律制度有哪些?
(1) 旅游综合管理制度;
(2) 旅游者权益保护制度;
(3) 旅游促进和公共服务制度;
(4) 资源保护和旅游利用制度;
(5) 旅游服务合同制度;
(6) 规范旅游市场、提高服务质量制度;
(7) 旅游安全保障制度。

17.《中华人民共和国旅游法》规定,旅游者可以享有哪些权利?
(1) 自主选择权;
(2) 知悉真情权;
(3) 要求履约权;
(4) 受尊重权;
(5) 特殊群体的便利和优惠权;
(6) 获得赔偿权;
(7) 安全保障权;
(8) 合同转让权;
(9) 协助返程请求权;
(10) 救助请求权;
(11) 投诉举报权。

18.《中华人民共和国旅游法》规定的旅游者应履行的义务有哪些?
(1) 遵纪守法和遵守旅游文明行为规范的义务;
(2) 不得损害他人合法权益的义务;
(3) 安全配合的义务;
(4) 不得非法滞留或擅自分团、脱团的义务。

19.《中华人民共和国旅游法》的立法目的是什么?
(1) 保障旅游者和旅游经营者的合法权益,规范旅游市场秩序;
(2) 保护和合理利用旅游资源;
(3) 促进旅游业持续健康发展。

20.《中华人民共和国旅游法》的基本原则是什么?
（1）国家发展旅游事业，完善旅游公共服务的原则；
（2）遵循社会效益、经济效益和生态效益相统一的原则；
（3）国家鼓励各类社会机构参与旅游业发展的原则；
（4）依法保护旅游者在旅游活动中的权利的原则。

四、文明旅游引导

1.在景区游览时，导游应如何引导游客保护环境？
（1）引导游客维护环境卫生，不随地吐痰和吐口香糖，不乱扔废弃物，不在禁烟场所吸烟；
（2）引导游客保护生态环境，不践踏绿地，不摘折花木和果实，不追捉、殴打、乱喂动物。

2.旅游过程中，导游应如何引导游客维护公共秩序？
（1）引导游客不喧哗吵闹，保持安静；
（2）引导游客不随意插队，排队遵守秩序；
（3）引导游客不并行挡道；
（4）引导游客不在公众场所高声交谈。

3.导游应如何引导游客在旅游过程中爱护公共设施？
（1）引导游客在使用公共设施时，应爱护公共设施，不随意损坏或浪费公共资源；
（2）引导游客不污损客房用品；
（3）引导游客不损坏公用设施，不贪占小便宜；
（4）引导游客节约用水用电，用餐不浪费。

4.导游应如何引导游客在旅游过程中保护文物古迹？
（1）引导游客不在文物古迹上涂刻；
（2）引导游客不攀爬触摸文物；
（3）引导游客拍照摄像遵守规定；
（4）引导游客不得损毁、破坏文物古迹。

5.在旅游过程中，导游应如何引导游客保护旅游资源？
（1）引导游客严格遵守旅游景区的各项规章制度，不做明令禁止的行为；

（2）引导游客积极参与旅游资源保护活动，如植树造林、保护野生动植物等。

6. 在旅游过程中，游客遇到不文明的旅游行为，导游应该怎么做？

（1）可以礼貌地提醒对方注意文明行为；

（2）如果对方不听劝阻，可以向景区工作人员或相关管理部门报告；

（3）自己以身作则，通过自己的文明行为影响他人。

7. 在旅游过程中，导游应该如何引导儿童文明旅游？

（1）导游可以通过小故事向儿童讲解文明旅游的知识和意义；

（2）导游可以设计一些与文明相关的小游戏，让儿童在玩中学；

（3）导游可以鼓励儿童分享自己做到的文明行为并给予奖励；

（4）导游可以与儿童的家长沟通合作，共同引导儿童文明旅游。

8. 在旅游过程中，导游应如何引导游客尊重当地风俗禁忌？

（1）导游应主动向游客介绍当地风俗习惯、宗教禁忌；

（2）及时提醒游客的不当行为；

（3）在有支付小费习惯的国家和地区，应引导游客以礼貌的方式主动向服务人员支付小费。

9. 导游应如何引导游客在旅游过程中正确对待当地居民？

（1）导游应引导游客与当地居民友好相处，尊重当地居民的生活方式和习俗，不干扰当地居民的正常生活；

（2）导游可以告知游客：在需要帮助时，可以向当地居民寻求帮助并表达感激之情。

10. 在旅游过程中，导游应如何引导游客尊重当地文化？

（1）引导游客提前了解当地的文化习俗；

（2）引导游客对当地的宗教信仰和相关仪式表示尊重；

（3）引导游客尊重当地的传统服饰、文化艺术等；

（4）引导游客尊重当地特殊的节日习俗、婚礼习俗等。

11. 在旅游过程中，导游应如何引导游客避免对当地文化造成冲击？

（1）引导游客在旅游过程中应尊重当地文化，避免在未经允许的情况下拍摄当地居民或宗教仪式等敏感内容；

（2）引导游客不随意模仿或嘲笑当地文化习俗，以免对当地文化造成冲击。

12. 在旅游过程中，导游应如何引导游客避免对当地居民生活造成干扰？

（1）引导游客在旅游过程中应尊重当地居民的生活方式和习惯，避免在不适宜的时间或地点进行旅游活动，如深夜大声喧哗、在居民区乱停车等；

（2）引导游客尽量减少对当地居民生活的干扰，如避免大量涌入当地居民聚集的场所或过于频繁地访问等。

13. 在景区内拍照时，导游应引导游客注意哪些文明行为？

（1）引导游客在景区内拍照时，应该注意避免影响他人游览；

（2）引导游客不破坏文物古迹；

（3）引导游客不使用闪光灯等。

14. 在旅游过程中，导游应如何引导游客维护旅游安全？

（1）引导游客应遵守旅游安全规定和警示标识，不参与危险活动或冒险行为；

（2）引导游客注意个人财物安全，保管好贵重物品和证件等。

15. 在旅游过程中，导游应如何引导游客对待不同宗教信仰的场所？

（1）引导游客在参观不同宗教信仰的场所时，应尊重当地的宗教信仰和习俗，遵守场所的规定和礼仪；

（2）引导游客在参观过程中，保持安静、肃穆的态度，不随意拍照或录像等。

16. 在旅游过程中，导游应如何引导游客尊重别人的权利？

（1）引导游客不强行和外宾合影；

（2）引导游客不对着别人打喷嚏；

（3）引导游客不长期占用公共设施；

（4）引导游客尊重服务人员的劳动；

（5）引导游客尊重各民族宗教习俗。

17. 在旅游过程中，导游应如何引导游客以礼待人？

（1）引导游客衣着整洁得体，不在公共场所袒胸赤膊；

（2）引导游客礼让老幼病残，礼让女士；

（3）引导游客不讲粗话。

18. 在旅游过程中，导游应如何引导游客进行文明娱乐活动？

（1）提倡健康娱乐；

（2）引导游客参加旅游地的民俗体验活动，如制作传统美食、学习传统舞蹈等；

（3）引导游客购票观看旅游地的戏剧、音乐会等。

19. 在旅游过程中，导游应如何引导游客进行绿色环保活动？

（1）导游应向旅游者倡导绿色出游、节能环保；

（2）导游引导旅游者爱护旅游目的地自然环境，保持旅游场所的环境卫生。

20. 在旅游过程中，导游应如何引导游客注意礼仪规范？

（1）引导游客仪容整洁，遵序守时，言行得体；

（2）引导游客不在公共场合大声喧哗、违规抽烟；

（3）引导旅游者依序排队、不拥挤争抢。

主要参考文献

1. 朱虹. 江西风景独好[M]. 南昌：二十一世纪出版社，2012.
2. 黄明亮，刘德兵，李志强. 导游不可不知的1000多个服务技巧[M]. 北京：旅游教育出版社，2014.
3. 李志强，钟先丽. 模拟导游实用教程[M]. 北京：中国电子音像出版社，2017.
4. 李志强. 导游实务[M]. 北京：外语教育与研究出版社，2014.
5. 徐慧慧. 比赛就要拿金牌[M]. 北京：中国旅游出版社，2014.
6. 许怀林. 江西史稿[M]. 南昌：江西高校出版社，1993.
7. 周文英. 江西文化[M]. 沈阳：辽宁教育出版社，1993.
8. 陈文华，陈荣华. 江西通史[M]. 南昌：江西人民出版社，1999.
9. 李国强，傅伯言. 赣文化通志[M]. 南昌：江西教育出版社，2004.
10. 李豆罗. 南昌历史文化丛书[M]. 南昌：百花洲文艺出版社，2004.
11. 余悦. 江西民俗[M]. 兰州：甘肃人民出版社，2004.
12. 张芳霖. 赣文化通典（民俗卷上下）[M]. 南昌：江西人民出版社，2013.
13. 朱虹，方志远. 人文江西读本[M]. 南昌：二十一世纪出版社，2017.
14. 廖艳彬，罗桂林，石力. 江西历史文化十二讲[M]. 南昌：江西人民出版社，2017.

15. 张志军.江西地方文化史导论［M］.成都：西南交通大学出版社，2018.

16. 廖荣隆.四川省全国导游人员资格考试口试复习资料［M］.北京：中国旅游出版社，2012.

17. 周晓雷.三清山导游词精讲［M］.南昌：江西人民出版社，2022.

18. 田勇，曾群洲.江西省旅游精品线路导游词精粹［M］.南昌：江西科技出版社，2011.

19. 刘伟.导游语言技巧（第2版）［M］.北京：高等教育出版社，2022.

20. 蒋炳辉.现代导游讲解技巧［M］.上海：上海交通大学出版社，2010.

21. 行云帆.中国名胜精华游·庐山［M］.广州：广东省地图出版社，2001.

22. 杜玉玲.庐山文化研究丛书：社会文化史视野下的庐山文献研究［M］.南昌：江西人民出版社，2018.

23. 丰子恺.庐山游记（节选）［M］.哈尔滨：哈尔滨出版社，2021.

24. 谢善广.神奇的井冈山——井冈山红色旅游100问［M］.南昌：江西人民出版社，2004.

25. 井冈山旅游发展总公司.井冈雄魂［M］.南昌：江西人民出版社，2017.

26. 舒醒.江西红色文化［M］.南昌：百花洲文艺出版社，2019.

27. 钟起煌，等.江西通史［M］.南昌：江西人民出版社，2008.

28. 余家栋.江西陶瓷史［M］.郑州：河南大学出版社，1997.

29. （唐）陆羽.茶经［M］.北京：北京时代华文书局，2020.

30. 余伯流，凌步机.中央苏区史［M］.南昌：江西人民出版社，2017.

责任编辑：李冉冉
责任印制：闫立中
封面设计：中文天地

图书在版编目（CIP）数据

导游服务能力：江西省导游现场考试实务 / 朱虹主编；江西省全国导游资格考试统编教材专家编写组编．--北京：中国旅游出版社，2024.8. -- ISBN 978-7-5032-7401-5

Ⅰ．F590.63

中国国家版本馆 CIP 数据核字第 2024N9F227 号

书　　名	导游服务能力——江西省导游现场考试实务
作　　者	朱虹主编；江西省全国导游资格考试统编教材专家编写组编
出版发行	中国旅游出版社
	（北京静安东里6号　邮编：100028）
	http://www.cttp.net.cn　E-mail: cttp@mct.gov.cn
	营销中心电话：010-57377103，010-57377106
	读者服务部电话：010-57377107
排　　版	北京中文天地文化艺术有限公司
印　　刷	北京明恒达印务有限公司
版　　次	2024年8月第1版　2024年8月第1次印刷
开　　本	720毫米 ×970毫米　1/16
印　　张	18.75
字　　数	292千
定　　价	42.00元
ＩＳＢＮ	978-7-5032-7401-5

版权所有　　翻印必究
如发现质量问题，请直接与营销中心联系调换